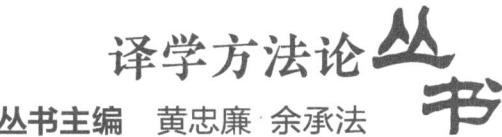

丛书主编 黄忠廉 余承法

国家社会科学基金重大项目"中国翻译理论发展史研究"
广东外语外贸大学高层次科研人才培育项目"翻译（学）方法论研究" 资助
广东外语外贸大学翻译学研究中心

Методология полного перевода с русского
языка на китайский и с китайского языка на русский

俄汉双向全译方法论

黄忠廉 信 娜 等著

科学出版社
北京

内 容 简 介

俄汉双向全译，即俄汉、汉俄完整性翻译。全书将信守一条全译极似律，采用直译与意译两大策略，遵循对应、增减、移换与分合四大机制，灵活运用对译、增译、减译、移译、换译、分译、合译七种方法，基于语言学、符号学、逻辑学等学科理论充分论证，创建俄汉双向全译方法论体系。

本书的读者对象以一线从译者与在校习译者为主，兼及全译教授者、研究者及翻译爱好者。

图书在版编目（CIP）数据

俄汉双向全译方法论/黄忠廉等著. —北京：科学出版社，2022.11
（译学方法论丛书/黄忠廉，余承法主编）
ISBN 978-7-03-073345-0

Ⅰ. ①俄⋯ Ⅱ. ①黄⋯ Ⅲ. ①俄语−翻译−研究 Ⅳ. ①H355.9

中国版本图书馆 CIP 数据核字（2022）第 182351 号

责任编辑：张　宁　张翠霞/责任校对：贾伟娟
责任印制：李　彤/封面设计：有道文化

科学出版社 出版
北京东黄城根北街 16 号
邮政编码：100717
http://www.sciencep.com

北京中科印刷有限公司 印刷
科学出版社发行　各地新华书店经销
*
2022 年 11 月第 一 版　开本：720×1000　1/16
2022 年 11 月第一次印刷　印张：16 3/4
字数：337 000
定价：98.00 元
（如有印装质量问题，我社负责调换）

总　　序

译（学）之道系统观

"译（学）之道"，即从译之道与究译之道，一直是译学研究的热点和难点。译之技、法、道三者密切关联，由技到法进而道，由道还可返回技，最终达至自由境界，从而构成循序渐进的系统。我们推出本丛书，旨在试建既有层级又具特色的翻译（学）方法论系统，将其转化为翻译实践、教学与研究的资源，推进翻译人才培养，助力中国译学发展。

一

翻译巨匠或译学大家，或自学，自我修炼，或受教，出师科班，习得或学得一定的技巧、方法与规范，方能步入自由从译或问译的境界。因此，观察成功之译法，仍是人类从译、究译、教译的最佳方式。从业的基本功，"一是具有其所研究的这门科学的基础知识；二是占有其所研究的这门科学的基本材料；三是通晓这门科学的基本手段；四是熟习对这门科学进行研究时的基本操作规程"[1]。方法与方法论是制度化专业训练的内容之一，已成为外语学科的两门基础课程之一。2020 年国务院学位委员会办公室编辑出版了《学术学位研究生核心课程指南（一）（试行）》[2]，为外国语言文学一级学科研究生核心课程提供了指南，其中翻译学的两门核心课程是"翻译学概论"和"翻译研究方法"。

维奈（Jean-Paul Vinay）和达贝尔内（Jean Darbelnet）[3]20 世纪 50 年代基于

---

[1] 程千帆. 治学小言[M]. 济南：齐鲁书社，1986：50.

[2] 国务院学位委员会第七届学科评议组. 学术学位研究生核心课程指南（一）（试行）[M]. 北京：高等教育出版社，2020.

[3] Vinay, J.-P. and Darbelnet, J. *Comparative Stylistics of French and English: A Methodology for Translation*[M]. Translated and edited by Juan C. Sager and H. Marie-Josée. Amsterdam, Philadelphia: John Benjamins Publishing Company, 1995: 30-50.

法英文体对比，提出了"翻译方法论"，但未建立方法论体系。当下恰逢中西文化交流和文明互鉴的黄金时代，既需高质量译作，也需一流译学研究成果。然而，"中国思想在方法论上一直是弱项，一直没有建立一个普遍有效的方法。这就是说，中国思想的内容很丰富也很深刻，但建构性的方法论却是一个弱项"①。这或许受到老子的"道可道，非常道"的影响。前"道"意为"方法、规律"；中"道"意为"言说、论说"；后"道"意为"恒常不变之'道'"，即世间万物的本源及其派生原则。"常道"虽不可"道"，但庄子还是"道"了。不能道却要道，关键在于如何道！"如何"便是方式方法，乃道之艺术。

二

译（学）之"道"在此涉及本源、本体、道路、道理、规律、规范、方法等。《庄子·天下》有"道术""方术"之分，道术"无乎不在"，方术则"百家众技"。古有"由技进道"之说，其实"并非因为追求'道'而否定技艺，而是因为高超达到炉火纯青境界的技巧本身就最好地体现了'道'"，"卓越的技艺仿佛'道'的化身，是'道'的最佳体现"②。

方法越高妙，越难言说，越不易传授。中国译学传统不爱泛论方法，却常以治学经验给人以方法启示。经验或乏"理论深度"，但其研究价值并不低于系统理论，将其体系化，定会促进翻译实践及其理论研究。方法论是对方法理论认识的系统化，有共性，更来自个性。正是无数先哲时贤的个性化翻译实践方法及其研究方法，才汇成了翻译（学）方法的共性；而方法论往往能提供更多潜在视角，于疑难时释疑，在困惑处解惑。因此，要习译法，但不可迷译法，更不可偏执于法、僵化守法，而要灵活用法。20世纪末，随着译学的逐渐独立，译学方法论在国外也渐成热门。斯奈尔-霍恩比（M. Snell-Hornby）等③借鉴与吸收语言学派和文艺学派译论的长处，基于格式塔理论、场景-框架语义学、原型学等，提出了翻译研究综合法，预测且展望了翻译研究作为独立学科的前景。

三

道，乃中国哲学特有的基本范畴，而由技进道，是中国传统的哲学理念，一直深刻地影响着中国翻译传统。《庄子》中的"庖丁解牛"生动地描绘了

---

① 赵汀阳, 张志强, 吴飞, 等. 当代中国哲学五人谈——从《历史·山水·渔樵》说起[J]. 船山学刊, 2021, (3): 1-26.

② 李建中, 高文强. 文化关键词研究（第二辑）[C]. 武汉: 武汉大学出版社, 2016: 168-169.

③ Snell-Hornby, M., Pöchhacker F., Kaindl, K., et al. *Translation Studies: An Interdiscipline* [C]. Amsterdam, Philadelphia: John Benjamins Publishing Company, 1994.

"技""道"关系。道,本指"道路",后转指行走应遵循的目的、方向、步骤、过程等,升至中国哲学范畴后,不再实指行走之路或过程,也不限指操作方法,"留下的只是对于该'先做什么,后做什么,再做什么'这种步骤性活动的本质特征的把握"①,仿佛从 1+2=3、3+5=8 等抽象出 $x+y=z$,至此形成了特定的方法,跃升为"技"之上的"道",然后"道生一,一生二,二生三,三生万物"。

"道"是翻译实践及研究所积累智慧的至高境界。译(学)之"道"客观地存在于求"道"过程。依"技"求"道",需由翻译实践而孜孜体认,方可渐入佳境。可道之"道",本非最终之"道",而是求"道"的门径,是趋向于"道"。本丛书所"道"的程式、规则、规律等是求"道"途中训练的章法,一旦运用自如,游刃有余,则可忘技入道。真正入"道",便是在翻译实践及其研究中无形地掌握合乎事物本性的方法。

四

如何译、如何教、如何评、如何管、如何研,分层渐次构成了翻译实践方法论、译学应用方法论和译学研究方法论三大子系统,三者上下分层,彼此构成上升与下推的互动关系。如何译,是翻译实践方法论的基本问题,围绕它可形成多侧面的第三级具体方法论,包括全译实践方法论、变译实践方法论、口译实践方法论、机译实践方法论等。如何教、如何评、如何管,是译学应用方法论的三大支柱,依次形成翻译教学方法论、翻译批评方法论、翻译管理方法论。如何研,是译学研究方法论的核心,具体涉及译学基础研究方法论、译学应用研究方法论、翻译历史研究方法论。

国内外暂无系统论及译(学)之道的系列著作,因此本丛书力求突出三大特点。第一,位居译(学)方法论系统底层的基础性方法论突出实践性。方法论源于实践,全译实践方法论是根本性方法论,是翻译实践方法论的基石;变译实践方法论是较复杂的方法论,基于并高于全译实践方法论;口译实践方法论是前两种方法论与口头特殊形式结合的产物;机译实践方法论是前三种方法论结合机器优势的人机互动的产物。第二,位居系统中层的方法论强调应用性。翻译教学方法论是对一般翻译方法论与教学结合以及口笔译和机译教学自身方法的系统化;翻译批评方法论是对前述各种翻译展开批评的方法的理论化;翻译管理方法论是对翻译各相关方面管理方法的系统化。第三,位居系统高层且具有更强指导性的研究方法论追求理论性。译学基础研究方法论是对翻译实践方法论和译学应用方法论的进一步研究,译学应用研究方法论是对译学理论应用方法和应用翻译方法的综合研究,翻译历史研究方法论旨在研究翻译和译作及其理论研究的历史。三层三大特点如图 1 所示。

---

① 陈凡,朱春艳. 技术哲学思想史[M]. 北京:中国社会科学出版社,2020:8.

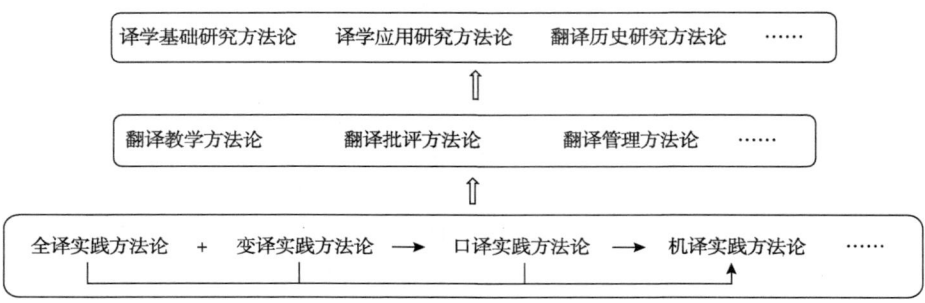

图 1　翻译（学）方法论系统

五

　　一门学科能否被认可，除对象是否明确之外，还取决于是否有成熟的方法论体系，因此各层各类方法论是否分类研究，是否形成系统，是衡量学科发展的理论标准。翻译研究发展到一定阶段，学科意识增强，开始自我反思，译学方法论则应运而生。译学方法论呈现为复杂系统，并非方法的简单组合，而是各层各类方法论的系统整合。对已有具体方法进行理论阐释，向上归纳总结走向方法论，向下演绎展开，再推演出可操作的技巧，纵横交错，错落有致，既下接地气，具有实践操作性，又上接天际，具有理论建构性，形成并完善译学方法论的三层系统，借此填补译学方法论系统建构的某些空白。译学方法论系统研究有助于奠定翻译学的坚实基础，与其他翻译学科共建翻译学科体系，促进翻译学乃至外国语言文学的学科建设，服务于中外文化交流。

　　方法论系统构建的宗旨之一是服务翻译实践、译论研究与应用。译学研究方法论能决定研究者从什么角度、以什么方式提炼出什么观点或提出什么假设，以及在什么条件下得出什么结论。翻译教学方法论成果可为各类翻译实践教学、译学理论教学和教材编撰提供依据，将科研成果转化为教学资源，进一步丰富翻译教学理论，助力翻译学人成长和翻译学子成才。

　　服务翻译实践是本丛书的根本宗旨。翻译欲登堂入室，必先找到门径。翻译实践方法论对具体翻译方法加以充分描写与系统论证，属于译学本体研究，既指导具体的翻译实践，又是翻译研究的起点。本丛书可提供翻译实践方法和/或译论研究训练方法，以培养合格的实践型翻译人才和优秀的研究型译学人才，使译学方法论研究产生多重规模效应。

黄忠廉　关秀娟

2021 年初冬

序

本书聚焦全译实践方法，以俄汉互译实例为语料，遵循一条规律、两大策略、四大机制、七种方法的逻辑思路，系统构建俄汉双向全译方法论。

一、全译与变译

纵观世界翻译实践史可发现，翻译分为完整性翻译与非完整性翻译，但长期以来国内外译界主要在完整性翻译活动背景下探究翻译的本质，建构翻译理论。直至20世纪末，才有人结合翻译实践，参照世界非完整性翻译实践，深入系统地研究非完整性翻译现象，提出变译理论[①]。该理论聚焦非完整性翻译过程的一般特点和规律，是从翻译实践中概括出来，反映这一非完整性翻译现象本质和规律的科学原理和思想体系。

变译旨在满足特定条件下特定读者的特殊需求，全译则要求完整再现原作的内容与风格。全译与变译是翻译的一对范畴，两相参照，有助于认清翻译全貌，构建完备的译论体系。全译是变译的起点，全译研究的推进与深入可为变译研究提供借鉴；变译则为翻译研究确立新的视点，为全面客观地研究翻译活动提供新的理论参照。全译与变译并立互补，共同成为翻译学研究的核心对象。

基于上述观点，本书以全译为研究对象，对全译的规律、原理、策略、机制、方法展开深入细致的描写与论证，旨在系统构建全译方法论体系。通过方法论的系统描写与建构，更为细致深入地探究全译的本质，为变译研究提供参照，也可训练译者的全译能力，拓展变译思维，进而全面提升翻译能力。

全译是译者用译语将原语信息完整再现的行为。完整再现是目标，原文转化为译语是行为，也是目标实现的途径。"转""化"的方式方法是全译方法论体系的基本要素。"转"作用于原文内容，"化"体现为译语手段与原文内容矛盾的化解。"转"是起点；"化"是落脚点，是行为本质。"化"可落实为全译行

---

① 黄忠廉. 变译理论[M]. 北京：中国对外翻译出版公司，2002.

为的机制，包括对应、增减、移换与分合。对应需照顾原语形式，体现为典型的直译策略；后三者不拘泥于原文形式，体现为意译策略。四大策略具化为对译、增译、减译、移译、换译、分译、合译七大全译方法，进而逐一具化为全译技巧。自上而下，结合实例，具体而微地建构全译方法论体系。

二、单向与双向

翻译是将原文内容用另一种语言表达出来的人类行为，这一行为带有方向性，即从 A 语到 B 语。若 B 语为译者的母语，翻译行为体现为译入（正向翻译）；若 A 语为译者的母语，翻译行为则体现为译出（逆向翻译或外译）。译入或译出都是单向式的翻译类型，双向式翻译研究则是将两者均纳入研究范畴综合考察。

单向式全译研究是翻译研究的主要对象。传统的翻译理论主张"母语原则"，认为译者只能将外语译为母语。早在 1979 年，L. G. Kelley 等就指出，逆向翻译除了强调其困难程度以外不值得探讨①。除反对逆向翻译，还有学者普遍认为译入和译出无本质差别，仅有难度差异。随着国际交流的深入和发展，学者们开始探讨逆向翻译的必要性及可行性，有学者提议将逆向翻译纳入翻译教学。翻译的方向性研究不仅有利于翻译本质的探讨，对翻译实践也具有重要的指导意义。

当下，经济全球化与信息一体化趋势持续加剧，我国适时推出"一带一路"倡议，汉译外已成主流，越来越受到关注与研究。在丰富的外译实践中，我们应实时总结外译经验，展开相关研究，探讨外译对翻译实践的普遍指导意义，提高外译效率，更好地向世界传播中华文化、树立中国形象、增强国家语言能力。外译理论也可有效推动世界翻译理论的发展。

本书定位为"双向"，意在将译入与译出两种模式全部纳入描写范围。以译入为基础，可借助母语优势，更好地探讨译符之矛如何攻克原文之盾，再现原文的语形、语义、语用；以译出为补充，可反向审视语际转化规律，更加深刻地认识全译乃至翻译的本质。内外兼修，双面兼顾，翻译学研究才能进一步发展，译学研究格局才可进一步丰富。从实践角度讲，中国译者只有充分掌握两种语言之间的转化规律，特别是外译方法与技巧，才能规避文化外译中的错误，推出更优的译作，促进中华文化有效对外传播。建构双向全译方法论，符合译论发展规律，更可满足当下我国对外翻译的迫切需求。

三、俄汉与外汉

当下翻译研究更加看重和关注一般性和普遍性探索，向着更加科学的方向发

---

① 王满良. 翻译的方向性影响对外译介效果[N]. 中国社会科学报，2021-06-08（A03）.

展。因此，翻译研究需基于翻译实践经验，选取恰当的研究方法，探讨其普遍性特征及规律。翻译普遍性规律指存在于一切翻译活动中的规律，对其研究必然涉及各类语际转化及不同的翻译状态。只有冲破语种藩篱，全面观察各种翻译形式，才能更加全面地认识翻译，探究翻译的本质。

俄汉双语隶属不同语系，语言类型差异巨大。俄语具有发达的形态变化，其词语由形态变化构成，语句通过形态组织连接。与之相反，汉语无形态变化，组词造句主要依靠语序，语序则以逻辑思维为基础。与语系内较相近的两种语言相比，俄汉转化更能体现翻译的典型特征，"因为不同类型本身就说明俄语和汉语的各个层面存在着诸多差异"[①]。俄汉双向全译均无法实现译文与原文的对等，只能求极似。在极似内在规律的驱动下，译者需转化原文的内容与形式，实现意义的跨语传递。结合俄汉双语的共性及差异，转化进一步具体化，即可搭建俄汉双向全译方法论的体系框架。

俄汉双向全译方法论，即无形态语言与有形态语言之间转化的方法论，既具全译转化的一般规律，又兼具特性。具言之，俄译汉主要体现为俄语语表形式向汉语语里意义的转化，汉译俄则与之相反。例如，俄语词尾表达的语法意义，大多数情况下无法用汉语语言单位再现，需减译，语表形式内化为语里意义；汉语某些实词承载的意义可用俄语的某些构词词素或虚词来表达，需增译或换译，语里意义外化为语表形式。这一特点是某些亲属语言之间的转化所不具备的。

俄汉全译研究既是对国内英汉翻译研究的补充，更可为外汉翻译研究提供借鉴。随着中国文化"走出去"战略的实施，以及"一带一路"倡议的持续推进，汉译外在国内外市场所占份额不断增加，这些实践催生外译理论甚至是外译学[②]。俄汉全译研究相关成果可直接应用于汉语与斯拉夫语族内语言的互译实践，在一定程度上弥补我国与"一带一路"沿线俄语国家翻译人才的不足，也可更好地推进实施中华文化"走出去"战略。

四、方法与学科

翻译是一种行为，若要进行翻译研究，就需进行翻译行为研究，方法是行为发生的具体体现，方法论的研究在译学研究系统中具有基础地位。立足方法，总结规律，创立理论，建构学科，此乃方法走向学科的一般路径。[③]

如前所述，根据译作与原作的相似度，翻译可划分为全译和变译这一对偶范畴。全译力求完整传达原作内容，意在求"极似"，通过转移内容化解形式，运

---

① 王冬竹. 俄汉口语语用对比研究[M]. 哈尔滨：黑龙江人民出版社，2010：30.
② 黄忠廉，孙敏庆. 外译学管论与外译详解[J]. 中国外语，2021，（1）：91-97.
③ 信娜，宋飞. 学科起步于方法——读黄忠廉等著《翻译方法论》[N]. 光明日报，2010-10-13（12）.

用直译+意译策略，求得译作与原作最大限度的"似"；变译旨在摄取原作有关内容，意在求"特效"，需吸取内容，改造形式，运用变通+（全译）策略，求得译文满足读者的最大需求。全译/变译策略逐层具体，各成体系，直接指导具体翻译实践。

"全译+变译"翻译方法体系初步建立，翻译研究随之开始。从翻译现象出发，详细观察，在观察中捕捉可研究现象；全面描写，在描写中发现可拓展研究领域；深入解释，在解释中收获新的理论，理论进一步系统化可逐步建立翻译学科体系，这正是从方法到学科的研究路径。

理论体系的创立，需从现象出发，据事实归纳，依理论假设，进一步系统化而完成。俄汉双向全译方法论研究就是在触摸翻译事实的基础上，将俄汉互译现象分门别类，形成范畴，建立应用理论体系。应用理论进一步抽象，可形成普通理论，普通理论进一步系统化，与相关内容融合，可形成科学译论。可见，俄汉全译方法论研究属于本体研究，在全译理论研究中具有基础性地位。在系统观的指导下，可从方法起步，逐渐走向全译理论，乃至全译学。

本书是集体智慧的结晶，由黄忠廉、信娜总体规划、全程把关，贾明秀、朱英丽、倪璐璐三位译学青年才俊参与，经过选题定题、规范体例、拟定纲目、写作讨论、自改互改、主编统改等程序，历时三个寒暑，终于付梓。写作过程中，参与者既通力合作，又分工协作，具体如下：黄忠廉（广东外语外贸大学）负责前言、绪论、第一章；信娜（黑龙江大学）负责序、第二章、第三章、第四章、第六章第三节、第八章；贾明秀（广东外语外贸大学）负责第五章；朱英丽（东北师范大学）负责第六章第一、第二节；倪璐璐（西安外国语大学）负责第七章。

信娜

2021 年冬

于哈尔滨

前　　言

俄汉全译，即完整性翻译，并不追求俄、英、法、德、西等各印欧语种之间互译的 эквивалент（等值），既非俄国翻译理论家费道罗夫（Андрей Венедиктович Фёдоров）的"等值"，亦非美国翻译理论家尤金·奈达（Eugene A. Nida）的"等效"，而是求得译文与原文的极似。若不信，请看例子：

[1]Посёлок был маленький. Но геологу он показался большим городом: его глаза за те три месяца, что он жил в тайге, отвыкли от ярких огней, а ноги — от асфальта.

机译：这个村子小了，但是地质学家却觉得它是个大城市：他那三个月住在原始森林里的眼睛，跟耀眼的灯光格格不入，他的脚却与沥青格格不入。（2021-02-21）

原译：镇子很小。但地质学家却觉得这是个大城市：在原始森林里过了三个月，他的双眼已不习惯明亮的灯火，而双脚也已不习惯柏油马路。

试译：这是一座小镇。地质学家却觉得像大都市：在森林里待了三个月，两眼已看不惯亮光，双脚也走不惯柏油路了。

一、七种方法

首句"村子小""镇子小"都是посёлок был маленький的对译，基本采用了汉语名词+形容词的系表结构；原文是一句群，同样可以发现绝大多数词、多数词组、分句、复句以及整个句群都是对译。同是首句，机译添"这个"，原译加"很"，均属于增译；原文 ноги — от асфальта 因与 глаза ... отвыкли от ярких огней 句法结构相同而省去谓语，汉译则不可如此组织，必须译出原有谓语的"习惯"之意，更是典型的增译。он 承前一简单句的主语 посёлок 省去不译，不必如机译或原译一样啰唆，译为"它"或"这"；те 与其后 что 配对使用，构成复句关系，是形式所需，机译如实译出，人译则删除，同属减译。но 本可如机译译为"但是"，与后面"却"成对使用，或如原译译为"但"，不过，试译将其移至主语"地质学家"之后，显然更简洁，这属于移译。geology он показался 本指小镇给他的印象，汉译则换了主客体的关系，成了"地质学家觉得它……"的主宾关系，以便汉译复句行为主体前后贯通，这属于换译。но 仅出现一次，机译却分为同义词"但""却"，前后叠用；отвыкли 本义"不适应""不习惯"，但与 яркие огни 和 асфальт 搭配，则因对象不同而语义具体化，机译与原译分别两次使用了"格格不入"和"不习惯"，试译则分别改为"看不惯""走不惯"，这属于分译。ярких огней 原义正如机译所选的"耀眼的灯光"，也可改为原译的"明亮的灯火"，灯火即灯光，保留了原文的形象；主人公因长期生活在阴暗的森林，一进城，眼睛不适应强烈的光，因此也可进一步合译为"亮光"。

二、四大机制

略作分析，例 1 的对译、增译、减译、移译、换译、分译、合译七法可以进一步凝练，提出对、增、减、移、换、分、合等七大全译行为，进而发掘其四大机制，即对应机制、增减机制、移换机制与分合机制，正是这四者构成了操控全译活动的内在机制。

三、两大策略

前述七大全译方法中，对译是典型的直译，语义与语形上力求与原文一一对应；而增译、减译、移译、换译、分译、合译则对语形施以增、减、移、换、分、合等行为，旨在尽量传达原文的意义，均属于意译的范畴。可见，直译与意译是全译的两大策略，已为国内外译学界所认定。

四、一条规律

全译四大机制的背后藏有何种规律？由例 1 的机译、原译、试译可知，机译与人译不断地修改，旨在逼近原文，力求传达原文的全部信息，却无法"全等"，只得求"极似"，这便是全译所求的"极似律"，即译文极度极力地相似于原文。

本书正是与上述顺序逆向而为，即按一条规律、两大策略、四大机制、七种方法的总体思路建构俄汉双向全译的方法论。

目　录

总序
序
前言
绪论 ··· 1
　一、全译 ··· 1
　二、俄汉双向全译 ··· 2
　三、俄汉双向全译方法体系 ··· 3
第一章　俄汉双向全译矛盾论 ·· 5
　第一节　盾：原文 ··· 5
　　一、原文语形 ··· 5
　　二、原文语义 ··· 6
　　三、原文语用 ··· 8
　第二节　矛：译符 ··· 9
　　一、语文符号 ··· 9
　　二、其他符号 ·· 10
　第三节　全译形义矛盾 ·· 12
　　一、义一言多矛盾 ·· 12
　　二、义一形多矛盾 ·· 13
　　三、形义双保矛盾 ·· 14
第二章　俄汉全译转化论 ·· 16
　第一节　转化：全译之轴 ··· 16
　　一、转移原文之义 ·· 16

二、化解形义矛盾 ································· 19
　第二节　化：全译之魂 ································ 21
　　　一、化的内涵 ··································· 22
　　　二、化的形式 ··································· 23

第三章　俄汉全译极似律 ································· 26
　第一节　翻译相似律 ································· 26
　　　一、似 ······································· 26
　　　二、求似 ····································· 28
　第二节　全译极似律 ································· 30
　　　一、意似 ····································· 30
　　　二、形似 ····································· 31
　　　三、风格似 ··································· 33

第四章　俄汉全译七法论 ································· 35
　第一节　全译策略 ··································· 35
　　　一、直译策略 ································· 35
　　　二、意译策略 ································· 38
　第二节　全译方法 ··································· 41
　　　一、七大全译方法 ······························ 41
　　　二、七法组合问题 ······························ 46

第五章　俄汉双向全译对应论 ····························· 48
　第一节　对应论 ····································· 48
　　　一、对应机制 ································· 48
　　　二、对应理据 ································· 52
　第二节　对译论 ····································· 56
　　　一、对应界定 ································· 56
　　　二、对应过程 ································· 59
　　　三、对应方法体系 ······························ 64

第六章　俄汉双向全译增减论 ····························· 75
　第一节　增减论 ····································· 75
　　　一、增减机制 ································· 75
　　　二、增减关系论 ································ 77

第二节　增译论 ………………………………………………………… 79
　　　　一、增译界定 ……………………………………………………… 80
　　　　二、增译理据 ……………………………………………………… 83
　　　　三、增译过程 ……………………………………………………… 85
　　　　四、增译方法体系 ………………………………………………… 89
　　第三节　减译论 ………………………………………………………… 101
　　　　一、减译界定 ……………………………………………………… 101
　　　　二、减译理据 ……………………………………………………… 102
　　　　三、减译过程 ……………………………………………………… 106
　　　　四、减译方法体系 ………………………………………………… 109

第七章　俄汉双向全译移换论 ……………………………………………… 127
　　第一节　移换论 ………………………………………………………… 127
　　　　一、移换机制 ……………………………………………………… 127
　　　　二、移换关系论 …………………………………………………… 129
　　第二节　移译论 ………………………………………………………… 132
　　　　一、移译界定 ……………………………………………………… 132
　　　　二、移译理据 ……………………………………………………… 133
　　　　三、移译过程 ……………………………………………………… 137
　　　　四、移译方法体系 ………………………………………………… 139
　　第三节　换译论 ………………………………………………………… 157
　　　　一、换译界定 ……………………………………………………… 157
　　　　二、换译理据 ……………………………………………………… 159
　　　　三、换译过程 ……………………………………………………… 165
　　　　四、换译方法体系 ………………………………………………… 169

第八章　俄汉双向全译分合论 ……………………………………………… 202
　　第一节　分合论 ………………………………………………………… 202
　　　　一、分合机制 ……………………………………………………… 202
　　　　二、分合关系论 …………………………………………………… 206
　　第二节　分译论 ………………………………………………………… 209
　　　　一、分译界定 ……………………………………………………… 209
　　　　二、分译理据 ……………………………………………………… 211

三、分译过程 …………………………………… 214
　　四、分译方法体系 ……………………………… 216
第三节　合译论 …………………………………… 226
　　一、合译界定 …………………………………… 226
　　二、合译理据 …………………………………… 229
　　三、合译过程 …………………………………… 231
　　四、合译方法体系 ……………………………… 234
参考文献 ………………………………………… 245
颇具大用的方法论 ……………………………… 250

绪　　论

全译在俄汉双语之间有方向性，形成了俄译汉与汉译俄两类。二者有别，但更有共性。探讨俄汉互译规律，首先可归纳出全译的方法，进而构成方法论体系，并上升至理论高度，便可形成"俄汉双向全译方法论"。

一、全译

翻译惯于求"全"，有种完形意识，好比要为维纳斯接上断臂，这是对翻译的理想追求，多数读者常以此责"译"。史上一直以全译（полный перевод）为标杆，潜意识地衡量一切翻译，如对严复的汉译、对楚科夫斯基（Корней Иванович Чуковский）和普希金（Александр Сергеевич Пушкин）的俄译的批评。从翻译类型看，全译是最应训练的基本类型；从翻译能力看，全译可为整个翻译能力奠定基础。有了全译文参照，更有助于翻译能力的全面培养。因此，全译方法将成为习译者与从译者最应重视的第一翻译方法。只有真枪实弹扎实地训练全译能力，才可拓展其他翻译能力，比如摘译、编译、译述、缩译等变译能力。

全译如同 $y=1/x$ 所呈现的反比例函数图。译文如两条曲线，原文如两条坐标轴，曲线无限接近 x 轴和 y 轴，但永远不会与其相交。译文无穷地接近原文，就是不能等同（图 0.1）。

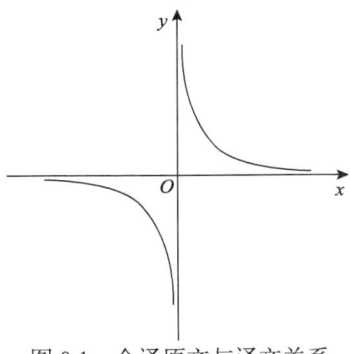

图 0.1　全译原文与译文关系

俄汉相互全译是双向的，均无法达至译文与原文相等的程度，只能是极似，即译文无穷尽地逼近原文。在此取哲学意义上的"全"，全译好比静止，颇似相对运动，译文无限地逼近原文的翻译是追求极似的翻译，换言之，求极似的翻译称为"全译"。这种全译有时并不容易，时常导致译文残缺不全。如陕西师范大学赵旭黎博士偶然看到例[0.1]的原译出现在中国的中小学课本、教材、课外辅导书、名人名言集等，均署名为俄国著名化学家、元素周期表的发现者门捷列夫（Дмитрий Иванович Менделеев），经查，署名应该是俄国作家皮萨列夫（Дмитрий Иванович Писарев）。

[0.1]Для того чтобы один человек открыл плодотворную истину, надо, чтобы сто человек испепелили свою жизнь в неудачных поисках и печальных ошибках.

原译：需要千百万个人在失败的探索和悲惨的错误中毁掉自己的生命，一个人才能发现卓有成效的真理。

试译：若要发现卓有成效的真理，得需百人耗尽一生，惨遭挫败，百折不挠。

原译将 сто 译为"千百万人"，语义上夸大了，未信于原文。испепелить свою жизнь 意为"耗尽毕生精力"，并非"毁掉自己的生命"，原译语义过重，且错得要"命"！

二、俄汉双向全译

俄汉双向全译，旨在促进俄汉互译，基于双向全译实践，俄汉互译能力于习译者好比机之双翼，缺一不可。汉译外并非外译汉的简单逆归，二者若能互动互学，必将事半功倍。汉外互译双向可生双效，比如外译汉之后自行回译，反之亦然；又如俄译汉之后，可将其译文又由汉语回译成俄语，或相反，更能发现两种语言的特点以及互译的规律。管新平（2020：155）将这种回译也称作"倒译"，"把学过的课文译成中文，看着中文说英语。一旦动笔翻译什么问题都暴露了，以为掌握了的东西其实并不牢固，促使我反复'温故知新'"。例如：

[0.2]Это предстоит воплощать в жизнь всё самое прогрессивное и полезное для общества. И говорят у вас в Китае, новые люди приходят на смену старым подобно тому, как одна волна Янцзы набегает на другую.

原译：他们将落实对社会最有益的、最先进的科研成果。就像中国一句话，长江后浪推前浪，世上新人换旧人。

改译：这样，于社会最有益、最先进的科研成果将得以转化。贵国古话说得好："长江后浪推前浪，世上新人换旧人。"

本例取自俄罗斯第三任总统梅德韦杰夫（Дмитрий Анатольевич Медведев）2008年5月24日在北京大学演讲的口译。面对北京大学的学生，首先要考虑可接受性，注意用语得体，原译显出口译的特色，如"就像中国一句话"，不如笔译"贵国古话说得好"得体，用"贵国"比"中国"更显身份与尊重。正因为是口语，来不及斟酌，第一句便出现了"将落实……科研成果"式的翻译腔，笔译则可处理为"科研成果将得以转化"。本例还充分地利用了回译。大国总统来访要面对最高学府的学生演讲，做足了功课。比如，原话引用了《增广贤文》的"长江后浪推前浪，世上新人换旧人"（новые люди приходят на смену старым подобно тому, как одна волна Янцзы набегает на другую），口译者明了内容，不必过多地进行语际转换，只需从记忆中检索、查得，即可说出原有诗句，这也是一种回译。

翻译能力本来就应是双轨制的，当然可以先俄汉再汉俄。双向虽讲求双重，但可侧重。视具体情况或重俄译汉，以打好基础；或在俄译汉基础上偏重汉译俄，以满足翻译实践和译才培养当下之急需。俄汉互译有共性，也有特性，本书主要讨论共性，特点则融入其中，比如汉译俄可能多做加法，多用增译，成其一大特色，而俄译汉则可能多做减法，多用减译，成其一大特色。

三、俄汉双向全译方法体系

基于俄汉双向全译的方法论旨在知其译，但更应知其所以译，讨论全译之道，说清全译的理论依据。如前言所述，本书按一条规律、两大策略、四大机制、七种方法论述，详见表0.1。

表0.1 全译方法论体系

翻译行为	全译行为	全译行为具化						
规律	一极似律	译文与原文极似						
策略	两大策略	直译	意译					
机制	四大机制	对应	增减		移换		分合	
方法	七种方法	对	增	减	移	换	分	合
		对译	增译	减译	移译	换译	分译	合译
技巧	众多技巧	几十上百种（略）						

全译立于篇章的高度，辗转于词句之间，训练对译、增译、减译、移译、换译、分译、合译等成套的全译七法。训练七法，可体悟全译发生发展的过程；有

此反复训练，将能习得和学得全套方法，遇到翻译不会怯生，能较快地发现传达原文内容的译法，至此习译者的全译意识已初步建立，将来从译时才不会犹豫，少返工，更能提高全译的效率。

当然，全译方法论并不等于全译全能的获得，译无止境，还要靠求学时或实践中更多的锤炼。

第一章 俄汉双向全译矛盾论

俄汉全译的矛盾与任何汉外互译矛盾无异，说到底，翻译是用译语将原语信息再次表达的行为，译语与原文信息是一对矛盾，二者可能一致，也可能不一致。

第一节 盾：原文

语形、语义、语用分别是语表形式、语里意义和语用价值的简称，对全译的作用各不相同。"译者对原文的字，要拳打脚踢，离它十丈远。但对原文的情意、气势，要形影不离，这两点是翻译要旨，不过要想做到，谈何容易。"（金圣华，1997：10）这是香港翻译家蔡思果对翻译的形象描述，反映了翻译的语际矛盾。

一、原文语形

原文语形，指原文的外在形式，可简称"语形"或"形"。语形主要是话语的语表呈现形式，多为句子以及由句构成的句群、段和篇，有时也涉及音位、词素、词、词组等语言形式，总之，二者合一，从音位到篇章，构成了语形连续统。每种语言都有自己的语表形式，而全译是运用语言手段的言语活动，语际的语表形式既有对应关系，更有非对应关系。例如：

[1.1]我不是潘金莲

Я не Пань Цзиньлянь

本例原文是刘震云的小说名，"潘"姓的音位形式是/p/，俄译时转写为音位形式/п/，书写时则将其大写为俄语的文字形式 П。

[1.2]друг, работающий на заводе
原译：在工厂工作的朋友
试译：在厂上班的朋友

本例原文前半部是词，后半部是词组，二者合为更大的名词词组。原译改变了形式，构成了偏正词组，只是语序有变，限定成分前移，试译将"在工厂工作"改为"在厂上班"，避免了两"工"的重复。其实还可简略为"工友"，可惜这个译名已被表"工人"义占位。再如：

[1.3]俗话说得好，一个人撒米，一千个人在后边拾，还是拾不干净。

Верно в народе говорят: «Когда рассыпается рис, то сколько его ни собирай, все равно что-то да останется».（Родионова 译）

本例原文是复句，选自刘震云的《我不是潘金莲》。俄译为带说明从句的复句。"一个人撒米"是主动句，俄译为被动句；原文整句与下一句构成数量对比，俄译却改用泛指，将人数变作行为"拾"的对象的次数（сколько）。

二、原文语义

原文语义，指原文语形所承载的内容，是大脑反映客观世界的认识，有时简称"原义"或"义"。

（一）语义与语形对应

语义单位常分为义素、义项、义丛、表述与义段（表 1.1）。义素是通过一组相关词语的比较而分析出来的相互区别的语义特征，没有特定语音形式，偶尔用作全译单位。若干义素组合成义项，由语素、词和固定词组表示，具有固定而独立的概括性；义丛由几个义项组成，是自由词组；表述由简单句和复句构成；义段由句群表示，语义学研究一般不将其纳入语义单位。

表1.1 全译中语里意义与语表形式的对应

语言层级	意义单位与形式单位的对应关系					
语里意义	义项			义丛	表述		义段
语表形式	语素	词	固定词组	一般词组	简单句	复句	句群

其他单位从上文或下文的论述中均不难感悟，在此仅说明义素的翻译。例如：

[1.4]每天下午他踢球，我读书。

Каждый день после обеда он играет в футбол, а я читаю.

踢球，不言而喻，指踢足球，汉语因"踢"含有足字旁，若再说踢足球，便显得冗余。而译文俄语，则要将"踢"中"用脚"撞击某物的工具义素表示为 нога，而且指脚立足的部位，再与球（мяч）组合。可是这一组合并非俄语本源词语，它所表达的对象成了外来概念，已由英语 football 表达，俄语将其引进，以示舶来品，则用俄语字母拼写英语词，即 футбол。由此可见，汉语的"足"

之义素，译成了俄语的词素 фут-，与 -бол 构成了完整的俄语外来词 футбол。

（二）以句义为核心

词组由词组成，简单句也由词和词组组成，复句与句群由简单句组成，可见语义关注的重心应是简单句的语义，全译的中枢单位也应是简单句，对应表 1.1 中的语义单位"表述"。

句义包括逻辑义、语法义和语用义。逻辑义含实词意义和实词间的语义关系；语法义含语法形态、语序、虚词等语法形式所表达的意义；语用义含表达者的交际意图和交际价值。句义系统详见图 1.1。

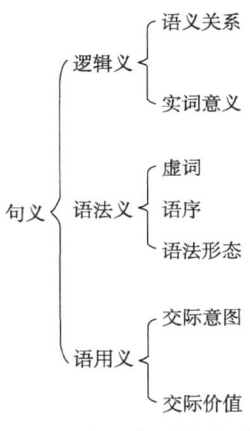

图 1.1　句义与词义关系

由图 1.1 可知，语义在含量上处于中枢地位。在全译中，语义限于逻辑义和语法义，语用义并入原文的语用价值，另作讨论。例如：

[1.5]铭记历史，开创未来

Помнить историю, открывать будущее

出席俄罗斯纪念卫国战争胜利 70 周年庆典前夕，习近平在《俄罗斯报》发表了题为《铭记历史，开创未来》的署名文章。本例是题名及俄译。原文以复句为题，前后分句各由 2 个词构成义丛，俄译如实译出，语序未变，词义未改，是典型的语义与语形一一对应的对译。又如：

[1.6]Несколько минут космонавты молчат, сосредоточенные и взволнованные.

原译：宇航员们精力集中，无比激动，沉默了片刻。

试译：宇航员们无比激动，屏气凝神，沉默了几分钟。

原文为简单句呈现的表述，其中 сосредоточенные 和 взволнованные 为两个独立的扩展成分，位于名词 космонавты 之后，有半述语性，具备执行谓语动作的特征，语义上说明 космонавты。但是 взволнованные 语义上是 сосредоточенные 的根本原因，сосредоточенные 又是 молчат 的原因，三者构成了因果链，原译"无比激动，沉默了片刻"只是反映了部分理据，试译才是这一逻辑理解的完整呈现；"精力集中"虽然基本达意，但"屏气凝神"更生动鲜明，正是因为激动，才有此结果，也才能与"沉默"相贯通。另外，义丛 Несколько минут 汉译为"片刻"不当，"几分钟"要长于几秒钟的片刻。

三、原文语用

原文语用，指原文语形运用体现出的交际意图或交际价值，有时简称"语用"或"用"。全译力求保全原文的语用，原文语用可能因修辞、语境、文化等差异而发生变化。原文语用价值至少包括三种。

（一）修辞价值

修辞价值是辞格和其他单位运用所产生的特定修辞效果。面对原文大量使用的辞格，保留原有，还是替代为本土？一般而言，以保留为主，在此不论。通常颇为棘手的是普通单位语际转化中所产生的修辞价值的变化。例如：

[1.7]Давайте помогать отстающим.
原译：让我们帮助落后者吧！
试译：咱们帮帮后进吧！

отстающий 原译直述其意，会令听话人不舒服，即便被帮助者不在场，也会显得说话人的人际意识薄弱："言者无意，听者有心。"汉译若改为"后进"，则体现关怀之意，有利于交际。因为"后进"是"落后"的委婉语，"先进"的反义词，若与"先进"相对使用，意为"慢了一点点，却也进步了"，用指进步比较慢、水平比较低的人或集体，在语用价值上显然中听多了。正如《工人歌谣选·四见歌》所唱："见先进就学，见后进就帮。"

（二）语境价值

语境价值是原文单位因语境而生的语用价值，即何人何时何地为何对何人以何方式出何言。原文之义主要来自字面意义，言外之意则出自语境。例如：

[1.8]Она не сводит глаз с дороги, что идёт через рощу.
原译：她目不转睛地注视着穿过小树林的那条道路。
试译1：她盯着穿过林子的那条路。
试译2：她盯着林中那条路。

не сводит глаз с дороги 译为"目不转睛地注视着",已达意。"盯"音同"钉",有死死地不放的感觉,更简明而形象。дорога 虽说是"道路",可是与роща(密林)相映衬,略有壮词之感。可以舍"道"留"路"。另外,原译照顾原文对 дорога 的释义表述,试译 1 将从句简化为词组,试译 2 进一步简化,同样不失原文语境的描写性。

（三）文化价值

文化价值是原文所承载的文化意义。原文文化价值有的可以转移,有的则不能,但必经变换,不能一味地用译语文化替代。例如:

[1.9]松花蛋

консервированные яйца

[1.10]Дождь полил/льёт как из ведра.

原译：大雨倾盆。

试译：大雨倾桶。

前一例,北方的松花蛋在南方叫皮蛋,是汉族发明的蛋加工品,其原材料以鸭蛋为主,因剥壳之后可见雪花斑点,故而以形命名。其命名理据是:鸭蛋的蛋白质分解而成的氨基酸与石灰、碳酸钾、碳酸钠等外涂碱性物质发生化学反应,结晶为几何形状,生成了雪花状的斑点,恰似北方马尾松开出的花。后一例,译换了形象,因为桶与盆并不带浓郁的文化特色；但也可以直译,可以开阔中国人的眼界：哦,俄罗斯人描述大雨倾盆,用的是"桶"！这可打开广的文化视野。

第二节　矛：译符

矛是相对于盾而言的,用于翻译原文的符号手段即是要攻克原文之盾的工具。语言符号是主要的译语符号,还有其他的符号,构成了多模态符号。

一、语文符号

能够标示某事物的标志者均可称作符号,有人将一切都当作符号,这是一种泛化。涉及翻译,则取具体的狭义范畴,如文字、语言、电码、数学符号、化学符号、交通标志等。人类最早的翻译为非语言翻译,如手势等体态语翻译。后来,语言尤其是文字产生后,主要的翻译发生在语言或文字之间。

语文(语言与文字)是翻译的主要工具,表现为口译与笔译。有我们熟悉的母语,如汉语,也有作为通用语言的语种,如英语等,或非通用的语种,如俄语、法语、德语等。20 世纪初,哈尔滨生活着许多俄罗斯人,不少中国人讲俄语特别纯正，但也有中国式俄语，甚至带有山东味儿，如 хорошо 音译为"哈拉少"，плохо 音译为"不老好"等。其他符号，如标点符号，是一种书写符号，也常发生变化。例如：

[1.11]Даже сейчас, когда на Марсе побывали советские автоматические станции «Марс-3», «Марс-6» и американские станции, этот вопрос остаётся нерешённым.

原译：即使在苏联自动太空站"火星3号""火星6号"和美国的太空站都已到过火星的今天，这个问题还是没有答案。

试译：今年，即使苏联自动太空站"火星3号""火星6号"和美国太空站都已到过火星，这一问题仍悬而未决。

原译与试译同用汉语，用语却不同，解决译语与原文内容的矛盾的方式也有别。表示太空站的专名与序号关系的连字符"-"省去不译，俄语的引号转为汉语的引号，显示了标点符号的差异性。

二、其他符号

语言文字之外的符号概称为"其他符号"，比如标点符号、音乐符号、影像、画面等，在翻译中与语言文字相配生成原文。其他符号之间可能转换，但更多的是与语文转换。例如：

[1.12]Он кричал караул.
原译1：他大呼"救命啊"。
原译2：他大呼："救命啊！"
试译：他大呼救命。

[1.13]论文数量明显减少：上阶段最后一年（2010年）有28篇，2011年56篇，2012年49篇，2013年42篇，2014年36篇，2015年37篇，2016年30篇，2017年24篇，尽管后来状况有所改善。

В диссертационных исследованиях замечается значительный спад: если в последнем году предыдущего этапа (2010 г.) было подготовлено 28 диссертаций, то в 2011 г. — уже 56, в 2012 г. — 49, в 2013 г. — 42, в 2014 г. — 36, в2015 г. — 37, 2016 г. — 30, а в 2017 г. — всего 24, хотя затем положение несколько улушилось.

前一例，俄语 караул 在句中是叹词，具有口语色彩，含生命气息。理解时可以想象相应的情景，甚至是如闻其声，所以两种原译均加了引号，原译1只是传达呼救声，用了引号；原译2添加了冒号，更具描摹性，有种画面感。不过，二者均有违原意，至少在此不必用标点符号反映原文的生命意识，完全可以如试译那样如实译出。后一例，原文罗列了各年论文发表量，整体显出递减趋势。陈述第一年情况时，汉语用了完整句，后面的语句除年份与论文数不同之外，谓语动词都相同，可省。俄译则采用相同的省去谓语的手段，但增加了破折号，这才符合俄语句法。再看一真正的图形符号的画面汉译（图 1.2）。

图 1.2　图形符号与文字转换

[1.14]ПАРКоВоЧНЕЕ
试译 1：更便于泊车。
试译 2：泊车更方便。
试译 3：更多🚗位。
试译 4：🚗位多多。

本例巧妙地利用 парковочный 中的两个元音 оо，在其上再画一条弧线，非常形象生动地勾勒出流线型小轿车的车顶，即 🚗。与此同时，制作者还将 парковочный 变成其比较级形式 парковочнее，经向售楼广告商咨询，其深意是表明有许多车位，或更便于停车，以此独特的广告方式让大众记住。这一图文并茂的组合并非无法译成汉语，比如试译 1、2 道出了真意，而试译 3、4 则是多模态汉译，既译文字义又译图形义，也能起到与俄语广告同样的效用。

前面三例论及标点符号、图片，在此不妨略涉音乐符号（图 1.3）。

图 1.3　音乐符号与文字转换

众所周知，简谱与五线谱同起于欧洲，但前者在 19 世纪末传至日本，后传入中国，广泛用于国内民族音乐和通俗音乐。国外广用五线谱，五线谱在国内则多用于西方器乐的乐谱和专业的声乐教材。歌曲汉译时，原歌的五线谱要换作国人普遍接受的简谱，图 1.3 中就是苏联著名歌曲《莫斯科郊外的晚上》首句，其五线谱对译为简谱，上下设置，而旋律未变。

第三节　全译形义矛盾

全译就是用译语之矛去攻原文之盾，以解决译语手段与原文之间的矛盾。这一矛盾主要体现为"义一言多矛盾""义一形多矛盾"两个基本矛盾，前者是主要矛盾，后者是次要矛盾，最终汇成"形义双保矛盾"。

一、义一言多矛盾

从语际看，全译是"义一言多"的行为，即同一语义用不同的语言表达。用 M 指代语义，L 指代语言，"义一言多"的行为如图 1.4 所示。

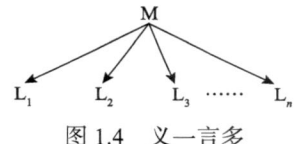

图 1.4　义一言多

翻译包括符内翻译和符际翻译，二者的地位与作用并不平衡。符内翻译，无论是原符还是译符内部的翻译均是必要却次要的环节，只有符际翻译才是必须且最根本的环节。因此义一言多是全译的主要矛盾，在全译过程中居支配地位，是全译成功的关键。比如例[1.15]的俄语原文是普希金的《假如生活欺骗了你》，经过英语与原文的矛盾对立统一，得出文字完全不同的英译本，同样可得例[1.16]的汉译本。

[1.15]
Если жизнь тебя обманет,　　　　If by life you were deceived,
Не печалься, не сердись!　　　　Don't be dismal, don't be wild!
В день уныния смирись:　　　　　In the day of grief, be mild:
День веселья, верь, настанет.　　Merry days will come, believe.

Сердце в будущем живёт;　　　　Heart is living in tomorrow;
Настоящее уныло:　　　　　　　　Present is dejected here:
Все мгновенно, все пройдёт;　　In a moment, passes sorrow;
Что пройдёт, то будет мило.　　That which passes will be dear.

[1.16]
| 假如生活欺骗了你，
不要悲伤，不要心急！
忧郁的日子里须要镇静：
　相信吧，快乐的日子将
　会来临！

心儿永远向往着未来；
现在却常是忧郁。
一切都是瞬息，一切都将
　会过去；
而那过去了的，就会成为
　亲切的怀恋。 | 假如生活欺骗了你，
不要悲伤，不要生气！
在愁苦的日子里，要保持
　宁静，相信快乐的日
　子即将来临。

心儿憧憬未来，
今朝饱受苦寂，
一切稍纵即逝，一切将
　成为过去，
过去的将成为美好的
　回忆。 | 假如生活欺骗了你，
不要悲伤，不要生气！
愁苦中要气静心平，相
　信吧，快乐时光一定
　来临。

心儿憧憬未来，
今朝饱受苦寂，
一切都稍纵即逝，
将成为温馨的回忆。 |

比较例[1.15]与例[1.16]可以发现，矛与盾的关系十分明显。英、汉两种语言与俄语写就的诗歌形成矛盾双方，英汉要换掉俄语诗歌的形式，舍大部分的形取实质的义，双方相互排斥，互相斗争，这是二者的对立。与此同时，首先，英汉双语与俄语原文又相互依存，相互以对方的存在为前提，否则不会形成俄英、俄汉两个语对，不会构成翻译的方向性与依存性，换言之，俄英双方、俄汉双方均处于翻译统一体中；其次，经英汉语这两只矛的作用，俄语诗歌这只盾由译者大脑转化成了相应英译成品和汉译成品，发生了语际转化，这便是二者的统一。所以，全译的矛盾是一种对立统一关系。

二、义一形多矛盾

从语内来看，全译是"义一形多"的行为，即同一语义用同一语言的不同手段表达，从中选择最确当的一种。用 M 指代意义，F 指代形式，"义一形多"的行为如图 1.5 所示。义一形多矛盾是全译矛盾中的次要矛盾，即不处于支配地位，对全译成败不起决定性作用。

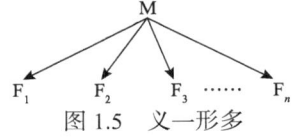

图 1.5　义一形多

义一形多的矛盾，说到底是同义表达的选择差异问题，表达的正确与否已非主要问题，主要问题变成了表达的优劣问题，基本语义已传达，后面就是如何确定最佳方式。比如，例[1.15]的原文是俄语诗歌，而俄英语同属印欧语系，是亲属语言，两种译文句型虽然有别，但语序基本相同，几近对译，这种亲属语种间的互译比非亲属语种间的互译相对要容易；而例[1.16]与俄语诗歌之间的全译则要难一些，因为汉语属于汉藏语系，与俄语并不同源。

再比较例[1.16]中的三种汉译，其间的差异更能鲜明地反映义一形多的本质。若让一千个译者同译例[1.15]的俄语原诗，相信也会有一千种译法，正如一千个读者眼中有一千个哈姆雷特。

三、形义双保矛盾

在逐步解决义一言多、义一形多矛盾的同时，任何译者全译时都想同时传达形与义。形义双保是理想，有，但不多。全译的现实极为骨感，形义双保常常存在不同程度的矛盾。

如前所述，全译包括直译与意译。所谓直译，指既传达原文意义又照顾形式且为译语读者所接受的翻译。直译是最理想最简单却也最容易产生翻译腔的行为。它可以保留原文的形象，模仿其结构、照顾其语序，甚至是形义兼顾，直译的典型代表——对译尤其如此，如例[1.12]。再如：

[1.17]выпускать птицу из клетки

原译：把鸟从笼子里放出来

试译：放鸟出笼

[1.18]Я напишу письмо так, чтоб другие без труда понимали его.

原译：我要把这封信写得使别人毫不费力一看就懂。（吴振武用例）

试译：我写信要让人一看就懂。

前一例的试译是词词对译，紧凑而有节奏，是典型的直译。后一例用一"得"字译出了"так, чтоб"表目的的复句义，但汉译如原文一样繁复了，"一看"虽主要指行为的快速，却也含有行为的容易，因此可以局部对译，整体以直译为主，意译为辅。

所谓意译，指传达意义不拘原文形式的翻译。意译因克服了形义矛盾，所以最能显示形义双保矛盾的解决之道。首先在形义兼顾上与直译接轨，形义均传达过去，由前述两例可鉴。其次是变形保义，其内容完整，外形上有调整，以适应译语的形式要求。再次是舍形取意，不顾原语形式，传达本质含义。最后才是轻形重义，以传义为主，兼顾形式。再如：

[1.19]行李寄存处

Камера хранения багажа

[1.20]以去产能、去库存、去杠杆、降成本、补短板为重点的供给侧结构性改革，经中央经济工作会议定调后，已正式拉开大幕。

Структурная реформа снабжения, после утверждения на заседании ЦК по экономической работе, официально стартовала сосредоточенная на производстве продукции, устранении складов, заемных средств, снижении стоимости, восполнении пробелов.

前一例，"行李寄存处"由"行李、寄存、处"三词构成，"行李"限定"寄存"，"寄存"又限定"处"，形成了顺序链式限定关系；而俄译则与其顺序刚好相反，从逻辑上先说空间 камера（处），再说施事行为 хранение（寄存），最后才说施事对象 багаж（行李）。后一例则较为复杂，先译出原义的主要成分"改革……拉开大幕"，再将原文主语的长定语转为由原文为简单句呈现的表述，其中 сосредоточенная 引导的独立扩展成分，远远地放在了俄译的句末，与主语 структурная реформа снабжения 遥相呼应，这样句子才保持平衡。

[1.21] У всякого есть своё больное место.
原译：每个人都有弱点。
试译：谁能无过。

[1.22] На грех мастера нет, кого же без греха.
原译：人非圣贤，孰能无过。

[1.23] Нет леса без кривого дерева.
原译：没有树不弯的林子。
试译：无曲木，不成林。

[1.24] Нет человека без недостатков.
人无完人。

上述四例均表达同一思想，手段却殊异。第一例，原译为直译，试译由肯定句变成否定句，用否定词"无"与贬义词"过"搭配，同样可表达原义。第二例的 грех 属于宗教词，汉译语体相当，实不算"译"，就是原义的整体等量代换。第三例，лес 与 дерево 取自俄民族所居环境，原译达义，试译则将原文两个词组换序，用汉语相应的复句形式表达俄语简单句的内涵。第四例与第三例句法结构相同，也可译作"没有无缺点的人"，汉译则将 без недостатков 凝练为"完人"，再限定 человек，本可译作"没有完人"，发现汉语有"人无完人"的固定表达，不妨直接套用，不经意间采用了高度融合的结果。

第二章 俄汉全译转化论

将"翻译"视作一种行为,指将某一事物的方向、位置、形式等进行变换,或改变方向,或移动位置,或更换形式,其轴心在于"转化",具体到语言翻译,指原文内容的转移与原文形式的化解,俄汉全译即在这两个层面上展开,对俄汉全译现象的认识也应由此入手。通过转化,原文内容渐化,译文形式化生,最终完成全译之"化"的终极目标。

第一节 转化:全译之轴

众所周知,语言符号是内容和形式的统一体,对原文施以全译行为,就是对原文的内容和形式进行转化。"转"作用于原文的内容,即原文之义;"化"则是化解内容再现时与译语形式之间的矛盾。"转化"为全译行为的轴心,贯穿整个全译过程。

一、转移原文之义

转移原文之义指将原作解码后析出的内容按一定方式移入译语世界的行为与过程,旨在为译文表达做好准备。这一行为主要体现为思维活动,辅之以语言活动,结果是实现原作内容的跨语转移。

(一)"义"的转移方式

翻译的过程,无论全译与变译、人译与机译、笔译与口译,"我们采用三分法:原语理解、语际转换和译语表达"(黄忠廉,2008:11)。原语理解指译者通过听读原文,透过语表形式获取语里意义;语际转换,也即语际转化,指译者将已获取的"义"转移到译语世界;译语表达指将转移过来的"义"用译语表达出来,形成译文。至此,翻译过程结束。语言是思维的载体,翻译以思维活动为主、语言活动为辅,不同阶段"义"的转移呈现不同特点。

原语理解可细分为两步：收码与解码。"义"负载于语音或文字，通过光或空气传至译者的视听觉器官，经过神经的生理活动转化为可供大脑处理的语言码，即收码。之后，译者将语言码解构，提取其承载内容，并将这一内容暂时储存在大脑中，即解码。这一阶段从语言符号到语里意义，即原文之"义"脱离语言形式，转化为相应的思维单位。根据语言与思维的对应关系，译者首先进行词语解码，提取其对应概念及在语境中产生的附加成分，其次分析词语本身以及词语之间的形式信息。概念与概念组成命题，包括简单命题与复合命题。

[2.1]Наш город входит в десятку самых посещаемых городов мира, а в этом году он был также признан победителем в номинации «Лидирующая европейская дестинация» престижной премии World Travel Awards.

初译：我们的城市列入世界十大出访量最大城市之一，在今年还被评为提名"欧洲领先的十大民族"世纪旅游大奖的殊荣得主。

改译：我们的城市圣彼得堡被列入世界十大最受欢迎城市之一，今年又在"欧洲最佳旅游胜地"提名中获奖，获得"世界旅游大奖"（World Travel Awards）。（黄倩用例）

收码阶段，译者将例中 дестинация 看成 дести-нация，导致解码错误，提取出错误概念"十大民族"并用汉语表达，从而导致译文整体无法理解。译者通过网络等手段进一步理解该语码，将其解读为 место назначения туристского путешествия，并用汉语表达为"旅游胜地"。

经过理解阶段，原文之"义"主要以命题形式存于译者大脑中，命题以概念系统或意象系统为载体进行跨语转移。概念系统由一组概念排列组合而成，命题的跨语转移主要是概念的跨语对应及概念之间关系的重新组构。译者在接触原文后，有时可根据原文传递的表象信息在头脑中形成意象系统，命题的跨语转移则为意象的跨语对应及意象之间关系的重新组构。简单命题可一步到位，整体转移，甚或无须转移即可找到相应的译语表达形式，与表达阶段融为一体。如果译者思维中的命题为复合命题，在一定情况下，需分步转移，将其组成概念或意象及其关系一一转移，之后在译语中组合，为进入表达阶段做好准备。

[2.2]举头望明月，低头思故乡。

Я голову поднимаю — Гляжу на луну в окошко. Я голову опускаю — И родину вспоминаю.（Гитович 译）

例[2.2]原文为李白《静夜思》中的诗句，通过动作神态的刻画深化思乡之情。通过解码，译者提取原文之"义"并以概念/意象形式存储，依次为举头、望、明月、低头、思故乡，之后一一对应转换。这些概念/意象都可平行对应成译语概念，如"举头"对应 голову поднимать、"明月"对应 луна，同时一并将关系转换并重新组构，如概念间的逻辑关系是否需要根据译语的逻辑规律进行相应调整，等等。

表达阶段，即用译语再现原文之"义"的过程。获取原文内容并将其转移到译语后，译者需要按照译语语义和语法规则，将这一内容外化为语言形式。与单语表达不完全相同，全译表达是为转移后的"义"寻找语言形式。经过理解与转换过程，译者已完全掌握原文所描述的世界，可按照译语的语言规则，从大脑的语言词汇中选取恰当的词语，将转移到译语的概念或意象有机编排再现，具体体现为语言层面的"写"和"说"。

[2.3]…он забывал, что на самом деле с ним никогда и ничего не может случиться, и из этого рождался страх.

原译：……他完全忘记了那些恐惧产生的源头在何时曾经真实发生过。（负晓茜用例）

试译：……他完全忘记了，恐惧源自何时何事。

经过理解、转换，原文以命题形式存储于译者大脑中，即"他忘记什么事情在什么时间实际上发生过，产生了恐惧"。逐字表达显然不符合汉语语法规范，因此，原译译者将概念顺序调整重组，将从句主语"恐惧"提前，将"产生"与其状语"何时何事"连接，译成"恐惧产生的源头在何时曾经真实发生过"，试译进一步凝练、浓缩，通过减译虚词手段译成"恐惧源自何时何事"，更具文学色彩。

需要指出的是，原语理解、语际转化和译语表达的全译过程三分法是理论推衍，在全译实际过程中，三个阶段很难界限分明，依次进行。因此，"义"的转移主要体现为译者头脑中的思维过程。

（二）"义"的转移单位

"全译的中枢单位是小句[①]"（黄忠廉，2005），简单句承载简单命题，因此，原文之"义"以简单句对应的简单命题为中枢单位进行跨语转移。

全译是以转化为轴心的语际活动和思维活动，包括理解、转化和表达，理解和表达以语言活动为主、思维活动为辅，转化则以思维活动为主、语言活动为辅。语言活动涉及语言单位，包括词、词组、简单句、复句、句群，思维活动涉及思维单位，包括概念/意象、判断/组象、推理/组象群。细察全译过程可确定，全译各阶段围绕简单句展开，词和词组的理解、转化、表达受简单句管控，复句与句群的全译基于简单句的跨语转化与再现，简单句在全译转化中负载功能最

[①] 汉语中，小句指简单句或结构上相当于、大体上相当于简单句的分句，与之对应的俄语语法单位指"简单句"。

多，其他语言单位的转化围绕简单句展开。

简单句对应简单命题，全译思维活动围绕简单命题展开。译者在理解原文后，原文之"义"转化为思维单位存于脑中，而能独立传达意义的最小思维单位便是简单命题。简单命题由命题成分按一定的思维规则组合而成，也可与其他简单命题构成复合命题和命题群。简单命题在双语转换中最自由，概念以及概念之间关系的跨语转移需以简单命题为参考，复合命题和命题群的跨语转移需以简单命题的转移为基础。可见，原文之"义"以简单句对应的简单命题为中枢单位完成语际转化。转化过程中的简单命题呈现一种特殊的状态，它析自原文简单句，又逐步向译语思维靠近，兼具原语思维与译语思维的特点。

[2.4] Мы надеемся, что, кто бы к власти ни пришёл в Боливии, интерес к развитию отношений с Россией сохранится.
原译：我们认为不管是谁执政，都有同俄罗斯合作的利益。
改译：我们希望，玻利维亚不管是谁执政，都有跟俄罗斯发展关系的兴趣。（王小琳用例）

例[2.4]俄语原文含多义词 интерес，理解时需将其置于语境中，只有入句，词才能定义定形。译者口译时，受前文简单句影响，因涉及两国关系，且为政治主题，听辩后直接将 интерес 译成"利益"，忽略了简单句对词义的管控作用。"翻译的选择过程离不开语境。"（何伟和赵常玲，2016）改译时，译者在简单句这一语境中将 интерес 与其后前置词 к 结合，确定所指应为"兴趣"，因此译为"跟俄罗斯发展关系的兴趣"。除对词义的确定与表达有管控作用外，简单句对词组、复句、句群的转化同样起中枢作用，限于篇幅，不再详述。

二、化解形义矛盾

原文之"义"转移后的译语再现过程，是译者着力解决"义一言多"形式矛盾的过程，解决的主要途径为"化"，即通过对原文形式的"消化"而融合它与译语形式的矛盾。对比原文与译文形式可以发现，全译之"化"主要体现为宏观形式保留与微观形式消解。

（一）宏观形式保留

宏观形式保留是指原文之"义"再现时保留原文的体裁、结构等宏观形式。形式是内容的载体，由体裁、结构等诸多因素构成。思维的差异决定了语言的差异性，但语言的差异主要体现在语音、语调、语法、书写形式等微观结构方面，体裁表现、篇章结构、行文格式等宏观形式却大同小异，可在译语中找到对应的表现，译者可保留原文的宏观结构。

宏观形式是作品外在的表现形态，各民族对体裁的划分大体一致，结构也是作者精心策划、巧妙安排的，译者一般按原样再现即可。全译中，任何主观形式的改变都会影响原文内容的表达，从而导致原文内容无法完整再现，所以全译只在微观结构上求变，保留宏观结构。因此，有关全译形式转化的讨论一般只涉及微观形式，很少涉及宏观结构。

保留宏观形式并不是要求译者实现译文与原文宏观形式的完全一致，内容决定形式，译者应根据内容需求和译语语言规范找到相应的语言手段和表现手法，某些情况下需微调宏观结构，如重组段落、调整行文格式等，但其目的在于实现内容的完整再现。全译中宏观结构变动与否一般取决于原文的形式特色，其次是译语思维要求。

（二）微观形式消解

语言差异性决定了原文的微观形式，如音韵节奏、书写形式、句式结构、修辞手法等，无法在译语中再现，只能求"似"。每种语言都有自己特定的表达方式，译者不能强求也无法实现译文的形式完全等同于原文形式，只能根据不同情况、所要表达的内容及译语的规范选择合适的表达方式，否则容易因形害义。原文是内容与形式的统一体，过于追求微观形式的表面一致可能造成意义的巨大偏离。特殊情况下，如某些文学作品的微观形式是对内容的深化，译者此时需考虑保留原文的微观形式。翻译的成功之道在于以形变之手段达传实之目的，形变则是形义矛盾化解的唯一途径。

根据形变程度的大小，全译微观形式消解有以下三种方式：形式微调、形式全化及形式仿拟。

（1）形式微调指译文微观形式相对于原文有部分调整，原文微观形式在译文中部分保留，一般指语法形式，具体指原文语言单位类型及组成成分之间的语法关系。人类拥有共同的思维能力和基本一致的思维规律，语法形式是思维规律的外在体现，因此原文语法形式可在译文中保留。

[2.5] 以史为鉴、开创未来，必须加强中华儿女大团结。

Извлекая уроки из истории, открывая будущее, необходимо содействовать великому сплочению сынов и дочерей китайской нации.

对比例[2.5]中原文和译文可发现，二者形式基本对应，只有部分微调，如将原文祈使句"必须加强中华儿女大团结"译为俄语简单句，整句结构保持一致。

（2）形式全化指译文形式相对于原文已完全转化，原文形式无法在译语中再现，二者只能达到内容极似，特别是隶属于不同语系的语言之间。如俄汉全译，俄语形态丰富，汉语则缺乏形态变化，大多数情况下，只能保全内容放弃形式，使得原文形式完全转化。

[2.6] Пришёл к вам не поздравления выслушивать, а бросить перчатку.
我来这儿不是听您道喜的，而是向您挑战的。（王育伦用例）

例[2.6]原文含成语结构 бросить перчатку，若对译成汉语的"扔手套"，汉语读者会理解困难，这时就需转化形式，将其所含意义用汉语再现。旧俄贵族间，бросить перчатку 表示"要求决斗"，现在常用于指"挑战"。译者将原文形式全化，用汉语再现其内容。

（3）形式仿拟指译者采用译语手段去仿造原文形式，洛特（Дмитрий Семенович Лотте）称之为翻译借用（переводное заимствование），鲁迅称之为"循字迻译"。形式仿拟的特征是"不动形式、保留形象、照顾语序、形义兼顾，多操作于小句及以下语言单位，以词为最、短语次之"（余承法，2014：23）。

[2.7] 敢于斗争，善于斗争，逢山开道、遇水架桥，勇于战胜一切风险挑战。

Необходимо смело вести борьбу, совершенствовать умения и навыки ведения борьбы, как говорится, «встретившись с горой, прокладывать дорогу; встретившись с рекой, возводить мост», смело преодолевать всевозможные риски и вызовы.

例[2.7]原文含谚语"逢山开道、遇水架桥"，整齐匀称，形式简洁，表意流畅。为再现这一形式美，译者模仿谚语对称形式，"逢""遇"统一译为 встретившись с ...，"开道""架桥"则使用"动词原形+补语"结构，两两对称，实现了形式再现，同时保留了形象，是形义兼顾的译文。

全译是译者对原文的"义"与"形"进行转化的行为，"义"在转移，"形"为化生。"义"的转移以简单句对应的简单命题为转移中枢单位，转移后需进行译语表达，为消解义一言多的矛盾，译者可通过微调、全化、仿拟原文形式的手段再现原文之"义"。形义矛盾化解是原文之"义"转移后再现的必然要求，而"义"的再现是形式化解的最终目的。

第二节　化：全译之魂

全译是原文内容渐化、译文形式化生的量变过程，行为的落脚点在"化"上（余承法，2016）。"化"是全译行为的精髓，更体现为全译的本质。"化"的内涵体现为哲学上的"渐化"与翻译学上的"渐化原作、化生译作"。"化"的具体体现形式为全译发生过程中的具体手段，包括对应、增减、移换与分合。

一、化的内涵

"化"的内涵指"化"所反映的全译行为的本质属性，可从哲学、翻译学角度进行阐释。

（一）哲学之"化"

变化范畴是中国哲学发展史上较早出现的范畴之一，虽无专文论述，但备受哲学家关注，范畴自身也逐渐发展丰富，在中国哲学中始终占有一席之地。至今，"变"与"化"这一对偶范畴的内涵逐渐接近于质变与量变而成为联系的中介范畴。

"化"最早见于《中子化盘》中的"中子化用保楚王"，"化"在此指教育、教化，如《说文解字》中的"化，教行也"。战国时期，变化由概念变为范畴。《管子》四篇写到："静则不变，不变则无过。"荀子将"变化"与形神、天地、阴阳、同异等范畴相联系，同时对"变""化"的含义做了分析："状同而为异所者，虽可合，谓之二实。状变而实无别而为异者，谓之化。有化而无别，谓之一实。""化"即形异质同，事物的性质没有变化。

从秦汉至隋唐，"变""化"的范畴内涵逐渐清晰，由"物极谓之变"到"无渐而卒至曰变"，确定"化"是一种形变而实不异的渐化状态。宋明清时期，"变""化"内涵进一步被明确，如张载认为"化"为量变，化言其渐，朱熹将"化"规定为"化是逐旋不觉化将去""化是自阳之阴，渐渐消磨将去""阳化为柔，只凭地消缩去，无痕迹，故曰化"。

可见，"化"是一种细微、缓慢、不易察觉的量变形式和状态，是事物原有规定性的延续，事物不会发生根本性质的改变。

（二）翻译学之"化"

钱锺书从清代文字学者许慎关于翻译的一段训诂出发，汲取哲学范畴"化"的精髓，借鉴古典美学和传统文论中的"意境""境界"概念，首次将"化"用于翻译研究，为当代翻译理论研究指明了一个新的方向。

在《林纾的翻译》一文中，钱锺书道出了文学翻译之"化"的内涵：

> 文学翻译的最高理想可以说是"化"。把作品从一国文字转变成另一国文字，既能不因语文习惯的差异而露出生硬牵强的痕迹，又能完全保存原作的风味，那就算得入于"化境"……换句话说，译本对原作应该忠实得以至于读起来不像译本，因为作品在原文里决不会读起来像翻译出的东西（钱锺书，2019：70-71）。

变译论提出后，翻译活动区分为变译与全译，"化"正好揭示了全译的本质，因此，钱锺书的"化"实乃全译之"化"，其内涵主要包括：①全译是一种量变过程，主要为原文语形变易形成的量变；②全译是"化"与"讹"的内在统一，是求"化"避"讹"的过程，"讹"有时是另一境界的"化"，"化"又是不断避"讹"的过程，二者对立统一；③"化"是全译"忠实"与"创作"的统一，"忠实"是全译的第一要求，而"创作"是"忠实"的必要非充分条件，一定程度上的"创作"是为了更"忠实"于原作，"化"正是二者的统一。

钱锺书将"化"用于翻译研究，实际上指出了全译的最高理想，即"'风味'与'精魂'要与原作求同"（王军平和赵睿，2014）。全译中的"化"是一种易与不易、得失兼备的量变过程，包含理想之"化"与实际之"讹"，内在统一"真"与"美"，并兼有"师法造化"与"笔补造化"。全译之"化"本质在于求得译文与原文最大程度的"似"。

二、化的形式

为实现全译"化境"，译者需在全译的各个阶段采取应对方案、做出选择，体现为运用和实施对应等具体手段，创作"矜持尽化，语迹俱融，诚入化之笔"（罗新璋，1990）的译文。

（一）对应

对应手段指译者在确保再现原文语用价值和传达语里意义的前提下尽可能实现译文与原文在结构、语序、修辞等方面最大程度的"似"。对应分绝对对应和相对对应：绝对对应指译文与原文结构一致、语序相同，是原文的等量代换；相对对应指译文与原文总体对应，但局部略有差异。例如：

[2.8]Ребята, не пущай её!
伙计们，别放走它！（汝龙译）

例[2.8]原文 ребята、не、пущай、её 与译文"伙计们""别""放走""它"一一对应。原文四个要素的基本义项存在汉语对应词，"名词+否定语气词+动词+人称代名词"结构在汉语中存在同构，构成了俄语和汉语的祈使句，原文与译文无论是词序还是词性都达到了高度平行式对照，即绝对对应。

[2.9]香港事务是中国内政，不容任何外来干涉。

Дело Сянгана относится к внутренним делам Китая, никакая попытка вмешательства извне недопустима.

例[2.9]原文为复句，内含两个简单句，译文同样为复句；原文简单句间体现为因果逻辑关系，译文简单句间同样为因果逻辑。译文与原文实现了整体结构的对应。但因双语语法结构及表达习惯差异，简单句内部略有调整。原文简单句"不容任何外来干涉"是表禁止的祈使句，语气强硬、坚决，译文为再现这一语用价值，改用双重否定的句式结构，即在表否定意义的形容词短尾形式 недопустима 前使用否定代词 никакой，从而加强肯定语气。同时，词序略作调整，将"不容"置后表达。句式结构略有调整，但语义和语气未变。

（二）增减

增减手段指译者为完整再现原文语用价值、准确传达语里意义，根据译语表达实际需要增加或减少原文语言单位，从而实现译文与原文最大程度的"似"。增减手段主要用于句及以下语言单位的操作，以增减词和词组居多，有时也可适当增减简单句以适应译语表达规范。例如：

[2.10] Как-то ввечеру разыгралась страшная буря...
有一天晚上，忽然起了一阵可怕的暴风雨……

例[2.10]为顺应汉语特有的"数词+量词+名词"结构，译文表达时在"可怕的暴风雨"前增加语言手段"一阵"，目的是适应汉语表述规范。

[2.11] 半个世纪以来，我们已经经历了两次世界大战。
За последние полвека мы дважды переживали мировую войну.

例[2.11]译文表达时删减原文"已经"，原因在于俄语动词过去式 переживали 含"已经"之意，为使译文简练，原文的"已经"可省略。

（三）移换

移换手段指译者为完整再现原文语用价值、准确传达其语里意义，根据译语表达实际需要转移原文语言单位的位置或交换表达方式。转移主要用于操作词和词组，偶尔也可转移复句分句，交换主要用于操作词类、句类、句子成分、动静表达等。例如：

[2.12] В ночь с воскресенья на понедельник в своём предвыборном штабе на Красной площади Путин встретился с представителями российской и зарубежной прессы.
原译：周日夜间，普京在位于红场的竞选总部里会见了俄罗斯国内外媒体的代表。（杨仕章译）
试译：周日夜间，普京在红场竞选总部会见了国内外媒体代表。

例[2.12]中译者为顺应汉语语法要求，将原文后置定语 российской и зарубежной прессы 移至其修饰语 представителями 前表达，译为"俄罗斯国内外媒体的代表",原文语言单位发生位置移动。为表达简练,也可将 российской и зарубежной 合并为"国内外","俄罗斯"的语义已换用"国内"表达,即换译。

[2.13]中华儿女风雨同舟、守望相助,筑起了抗击疫情的巍峨长城。

Перед лицом общего бедствия все сыны и дочери Китая сплотились воедино и плечом к плечу общими усилиями возвели великую оборонительную стену на пути эпидемии.

例[2.13]原文含两个成语:风雨同舟、守望相助。意指中华儿女团结起来共同对抗疫情,风、雨、守、望等词的使用增强了表达的形象性,俄译时无直接的对应表达,译者换用较为抽象的表达 сплотились воедино и плечом к плечу общими усилиями,形象虽换,意义未变。

（四）分合

分合手段指译者为完整再现原文语用价值、准确传达其语里意义,根据译语表达实际需要拆分或合并原文的形式结构。拆分或合并可用于操作的语言单位围绕简单句展开,句内的词和词组、简单句构成的复句和句群,都可采用分合手段实现译文与原文最大程度的"似"。例如:

[2.14]Несколько минут Печории и она сидели друг против друга в молчании затруднительном для обоих.

彼乔林和她面对面默默无言地坐了几分钟,这种情况使两人都感到很尴尬。（冯春译）

例[2.14]原文结构稍显复杂,如悉数译出,汉语表达有些累赘。译者将原句分成两个简单句,可突出原文语义重点 в молчании затруднительном для обоих,同时也使表达简洁,符合汉语表达习惯。

[2.15]我们隆重庆祝中华人民共和国成立70周年,极大激发全国各族人民的爱国热情,汇聚起夺取新时代中国特色社会主义伟大胜利的磅礴力量。

Торжественное празднование 70-й годовщины образования КНР вызвало огромный подъём патриотического энтузиазма у всех народов нашей страны, консолидировало грандиозные силы для борьбы за великую победу социализма с китайской спецификой в новую эпоху.

例[2.15]原文由三个简单句组成,为使译文简洁,译者将原文第一个简单句转换为俄语词组 торжественное празднование 70-й годовщины образования КНР,用作主语,直接用动词 вызвать 做谓语组成译文句子主干,从而将原文前两个简单句合并为一个俄语句子。

第三章　俄汉全译极似律

经过全译求"化"过程,原文与译文存在极似关系,全译极似律全面而恰当地说明了全译所应实现的目标或应遵循的内在规律。全译之"极似"拥有自己的内涵与结构,体现为意义、形式、风格三个维度上的极似。

第一节　翻译相似律

翻译相似律,从静态看是翻译的结果,即译文与原文之间呈现相似的关系,从动态看是翻译的过程,即译者追求译文与原文相似的过程。"似"的程度不一,恰好对应翻译的一对范畴:全译与变译。全译旨在求极似,变译则求近似,即特效。

一、似

似,即相似,指译文与原文的接近程度。翻译过程中的系列因素决定了译文与原文只存在"似"的关系,求"似"也贯穿于翻译活动的全过程。译文相似于原文不外乎三个方面:语里意似、语表形似与语用值似。全译旨在追求译文极其接近原文,即"极似"。

（一）似的内涵

"似"的内涵指译文与原文的接近程度关系。汉语的似内涵丰富,可表"像、如同、超过"之意,分别对应翻译的"近似"与"胜似"。对比古今中外的译文与原文,可以说,"近似"是翻译的主流,"胜似"占次要地位。

"近似"指译文最大程度地接近原文而非等同。翻译是译者将原文文化信息换用译语表达的一种复杂的思维活动和语际活动。由于译者、思维、文化及语言本身等主客观因素的影响与制约,原文文化信息换用译语表达过程中,文化信息必然受损,相较于原文,译文必然发生变形,因此,无论是译文的形式、内容还是形式与内容的统一体——风格都不可能与原文"等同"或"等值",只能求

"似",主要是"近似"。内容的转移不受翻译文本体裁的限制,无论何种类型的文本,都需文化信息最大程度地转移,这是翻译的目的所在;形式的变换则因体裁的不同而不同:文学作品的形式难以再现,社科与科技作品的形式绝大多数情况下可以实现"近似"。因此,译文与原文的近似程度按体裁排序为:文学翻译较小,社科翻译居中,科技翻译较大。

[3.1] Над седой равниной моря ветер тучи собирает. Между тучами и морем годро реет Буревестник, чёрной молнии подобный.

译文 1:白濛濛的海面的上头,风儿在收集着阴云。在阴云和海的中间,得意洋洋地掠过了海燕,好像深黑色的闪电。(瞿秋白译)

译文 2:在苍茫的大海上,狂风卷集着乌云。在乌云和大海之间,海燕像黑色的闪电,在高傲地飞翔。(戈宝权译)

对比例中原文与译文可见,瞿秋白模拟了原文形式,用相似的译语形式再现了原文内容,传达了原文风格。可以说,译文与原文形式近似、内容极似。戈宝权在传递原文内容的基础上稍微调整原文结构,将 чёрной молнии подобный 前移,置于被修饰事物后形成简单句结构,动作特征紧随其后,整个译文类似于排比句,更能凸显暴风雨来临前的紧张气氛。戈宝权的译文与原文也是形式近似,内容极似。

"胜似"指译文超出胜过原文。古今中外翻译实践表明,译文胜似原作是一种客观存在的现象,特别是文学翻译,有的译者在获取原文意义和精神内涵后,"敢于摆脱原文的羁绊,善于超越原文,译文既译意,又译味,而且味比原文还浓,结果译作胜过原作"(曾剑平,2002)。原因在于:第一,译者在翻译过程中将自己对原文的欣赏与批评融入译文;第二,译者运用译语的本领超过运用原语的能力。钱锺书认为林纾的中文文笔比哈葛德(Henry Rider Haggard)的英文文笔高明得多;吕叔湘认为多首英译唐诗"竟不妨说比原诗好";西塞罗(Marcus Tullius Cicero)认为译作不仅要与原作相媲美,还应在表达的艺术性方面超过原作;许渊冲也提出"译文应与原文竞赛"……诸多翻译实践与理论都证明,译文可以超过原文,特别是在文学翻译中,更为集中地表现在诗歌翻译中。译者的主观能动性是译文超出胜过原文的主要因素。

(二)似的必然

原文经译者翻译转化后,其内容换用另一语言表达,二者存在相似关系,等值、等效都是理想追求。同一内容,换另一形式表达,义同形不同,况且语际转化过程中还存在诸多影响因素,如译者、语言、文化等,译者只能求得译文相似于原文,翻译的目的也决定了"似"的存在是必然的。

翻译的系列因素决定了译文与原文之间只存在"似"的关系。第一,主观因素。译者是翻译活动的主体，其任务是将原文的内容用译语再现。任务的完成需要译者发挥主观能动性，调动一切积极因素完成语际转换，但这一过程也不免融入译者的生活经验、知识成分甚或情感因素，"每个译者在译作中多少会形成自己的风格，所以也有人将译者和作者比作孪生兄弟"（Чуковский，1968：322）。因此，译文与原文只能"似"，也必然"似"，而不可能"等"。第二，客观因素，主要指翻译的客体。翻译以传达原文意义为主要目的，而意义具有一定的模糊性和不确定性，必然造成译者理解的模糊及表达的模糊，译文与原文之间的意义只能无限接近等量，而不可能完全等值。双语之间的形式更不可能等同，思维共性使得双语之间语义的传递成为可能，但其形式无论如何都不可复制。第三，文化因素。翻译是跨文化的交际活动，译文与原文因带有各自的文化烙印而不可能等值，译者也因自身的文化背景会对原文的文化信息做出取舍，目的是服从本土文化的需要。因此，文化的差异性决定了译文与原文之间只能相似，而不可能等值。

"似"的程度有大有小，接近相等的一端为"极似"，相反一端为"极不似"。"似"是基于描写而得出的翻译活动的内在规律，是翻译本质及目的所在。译者应发挥高超的转换艺术，追求译文与原文的"似"。

[3.2]桃树、杏树、梨树，你不让我，我不让你，都开满了花赶趟儿。

译文1：Персиковые деревья, абрикосовые деревья, груши, если вы не позволите мне, я не позволю вам, они все полны цветов.（谷歌在线翻译）

译文2：Соревнуясь в цветении, стараются перегнать друг друга персики, абрикосы и груши.（李丹译）

例[3.2]原文为朱自清散文《春》中的语句，作家运用拟人手法，赋予桃树、杏树、梨树人的行为和动作，读后让人印象深刻、回味无穷。译成俄语时，仅仅满足形式的对应，根本无法传递原文的语里意义和语用含义，正如译文1，机械地实现了语形对应，实则差之千里，并未传递原文意义和风格，原文与译文"极不似"。译文2，译者按照俄语表达习惯，将主语置后，谓语提前，同时将"你不让我，我不让你，都开满了花赶趟儿"合并，其中一个动词译成副动词形式说明谓语动词，以实现形式简洁，再现原文风格。只有译者充分发挥主观能动性，发挥高超的转换艺术，才能实现原文与译文的"极似"。

二、求似

译文相似于原文，是静态对比观察翻译结果而得出的，这说明译文与原文之间呈现相似关系。若从翻译过程分析，"似"则为求似的过程，即译者发挥主观能动性，力争实现译文相似于原文。翻译求"似"是译者翻译所应追求的目标和遵循的原则，贯穿翻译的理解、转化、表达三个阶段。

（一）求似内涵

全译求极似，指译者在全译中充分发挥主观能动性，转移内容，更换形式，采取相应策略与方法，"表现出原作的逻辑衔接和因果关系，尽可能地接近原作的表述"（曹明伦，2015），力争实现原文与译文的"极似"。变译求特效，指译者在变译过程中需施展巧妙的摄取艺术，吸取内容，改造形式，采取相应的策略与方法，追求译文的特效。

从翻译过程角度看，全译可划分为三个阶段：理解、转化和表达。变译可具体为三个阶段：理解、变通+（转化）和表达。从翻译所涉及的语言因素看，全译与变译都会涉及三个要素：语表形式、语里意义、语用价值。进一步细化每一阶段所涉及的语言因素可知：无关全译与变译，翻译理解阶段涉及语表形式、语里意义及语用价值，转化或变通+（转化）阶段涉及语里意义和语用价值，表达阶段涉及语用价值、语里意义及语表形式（图3.1）。

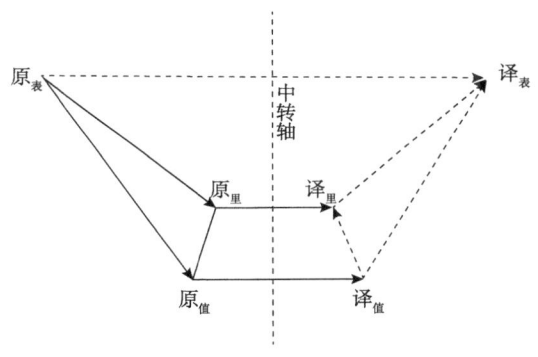

图 3.1　翻译求似过程

注：原表—原语语表形式；原里—原语语里意义；原值—原语语用价值；译表—译语语表形式；译里—译语语里意义；译值—译语语用价值；原表≠译表，原表∽译表，原里≈译里，原值≈译值

如图 3.1 所示，原语与译语之间语表形式的关系体现为虚线关系，原语与译语语里意义和语用价值的关系体现为实线关系。由此可知，翻译求似过程主要指译者在语里意义和语用价值维度上追求译文与原文相似的过程，若相似程度小，则为变译，若相似程度大，则为全译。

（二）求似机制

将翻译过程与每一阶段涉及的语言因素组合可得翻译求似的内在机制。

1. 理解机制

原表→原里：由表及里，译者透过原文形式获取其语里意义或发现有用的意义。

原_表→原_值：由表及值，译者透过原文形式获取其语用价值或发现原文对译语读者有用的价值。

原_表→原_里→原_值：由表及里到值，译者透过原文形式获取其语里意义，在表里统一的基础上获取原文语用价值或对译语读者有用的价值。

2. 转化机制

原_里→译_里：译者将获取的原文语里意义变化为译文的语里意义。变为变通，部分语里意义发生变化；化为转化，结果体现为译文与原文的语里意义相似。

原_值→译_值：译者将获取的原文语用价值变化为译文的语用价值。变为变通，部分语用价值发生变化；化为转化，结果体现为译文与原文的语用价值相似。

原_表→译_表：译者依照原文的语表形式进行译语表达，原文语表与译文语表可在宏观形式上实现相似，微观层面则只能实现对应。

3. 表达机制

译_里→译_表：由里及表，译者将变化后的原文语里意义用译语进行表达，获得译语语表形式。

译_值→译_表：由值及表，译者将变化后的原文语用价值用译语进行再现，获得译语语表形式。

译_值→译_里→译_表：由值及里到表，译者在原文语里意义和语用价值统一再现的基础上全部或部分获得译语语表形式。

第二节 全译极似律

全译极似律，指译文极其接近或非常相像于原文的规律，这一规律由对全译现象的描写观察得出。任何作品都包含语表形式、语里意义和语用价值三个要素，全译极似律由意似、形似和风格似三个维度构成。

一、意似

（一）意似的内涵

全译极似律之意似主要指译文与原文在内容方面的极似。意似是翻译相似律的基础，因为翻译的目的是转化原作。让译语读者了解异族文化，内容得到最大限度的传递是翻译的首要任务，"保持内容层面，即意义的不变是翻译的区别性特征"（Комиссаров，1999：138）。

语里意义即作品内容，指反映在作品中的客观世界和作者对它的认识、态度、评价等，包括主题、人物、事件等要素。语里意义随语表形式的不同而有所侧重。如果语法单位是词，语里意义主要表现为特征意义和涵盖意义：前者针对实词,具体指由区别性特征所组成的概念意义;后者针对虚词,主要指语法意义。如果语法单位是词组和简单句,语里意义主要表现为结构关系、施受关系和意向关系。如果语法单位是复句和句群,语里意义主要表现为分句之间或句之间的逻辑-语法关系。

译者在对原文进行解读、析取语里意义并用译语表达的过程中,由于受译者思维方式、语言自身及其他因素的影响,不可能完整传达语里意义,意义损失不可避免,译文只能尽量接近原文,达至意似。

(二)意似的达成

译者可从传递概念意义、事理逻辑、文化信息等方面入手,实现译文与原文在内容上的极似。意似致力于原文与译文内容上的似,然而,译文无法将原文所表达的内容全部再现出来,意似只能是原文内容的"脱胎",但绝不可能是"换骨"。换言之,译者无法保证原文内容在译文再现时保持不变,只能无限趋同。

[3.3]Счастлив будет тот, кто увидит конец войны.
能看到战争结束的人将是幸福的。(杨仕章用例)

例[3.3]译文再现了原文所有概念意义——幸福、人、看到、战争、结束,并通过句式调整再现了原文内在修饰关系"……的人",实现了译文与原文的意似。又如:

[3.4]Дожидайте! Стану я тебе кланяться!
译文1:等着吧!我会给你行礼的!
译文2:等着吧!我才不会给你行礼呢!(黄忠廉用例)

例[3.4]中译文都再现了原文语里意义,但二者略有差别。译文2用表示强调的副词"才"以及否定副词"不"加强了原文语气,译文相对于原文,语气稍强,但也实现了"意似"。

二、形似

(一)形似的内涵

全译极似律之形似主要指在求得译文和原文语里意似的基础上尽量保持原文形式结构,实现译文与原文形式的似,即形似。

语表形式,即语言形式,指语言系统的形状、结构等,是语言显露在外的可见形式,主要包括原文的组织方式和表现手段。从宏观角度看,语表形式包括标点符号、图表符号、文字形貌、篇章结构、体裁表现、行文格式;从微观角度看,语表形式包括语音、语法、修辞等。

相对于语里意义，语表形式处于次要地位，全译过程中，语表形式则视具体情况而定。一般情况下，宏观形式应保留，微观形式视内容表达需要再决定保留与否。全译的成功在于以形变之手段达至传实之目的，因此，译文与原文的语里意似是应该实现的，而译文与原文的语表形似是可能实现而非必须实现的。

（二）形似的达成

一般而言，宏观形式不会因语种差异而出现较大差异，除特殊情况外，全译译者应保留原文宏观形式。原文体裁是作者确定好的内容承载形式，任何主观的改变都会影响原文内容的再现。至于结构，更是作者精心策划、巧妙安排的，很大程度上是内容不可分割的一部分。作品结构会因民族思维习惯差异而有所不同，但它只是作品的外在表现形态，译者无须做出改变，照样用译语再现即可。

[3.5]Целый день, как ни верчуся,
Лишь тобою занят я;
Ночь придёт — и лишь тебя
Вижу я в пустом мечтанье,
Вижу, в лёгком одеянье
Будто милая со мной;
从早到晚，无论何处，
只有你占据我的心房；
夜幕降临，我只看见你
置身那空旷的幻想，
我看见，身披轻衣，
可爱的你宛在我身旁；（刘文飞译）

译文再现了原文的诗歌形式与结构，译文偶句末尾押 ang 韵，可见译者利用汉语语音形式再现了原文诗歌的韵律特点。

语言的微观形式因语种的不同而差异巨大，译者无法也不能强求译文的形式完全等同于原文的微观形式，只能在译语中寻找相应的或对应的语言手段和表现手法，在译语"规范容许的范围内对原文语言形式的再现"（郑庆珠，2011）。但是，原文和译文可在语句结构上实现"极似"，即保留原语语句结构的外形，既传达语句的形式信息，同时又符合译语习惯。

[3.6]Не могу не напомнить вам общеизвестного факта, что многих способных людей погубила это страсть, между тем как при воздержании они, быть может, могли бы со временем сделаться высокопоставленными людьми.

我不能不向您提起人人都知道的事实：许多有才干的人都是被这种嗜好毁掉的，然而他们一戒掉酒，也许能逐渐成为头面人物。（汝龙译）

　　该例原文为一长句，但被切分为五个简单句，中间使用连接词将其组成一个意义整体。译者在保持原文句式结构的前提下通过局部的略微调整，如增加主语"我"，省译连接词 что 等，再现了原文内容。

三、风格似

（一）风格似的内涵

　　风格是内容与形式的有机统一体，意似与形似的统一即风格似。风格具有可译性，译者通过原文的语言外形把握住原文的内容，然后运用适合于原文风格的译语把原文的内容与形式再现出来，就可实现译文与原文在风格上的极似。

　　"风格"一词来源于希腊文，经过演变，最后表示以文字修饰思想的语言方式和演讲技巧。汉语的"风格"最初指人的作风、品格等，之后用于文学创作。文学风格指作家、艺术家在创作作品中表现出来的艺术特色和创作个性，在文学作品内容与形式的高度统一中显现出来。"作家的风格总是要具体地表现在作品的语言形式中，也就是表现在一定范围内的词语、句型、修辞手法和艺术手法的性质及其重复频率中。"（张今和张宁，2005：81）

　　前文已述，独特的内容在全译中可求意似，独特的形式在全译中只能求形似，二者统一形成的风格在全译中也只能求"似"。另外，风格的可译性具有相对性，译者本人的语言、文化特性对风格再现也有一定影响，所以，译文只能最大限度地再现原文风格。就文体来说，文学作品的翻译对风格似的要求更高一些，非文学作品的翻译主要是意似，形似尽力而为。

（二）风格似的达成

　　风格形成的内在因素是作品内容，因此，欲求得风格似，需精确把握原文内容求得意似。此外，译者还需研究原文风格的表现手段，争取译文再现原文风格时做到恰如其分。译者追求风格似的过程中需兼顾两个方面：原文内容和谋篇布局、修辞手段和艺术手法等形成的情调或神韵。然而，内容外在表现为形式，风格总是通过形式呈现出来，因此，风格求似的关键在于形似，即"在化解语际差异的基础之上，尽可能地在译入语中去寻找一种与原作者的文体风格基本相近的文体风格"（覃学岚，2018）。经验表明，能够较好地传达原文风格的译文往往在语言形式上与原文"极似"。

　　[3.7] Все счастливые семьи похожи друг на друга, каждая несчастливая семья несчастлива по-своему.

译文1：幸福的家庭都是相似的，不幸的家庭各有各的不幸。（周扬译）
译文2：幸福的家庭家家相似，不幸的家庭各各不同。（草婴译）
译文3：幸福的家庭家家相似，不幸的家庭个个不同。（姚锦镕译）

对比例中的三个译文，三者都再现了原文内容，但在结构上略有差异。译文1两个简单句的结构前后不一，没有对称；译文2与译文3前后对称，与原文形式极似，很好地再现了原文风格，实现了风格极似。

第四章　俄汉全译七法论

全译是译者用译语再现原文内容的行为活动，转化是其轴心，译文与原文的"极似"是全译的内在规律及译者追求的目标，为遵循并实现全译的这一内在规律及目的，译者应充分发挥自己的主观能动性，转移内容，化解形式，实现原文与译文的"极似"。通过充分观察并描写全译过程中内容与形式的操作方式可知，全译过程存在直译与意译两大策略，具体化为对译、增译、减译、移译、换译、分译、合译七大方法。

第一节　全译策略

翻译策略强调翻译实施的原则与方式，具有宏观性与指导性。遵循全译内在规律，全译应实现内容的转移并兼顾形式，若照顾原文的语表形式则体现为直译策略，若不拘泥于原文形式则体现为意译策略。每一策略体现为具体的操作机制。根据形式再现的方式可总结出七大全译方法：对译、增译、减译、移译、换译、分译、合译。

一、直译策略

（一）直译内涵

直译是既完整传达原文内容又兼顾原文形式且为译语读者接受的全译策略。"完整传达原文内容"为"本"，"照顾原文形式"为"末"，本末不能倒置，不能因形损意、因形害意。"兼顾形式"无须刻意为之，需以译语读者接受为前提。如果译者过于照顾原文形式，忽视译语读者的接受习惯，势必走向极端，造成硬译、死译之类的"似译非译"。

[4.1] 中国不是救世主，但我们愿做及时雨，是在朋友危难时同舟共济的真诚伙伴。

译文 1：Китай не спаситель мира, но мы готовы быть своевременными и искренними партнёрами, чтобы помочь нашим друзьям в трудные времена.（谷歌在线翻译）

译文 2：Китай ведёт себя не как спаситель, а доверительный партнёр, на которого всегда можно полагаться в самое трудное время.

对比例[4.1]译文 1、2 可发现，译文 1 完整再现了原文形式，几乎——对应，却因过于照顾原文形式损害了意义，如 мы готовы быть своевременными и искренними партнёрами，俄语读者完全不知所云，是典型的"中式俄语"。译文 2 在传递原文内容的基础上对原文形式略作调整，使用了俄语读者乐于接受的句法结构 не как … а、который 从句，从而更好地传递意义。

典型的直译是对译，详见第五章。直译策略的典型特征在于译文与原文在形式维度上的极似，特别是词层级和语层级单位上的——对应，"程度达到等量对应和代换"（焦丹，2020）。例如：

[4.2]Её подруга обычно весёлая и разговорчивая, сегодня она молчалива и грустна.
　　她的女友　　一向　　快乐　又　爱说话，　　今天　她
沉默不语，愁容满面。（贾明秀用例）

例中原文由两个简单句构成，句中各词取其基本义项即可获取原文内容，可——对译成汉语，保持两个分句并列，语用方面传达了完整信息，且译文能够被读者接受，是典型的复句直译。

直译旨在保留原文内容、再现原文形式。直译策略一般用于简单句及以下语言单位，常用于词和词组层级，句及以上单位层级则较少使用。

（二）直译特征

直译的典型特征为形义兼顾，即在传递内容的基础上保留形象、模仿结构、照顾语序。

1. 保留形象

直译策略可以保留原文的物象、比喻形象、文化形象等，形象能够被译语读者接受是形象保留的前提，因此，文化色彩不明显的原文可以采用直译策略。如果所译内容包含较强的文化色彩，如民族地方特色、特有表达方式等，译者可采用直译策略附加注释的方式，从而使得特有文化信息在异域顺利传播。形象的保留可"增加译文的异域特色，达到新奇生动的效果"（胡作友和刘梦杰，2019）。例如：

[4.3]... при Коле, сказала мне, намекая на моего отца, что яблоко от яблони недалеко падает!

……当着科里亚的面,暗指我父亲,说什么苹果总落在苹果树不远的地方!(意思相当于"有其父必有其子")(龚刚译)

例中含成语结构 яблоко от яблони недалеко падает,译者采用直译策略保留了这一文化形象,直接用汉语表述为"苹果总落在苹果树不远的地方",但是汉语读者未必能理解其内涵,因此译者在保留文化形象时对其加以解释和说明,将原文成语结构的言外之意明示,从而帮助读者更好地理解原文的内容。

2. 模仿结构

直译策略旨在传递内容的同时再现形式,译文表达时可模仿原文表达结构,一般包括词序、语序等。在译语读者接受的前提下,译者只需依照原文形式将语言单位逐一译出即可。

[4.4]针对中国的"滥诉",没有事实基础、没有法律依据、没有国际先例,是彻头彻尾的"三无产品"。

Такие иски против Китая не имеют под собой ни фактического, ни правового основания, не находят и прецедента в мире. Их в лучшем случае можно назвать товаром с тремя «нет».

例中原文以三个"没有"形成并列结构,俄译模仿其结构,用 не…не 形式表达,基本保留了原文的逻辑结构和语言形式。

3. 照顾语序

照顾语序,既再现原文语序,又照顾译文语序。前者旨在引入新的表达方式,丰富译语形式,后者旨在遵循译语读者的阅读习惯,更好地实现原文内容传递的目的。大多数情况下,语序按思维顺序推进,俄汉语序大体相同,译者可按原文语序先后顺译成译文。例如:

[4.5]Аня зазывала покупателей и брала с них деньги, уже глубоко убеждённая, что её улыбки и взгляды не доставляют этим людям ничего, кроме большого удовольствия.

阿尼雅召来买主,收下他们的钱,她已经深深相信:她的笑容和目光一定能给这些人很大的快乐。(汝龙译)

例[4.5]原文语句结构与事件发展顺序一致,按原文语序先后顺译成汉语能够被汉语读者理解与接受,因此译者采用直译策略,照顾语序译成汉语,只是在个别地方进行微调,如增加",""顺应汉语喜用短句表达的习惯。

（三）直译模式

直译策略是在意似的基础上追求译文与原文的形似。形似"表现语表形式的层次对应"（朱文振，1987：18），即原文各个语言层次基本或完全能够在译文中再现。语言共性是直译策略得以实施的基础，是层次对应能够实现的前提。根据对应的程度，直译策略可分为绝对对应模式与相对对应模式。

1. 绝对对应模式

绝对对应指译者在传递原文内容的前提下，尽量实现译文与原文在各个语言层次（不含因素层）上的相互对应。最终，译文与原文结构一致，语序相同，形象酷似，译文几乎是原文的等量代换。

[4.6] Прошлое противно, лучше не вспоминать о нём.
过去令人憎恶，最好不去想它。（冯加译）

对比例 [4.6] 原文和译文，可发现二者一一对应，结构一致，语序相同，可以说译文是原文的等量代换。

2. 相对对应模式

相对对应指译文与原文在整体形式上基本对应，但局部略有差异，目的是照顾译语的表达需要。如作为俄汉简单句主干部分的主谓在位序上基本一致，但其他成分略有不同，因此，简单句及以上单位层级大多需要相对对应。

[4.7] 病毒打不倒人类，人类必将战胜疫情。至暗时刻终将过去，光明已在前方。

Вирус не разобьёт человечество, эпидемия будет побеждена. Тьма пройдёт, и свет впереди.

例 [4.7] 译文与原文主谓顺序基本一致，但简单句"人类必将战胜疫情"并未按原结构译出，而是将原文中处于宾语位置的"疫情"移至主语位，省略原文的主语"人类"，谓语换用俄语的被动形动词短尾形式，表达出"战胜疫情"这一行为必将实现的意味。

二、意译策略

（一）意译内涵

意译策略是完整再现原文内容而不拘泥于其语表形式的全译策略。与直译策略相同，"完整再现原文内容"是意译的根本，"不拘泥于语表形式"具体指保留原文的宏观结构，挣脱原文微观形式束缚，完全服从于译语表达规范。改变微观形式是为了更好地再现原文内容，而不是译者随意之举。若完全摆脱原文形式的束缚而随意改变，将意译沦为胡译、乱译，则成为"似译实作"。例如：

[4.8]В Ясной Поляне, в старом лесу, находится могила писателя.

原译：在亚斯纳亚波利亚纳，古老的森林里坐落着作家的墓。（杨仕章译）

改译：在亚斯纳亚波利亚纳，老树林里是作家之墓。

例[4.8]译文在再现原文内容的同时将原文结构略作调整，将地点状语 в старом лесу 与后面的简单句合并并用汉语的存现句表达，同时将原文的后置定语 писателя 前置表达，目的是顺应汉语的表达习惯。

（二）意译特征

意译是对原文微观形式或大或小的改变，往往发生在原文形式与译语表达规范产生冲突时。每种语言都具有特殊的词汇、句法结构和表达方式，当用译语再现原文内容时，译语规范是译者必须遵守的。译者需根据原文内容表达的需要，采用恰当的译语再现方式，达至原文内容与译语表达之间的和谐。"意译是深悟原意而尽情达意的一种途径"（周领顺，2019），"不拘泥于原文形式"是意译区别于直译的灵魂，变形保义、舍形取义、轻形重义是意译的主要特征。

1. 变形保义

变形保义，指完整传达原文内容，改变原文形式。换言之，是根据内容传达的需要调整形式，目的是适应译语的形式要求。例如：

[4.9]我最恨那种人，整天就在背后说人家闲话，有话又不敢当面说。

Больше всего ненавижу людей, которые целыми днями сплетничают и никогда не осмелятся сказать ничего в лицо.（Петров 译）

为再现原文内容，译者将原文结构进行调整，将简单句"整天就在背后说人家闲话""有话又不敢当面说"合并为俄语定语从句，从而适应俄语句式结构要求。

2. 舍形取义

舍形取义，以传达原文内容为主要目的，原文形式不再兼顾。例如：

[4.10]Меня угнетают тишина и спокойствие, я боюсь смотреть на окна, так как для меня теперь нет более тяжёлого зрелища, как счастливое семейство, сидящее вокруг стола и пьющее чай.

那份平静和安宁令我压抑，我害怕看别人家的窗子，因为现在对我来说，没有比围桌而坐一道喝茶的幸福家庭更令人难受的场景了。（冯加译）

受俄语特殊表达结构限制，若依原文表达顺序译成，译文稍显啰唆，也不符合汉语表达的逻辑顺序，因此，译者舍去形式，将内容按汉语规范表达再现出来。

3. 轻形重义

轻形重义，以内容再现为主，兼顾形式，但对原文形式做出较大改变，包括句序颠倒、句子成分改变、语序变动等。例如：

[4.11]改革开放迈出重要步伐。

Сделаны важные шаги в области реформ и расширения открытости.

为更好地再现原文的内容，译者将例[4.11]原文结构略作调整，原文宾语"重要步伐"前移成译文主语，用被动形动词短尾形式做谓语，表动作已完成并将结果保持到现在，更好地传递了原文"迈出"的结果持续意义。

（三）意译模式

意译策略旨在通过形式改变更好地再现内容，因此转化程度深于直译。意译过程的形式转化可在各个语言层面展开，于是形成跨层次转化模式，具体可分为绝对跨层次意译与相对跨层次意译。

1. 绝对跨层次意译

绝对跨层次意译，指译者将原文全部或大部分语言层次重新组合而后传达内容的意译模式。例如：

[4.12]Сказка любви дорогой …
一片痴情，如梦似幻……（王秉钦用例）

译者对原文进行了充分剖析，对原文的全部语言单位重新组合进行表达，根据语境，将 любовь дорогая（珍贵的爱情）译为"一片痴情"，将 сказка（童话）译为"如梦似幻"，入情入理，出神入化。

2. 相对跨层次意译

相对跨层次意译，指译者将原文微观层次的语言单位一一对应为译文，但需根据译语表达需要重新调序组构成文。可分三种情况：调序、拆分、综合。调序是译者为顺应译语表达规范将原文形式进行整体调整、变动后传达内容；拆分是译者将原文错综复杂的语言单位化整为零，按译语思维习惯重新组合表达；综合，即将多种方式综合使用。例如：

[4.13]Дело в том, что люди, даже самые умные, могут поверить клевете, если она маскируется в одежды правды.

原因在于如果诽谤披上真理的外衣，那么不管是谁，就算是最聪明的人也会信以为真。

该例原文为带说明从属句的主从复句，从属句又包含由 если 连接的条件从属句。如按原文顺序译出，译文会略显生硬，因此译者将原文语言单位调序，按汉语思维习惯重新组合表达。

相对而言，意译是更常用的全译策略，特别是俄汉全译。文学讲究形式独特，文学翻译更常采用直译策略，目的是通过形式的再现实现译作与原作风格的极似；科学翻译强调信息的传递，形式的再现处于次要地位，同一信息可用不同的形式表达，因此更常采用意译策略。

第二节　全　译　方　法

全译旨在完整传达原文内容的基础上兼顾原文形式以求风格极似，对比原文与译文形式可总结出直译与意译两大全译策略，进一步细化，可得出全译七大方法，即对译、增译、减译、移译、换译、分译、合译，每一具体方法还可进一步具体化，形成具体的全译技巧。

一、七大全译方法

（一）对译

对译，即对应式全译，指译者逐项对换原文语言单位以实现语际转化的全译方法。对译是最常见、最简单、最便捷的全译方法，是一切口笔译活动的起点和基础。对译主要用于简单句及以下层级语言单位的语际转化中，复句、句群及以上语言单位较少使用对译方法。例如：

[4.14]那几天我娘常对我说："人只要活得高兴，穷也不怕。"

В те дни матушка часто мне говорила: Если на сердце весёло, то и бедность не страшна.（Шапиро 译）

例[4.14]俄语译文是根据汉语原文一词一词直接对应而成的，二者词序基本一致。

双语结构的类似是对译实现的基础。作为直译的典型代表，对译方法可在传达意义的基础上照顾原文的语言结构，实现双语之间语言单位的一一对应，甚至可实现双语之间的等量代换。对译"无疑是译者再现'异国情调'的最佳翻译策略"，可"最大限度地保留'原汁原味'，向中国读者输入异质语言文化之美"（李智和王子春，2006），让译语读者体验到异质文化美。此外，对译也可将原语的异质要素和特有句式结构引入译语，从而丰富本土语言表现形式。

对译，是逐字/词翻译，是双语在翻译过程中达到了语形、语义和语用的对应（黄忠廉和贾明秀，2013）。对译的基本特点是：第一，语形上逐一对应，即译文与原文在词、词组、简单句、句群等基本单位上一一对应，同时又为译语读者理解和接受；第二，意义上基本对等，即译文与原文在义项、义丛、表述、义段上逐一对应，同时表达通顺；第三，风格上逐渐趋同，即译文与原文语义对等与语表对应基础上的语用价值趋同。

对译作为全译方法，属于实践操作层面上的特殊直译，语义可理解，语形基本对等，风格与原文趋同，因此不等同于不被译者接受的死译、硬译。根据语言单位的划分，对译可具体化为词对译、词组对译、简单句对译、复句对译、句群对译。

（二）增译

增译，即增加式全译，指译者根据译文表达需要增加一些必要的语言单位的全译方法。常用于增译的语言单位有词、词组和简单句。例如：

[4.15]Лестницу он в ту же неделю, как приехал, прикрепил к стене, и никто уже не мог её сдвинуть.

他刚回来的那个星期就把梯子牢牢地固定在了墙上，这以后再也没人能把它挪开。（张俊翔译）

原文 прикрепить 意为"使固定在……"，根据后文语境 никто уже не мог её сдвинуть，译者增译副词"牢牢地"，使译文意义表达更加明确。

由于原文和译文在思维表达及语法结构等方面的巨大差异，译者有时会补充某些必要的语言单位来弥补译语表达中的语义空缺，以使译文表达更完整、更明确，也更加符合译语表达习惯。增译可增形，但增形要适可而止，不能造成语义和风格的增加。增译主要体现为两种情况：一是增加原文无形但有其义的语言单位；二是将原文不言自明的信息内容或背景信息用译语再现。

增译的主要操作手段是增补，可用于增补的语言单位主要是语素、词、词组、简单句，据此，增译可具体化为语素增译、词增译、词组增译、简单句增译，随语言单位的增长，运用频率依次递减，难度依次加大。若根据原因，增译还可具体化为语形性增译、语义性增译、语用性增译，其中，语形性增译和语义性增译是强制性的，语用性增译是选择性的。

（三）减译

减译，即删减式全译，指译者根据译文表达需要删减掉原文一些不必要的语言单位的全译方法。常用于减译的语言单位有词、词组、简单句、复句等。例如：

[4.16]不管怎么说，父亲买到了这头牛，而且也是我十分喜爱的牛，这就是大好的事，父亲高兴，我也高兴。

Что ни говори, телёнка отец купил, мне он очень понравился,

славный такой. Отец был рад, я тоже.（Егоров 译）

对比例中原文与译文可发现，原文的"事"与"高兴"在译文中未表达。原文"大好的事"为名词词组，译文将语义重点聚焦于"大好"，采用限定代词 такой 与形容词 славный 表达，"事"虽减译，但译文在传达意义的同时强调了特征程度。"高兴"承前省略，译文表述更加简洁。

由于两种语言在思维及语言上的差异，有些语言单位在原文中是必不可少的，但搬进译文则会形成冗余，影响译文的简洁和通顺。因此，减译旨在用最简洁的译语形式再现原作内容。减译主要通过删减的方式达至目的，包括四种操作手段：①删除，即删除原语必需而译语可有可无的语表形式；②省略，即根据译语表达习惯承前或蒙后省略某些语言单位；③替换，即用译语更简洁的形式替换原语复杂的形式；④合并，即将原语重复的语言单位合并表达。

按照减译实施的出发点，减译可分三种类型：语形性减译、语义性减译、语用性减译。前二者属于强制性减译，如若不减，则译文不够通顺，语义表达不清，以至无法精确传达原文语义。根据删减单位的类型，减译可分为词减译、词组减译、简单句减译、复句减译四种，运用频率依次递减，小语言单位的减译是大语言单位减译的基础和前提。

（四）移译

移译，即移位式全译，指译者为遵循译语表达习惯和规范将原文语言单位移位后进行表达的全译方法。移译即单项行为，即将某一语言单位从原语的 A 点移至 B 点进行译语表达，从外部看是语言单位的移位，从内部看则是因移位引起的原文内部语法关系的改变。例如：

[4.17]Мне очень приятно это слышать.
听到这话，我非常高兴。（石枕川译）

根据汉语语法规范，译文将原文句首的 мне 移至句中位置，同时将原文句末位置的 это слышать 移至句首做原因状语，后接主谓句，更符合汉语的表述习惯。

语法结构及表达习惯的差异是移译的出发点。某些情况下，将原文对译成译语，若不符合译语的表达规范，译者就需根据译语的语言习惯对原文某些语言单位进行相应的位置移动。移译是应内容表述的需要而进行的移位，它只追求形式上的调整，内容力求完整再现。

根据原文语言单位在译文中的转移方式，移译可具体化为三种类型：移位、转化与词义引申。移位是一种有形移位，即将某一原文单位进行位置移动；转化是一种无形移位，即因语言单位位置变动引起的语言单位本身的性质改变；词义引申也是一种无形移位，即从原文语言单位的概念义或字面义出发使其产生符合原文实质的新义，是一种意义上的移位。从移位发生的内在驱动力来看，移译可具体化为语形性移译、语义性移译和语用性移译。

（五）换译

换译，即交换式全译，指将原文形式换作另一表达手段的全译方法。换译很好地体现了全译中"一"与"多"的关系，即同一内容可有多种表达形式。与移译不同，换译是将原文的某一或全部语言形式 A 换用译语的语言形式 B 表达。同义形式的选择是译者全译过程中时刻所面临的任务，选择与原文不一致的形式表达其内容即换译。

[4.18]Она и впрямь была умная. Знала, что все от водки.
她的确很聪明，知道一切的祸根都是酒。（张俊翔译）

原文是由一个简单句和一个复句构成的句群结构，用汉语再现意义时，译者将两句合译，用二者共同的主语 она 做译文主语，后承接两个简单句"的确很聪明""知道一切的祸根都是酒"。从形式看，原文句群结构已换译为译文复句结构，更符合汉语表达的简洁规范。

双语因思维模式不同而形成的语言表达差异是换译方法使用的出发点。对同一客观世界，不同思维会有殊途同归的认知方式和表达方式，从而形成形式相异而内容相同或相似的表达方式。换译不是内容的更换，只是从另一角度出发换用形式表达原文内容。换译是获得语义、灵活选择表达手段必不可少的全译方法。

从语言单位互换的类型和角度出发，换译可分为词类换译、句式换译、肯否换译、主被换译、动静换译、虚实换译等。根据语言单位互换的性质，换译可分为选择性换译、强制性换译和伴随性换译。从换译实施的内在驱动力来看，换译可具体化为语形性换译、语义性换译和语用性换译。

（六）分译

分译，即拆分式全译，指将原文拆分为若干片段并译成相应的译语单位。分译不仅仅是对原语的简单拆分，为了译语表达的需要，译者还需将拆分后的语言单位重新组合，从而使译文符合译语的表达习惯和规范。

[4.19]口外离山西严家庄两千多里。
До тех мест от деревни Яньцзячжуан, что в провинции Шаньси, больше тысячи километров.（Родионова 译）

例中汉语原文为简单句结构，主语为"口外"，谓语为"离"，俄译时，译者将原文处于宾语位置的"离山西严家庄"单独译出，同时将定语"山西"换用定语从句 что в провинции Шаньси 表达，从全译结果看，原文简单句已被分译为包含三个简单句的俄语复句结构。

分译不是任意的拆分，而是基于原文与译文的语言类型差异及其体现在句法结构上的区别进行的拆分。分译旨在遵循思维转化的规律完整再现原文的内容，同时确保译文符合译语表达规范和习惯。分译使用时要注意拆分部分与前后相连单位的逻辑关系，不可因拆分造成原文意义的支离破碎。有时为了弥补因拆分而造成的语义断裂，译者可增加某些语言形式，使译文表达连贯。

根据拆分单位的类型，分译可分为词分译、词组分译、简单句分译和复句分译四种类型。语言单位越大，分译的可能性就越大，使用频率也越高，而且需逐层操作、顺次推进。根据分译的目的和内在需求，分译可分为语形性分译、语义性分译和语用性分译。前两种分译需强制性分译，是译文求真的需要；后一种分译属选择性分译，是译文求美的需要。

（七）合译

合译，即融合式全译，指将原文若干片段合并的全译方法。合译与减译类似，对同一原文从冗余形式角度分析可视作减译，若从整合浓缩角度分析可视作合译，二者是同一事物从不同角度分析得出的不同结果。合译只是原文形式的融合，主要是将短小、零散的结构整合为复杂、紧凑的译文结构，从而形成简洁精炼、表达地道的译文。

[4.20]Ей казалось, что страх к этому человеку она носит в своей душе уже давно.
她觉得她灵魂里仿佛早就存在对这个人的畏惧似的。（汝龙译）

例[4.20]为主从复句，что 引导的从句对主句作出说明。俄语主从复句一般用"，"隔开，汉语从句可与主句直接相连。顺应汉语规范，译文省略"，"实现译文形式的融合。

语言类型的差异是合译方法使用的根本出发点。具体到俄汉全译，俄语一般通过语形的屈折变化来再现内容；汉语重意合，缺乏形态变化，一般由思维逻辑决定语言手段的组合与排列，某些语义关系并不在语表显现。因此，俄译汉时，译者需要将俄语原文形式进行整合组构，然后按照汉语的表达习惯将内容再现出来，这样方能符合汉语规范。

根据合译使用的内在原因，合译可分为语形性合译、语义性合译、语用性合译。根据合并的语言单位类型，合译可分为词合译、词组合译、简单句合译、复句合译和句群合译，高级语言单位的合译以低级单位的合译为前提和基础，词合译、词组合译、简单句合译多见于简单句内部，复句合译以简单句及以下单位的合译为前提，同时，原文句群中简单句、复句的合译最终会导致整个句群的合译。

二、七法组合问题

全译七法既相互联系又相互区别,每一方法会因不同的全译类型、语言对、语体范围、文体特征等,呈现不同的使用倾向性。有时为更好地再现原文的内容与风格,译者需采用两种或两种以上的方法,既有二法组合,也有三种以上方法的组合。

(一) 二法组合

二法组合是指两种全译方法的组配与综合使用,既包括两种方法同时操作于原文某一单位,也包括两种方法分别操作于原文的不同语言单位。对译是典型的直译,要求形式的对应,其余六法则通过形式的转化传达内容,所以对译与增译、减译、移译、换译、分译、合译组合使用的可能性较小或接近零。因此,全译七法的二法组合使用主要是增译等六种方法的合用。从六种方法中任取六种组合,可得出15种二法组合类型。二法组合是多种全译方法组合使用的基础和支柱。

[4.21]三婶不时向我打听二妹消息。

Третья тетя постоянно справляется у меня о сестре Шу-ин.(Петров 译)

例[4.21]主要使用了增译与减译两种方法。增译部分为 у 与 о,两个前置词的增译是应动词 справляться 要求的;减译部分为"消息","消息"即为"关于人或事物情况的报道",о сестре 可充分表达这一意义,减形未减义。

[4.22]А надо сказать, что в то время к Косоротову только что вернулась его жена, особа сварливая и легкомысленная, которую звали Анной.

这得说明一下。当时柯索罗托夫的太太,一个爱吵架的轻佻女人,刚刚回到他身边来,她的名字就叫安娜。(汝龙译)

该例使用的全译方法主要为移译与增译。原文修饰语 особа сварливая и легкомысленная 后置,为顺应汉语表达习惯,译者将修饰语前移,同时结合前文的 жена,增译"女人",使译文意义表达更加完整。

(二) 多法组合

除对译外,其余六种全译方法存在相伴、重合、交叉、共融等间性关系,除两两组合外,它们还可形成三种及以上方法之间的多种组合,既包括每一方法同时操纵于某一原文单位,又包括多种方法分别作用于不同的语言单位,还包括一种方法操作于某一单位,另外的方法操作于另一语言单位。

按照组合规律,增译等六种全译方法可形成三法组合、四法组合、五法组合、六法组合的可能类型分别为 20 种、15 种、6 种、1 种。可见，多法组合过程中，方法越多，相互之间的牵制力量越大，对原文语言单位的数量、位置及结构的长短、繁简等方面的要求越高，相互组合的难度就越大，组合的概率就越低，使用的概率就越低。当然这只是理论上的假设，还需实际语料的统计分析。

第五章　俄汉双向全译对应论

俄汉双语差异较大，转化求似时原语同译语间却存在不同层级和程度的求"对应"趋向，属于原、译语彼此无限接近的极值区域，可将其视为"典型的直译"，其理论系统受控于全译极似律，在翻译求似机制中，对应是其主要特点。本章以探讨对应的机制和方法为主。

第一节　对　应　论

根据《现代汉语词典》（第 7 版）（2016：332）的释义，"对应"指"一个系统中某一项在性质、作用、位置或数量上跟另一系统中某一项相当"。俄汉双向全译过程中，求似是双语间无限接近的一种趋势，是认知"相似性"驱动使然，具体表现为语形、语义和语用的对应，是双语表层结构、逻辑推理和认知思维相似的结果。

一、对应机制

从原语语言文化系统转化至译语语言文化系统，对应是"化"的前提，是不同社会、文化和文明实现交往沟通的基础。"机制"可泛指一个工作系统的组织和部分之间相互作用的过程和方式。俄汉双向全译对应机制是指俄汉双语全译过程中，语形、语义和语用三个层面之间的相互关系与作用方式。已知从原文向译文转化时，语形、语义和语用三个层面均参与互动。

（一）语形对位

语形是语言的表层结构，是俄汉双向转化过程中可被交际主体感官感知到的原文或译文语符实体。原文同译文间似乎存在一条无形的"对称轴"，二者分列开来，彼此相对，无增亦无减，只需依照原文语符排列顺序依次落位便可生成译文，二者语符的排列结构一致。"在翻译转换过程中原文组成要素在译语中无需

语形上的调整和变化,直接对应落位成句,双语间呈对称平行关系。"(黄忠廉和贾明秀,2013)例如:

[5.1]Мне сегодня нездоровится.
　　 我　　今天　　不舒服。

原文是典型的俄语无人称句,其语形结构由主语三格形式+时间状语+无人称动词谓语构成,用以表示主体的生理或心理状态。整体句子结构相对简单,成分数量较少,语法联系清晰。该句结构在汉语中同样具有交际现实意义,即按照原文排列顺序"对位"依次产生译文:Мне→我,сегодня→今天,нездоровится→不舒服。落位成句,汉译"我今天不舒服",由主语+时间状语+谓语构成。

俄语形态变化十分丰富,语法联系逻辑性强。现实交际语境中的语句形态结构也是千变万化。我们仍以例[5.1]为例,深入探讨语形对位的本质。已知例中原文语句结构依次由主语+时间状语+无人称动词构成,对该语序进行结构重新排列,可尝试得出以例[5.1]为原型句的交际变体集合:

[5.2]Сегодня мне нездоровится.
　　 今天　 我　　不舒服。

[5.3]Сегодня нездоровится мне.
　　 今天　　不舒服　　我。

[5.4]Нездоровится мне сегодня.
　　 不舒服　　我　今天。

[5.5]Нездоровится сегодня мне.
　　 不舒服　　今天　　我。

[5.6]Мне нездоровится сегодня.
　　 我　　不舒服　　今天。

六种语形聚合体均具有交际价值,但不难发现,相应的汉语译文并非全部具有原文的交际价值。比如,"今天不舒服我/不舒服我今天/不舒服今天我"并不符合汉语表达习惯。此时,如果坚持启动对应机制,依次按照原文语形对位生成译文语形结构,那么,汉译文的交际价值将大大降低,且存在"死译"和"硬译"风险,不被受众接受。通过比对还可发现,汉语句序中主语"我"位于"不舒服"前,构成的"SV(主谓)"结构易于被汉语读者接受。当原文、译文顺序强行对位造成交际质量降低时,如何最大限度地保留原文的交际价值?是否可以将上述三种汉译方案全部改为"我今天不舒服"?显然,"我今天不舒服"是"原型句",但并不具有涵盖所有交际变体及其交际价值的能力。因而,需要在对应基础上对汉译方案作适当调整,比如增加标点符号,将最初的汉译文调整为

"今天不舒服，我。/不舒服，我今天。/不舒服今天，我。"。增加标点符号后，原文向译文转化时就采用了对应与增添相结合的机制。

经上述分析不难发现，双语转化中语形对位是以双语结构的共性特征为前提的，形式对位并不以牺牲语义对应和语用对等为前提。

（二）语义对应

原文语义同译文语义形成对应关系，既包括原文语义最小单位——词在译文中的对应关系，也包括原文语义结构和逻辑关系的整体对应。语义对应不是绝对的词义或句义等同，而是意义转化过程中，原文语义选择和组构方式在译文中得到了相应的再现。语义对应实现的前提是不同民族对客观世界认知的相似，但由于生活环境和社会历史发展的差异，这种相似性并未占据跨文化交流的主导地位。例如：

[5.7] Перед едой надо мыть руки.
饭　前　应　洗　手。

除前置词词组 перед едой 前移译成汉语"饭前"以外，原文整体的形式结构同译文的形式结构实现了对位。句子语义实体分别由前置词词组和动词词组负载，前者是对后者动作行为的时间限制。后者语义中心是典型的"动作+对象"，同时对该动作进行了情态限制。汉语存在与俄语原语相应的表达，如表示"必须，应当"的情态副词，мыть руки 对应汉语动宾结构——"洗手"，顺序对应可形成译文。虽然时间状语的位置发生了变化，但若将"吃饭"看作时间节点，通过隐喻方式对时间进行抽象认知，可发现汉语和俄语存在相似性，汉语存在"饭前"语义模块。语义对应也反映了两个民族对"洗手"行为的认知共性：吃饭动作发生之前需洗手，这是必要的。译文既保留了原文的语义逻辑，同时也符合译语文化对该逻辑的认识。еда 有 2 个义项：①есть 的名词形式；②食物。перед 既是时间前置词也是空间前置词，若为空间关系，еда 动作发生前应先有事物的存在，而句中后接动作 мыть руки，因而前置词词组与该动作构成时间前后关系，即"洗手在前，吃饭在后"，原文 еда 的第一个义项进入句子语义。相应地，汉语"前"也同样既有空间用法也有时间用法，当表示时间时，"前"作为合成方位词中的补语，同样表示前后两个动作的时间先后关系。也即，两个民族对"饭前洗手"这个行为具有共同认知。因而，原文、译文之间在整体语义结构和逻辑关系方面形成了对应关系。

在保持语义宏观对应的同时，原文、译文平行比对过程中，另一种微观的词义项对应更容易被发现。原文由"前置词+名词+副词+动词+名词"构成，除前置词外，其余四个单位均具有实词意义，分别是 еда、надо、мыть、рука。根据

Толковый словарь Ушакова（https://ushakovdictionary.ru/）对这四个词的释义，对照《现代汉语词典》（第 7 版），俄汉双语存在义项差异，但并不影响译例中语义的对应。以 рука 为例，该词对应三个人体部位，分别是手、臂、胳膊。而汉语用不同的名词表达上述三个人体部位。原文 мыть руки 发生在饭前，通常，人们不会因为吃饭而去洗整个手臂或者胳膊，因而在词项对应过程中，汉语选择"手"作为原文的对应语义。虽然俄语一名多指，但并不妨碍汉译时义项的确指，原文同译文之间的义项对应关系更加明确清晰。

原文词义同译文词义的对应关系通常是指原文、译文之间的义项、语义结构和逻辑关系的对称，从原文向译文转化的过程中一一对应。

（三）语用对等

俄汉双向全译语用对等指译文保留了原文修辞、语境和文化意义，在原文同译文之间形成语用对等，以期原文的修辞效果、语境和文化意义得以传递给译语受众。语用对等是对应机制的关键要素，单纯追求语形对位或语义对等而忽视译文的交际价值，并不是俄汉双向全译对应机制的本质。如例[5.1]的译文聚合体，在一味追求语形对位的前提下，并不是每一个翻译方案都可以取得相同的交际价值，"今天不舒服我/不舒服我今天/不舒服今天我"并不符合译文的修辞表达。又如例[5.7]，在吃饭之前的语境中，рука 的所指对象可明确在手部，而无须延伸到整个胳膊。文化意义是跨文化交际中不可忽视的问题，共同认知会使得交际更为顺畅和有效，但如何克服差异才是跨文化交际的重点和难点。例如：

[5.8]Как грибы после дождя.
机译 1：雨后春笋。（大 БКРС，https://dabkrs.com/）
机译 2：Like mushrooms after rain.（百度翻译）
机译 3：Like mushrooms after the rain.（Yandex Translate）
机译 4：Like mushrooms after rain.（Google 翻译）
汉译：如雨后蘑菇/如雨后竹笋。（刘泽荣，1997）

原文可直译为"如雨后蘑菇"，引申理解为新生事物的大量涌现。原文意象是雨后蘑菇，双语词典释义在直译俄语原文意象的基础上，增加了"雨后竹笋"。对比俄英转换可发现，英国和俄罗斯的机器翻译保留了原文的意象——雨后蘑菇。只有国内英俄翻译网站或词典将原文"雨后蘑菇"转译为"雨后竹笋"，而且较原始汉译增加了"春雨"的意象。"雨后春笋"是中国文化对新鲜事物蓬勃发展的一种认知，春雨之后的竹笋更平添了生机。但是竹笋不是俄罗斯的文化事物，且俄罗斯的蘑菇也并不是在春雨之后才变得茂盛，相反，夏末秋初才是蘑菇茂盛生长的时节，此时采摘更有利于冬藏。可见，竹笋和蘑菇不仅代表了两种不同的语言文化，更潜藏了两种截然不同的地理文明。将 грибы 汉译为"竹笋"，有利于译文受众认知语义结构，可也丧失了对原语文化、文明深入探究的机会。译文传播过程中，"雨后蘑菇"和"雨后竹笋"的双语义结构渐渐演变成归化后的"雨后春笋"单义，国内翻译网站的翻译方案便只有"雨后春笋"了。

我们再引入一例做汉俄语用对等分析，旨在丰富俄汉双向对应机制之语用对等的层次和内容。例如：

[5.9]要以抓铁有痕、踏石留印的劲头，做到言必信、行必果。

Мы должны держать слово и доводить начатое до конца, обладая сильным духом, как говорится, должны и на железе оставлять вмятины, и в камень впечатать свой след.

原文中"抓铁有痕"和"踏石留印"是一种比喻的修辞手法，在汉语文化认知中，"铁"和"石"是坚硬无比的客观世界，寓意艰难险阻、困难重重。人要征服它们就需要持之以恒的毅力。类似成语有"铁杵磨成针""滴水石穿"等。同例[5.8]相比，例[5.9]也可以采用归化译法实现语义信息和交际意图的传输。作为俄语受众，铁和石的汉语文化意象具有新鲜感，修辞手法采用了陌生化处理。激起受众探寻意象背后的文化和历史原因，客观上为受众提供了深入了解汉民族文化的机会，在当前交际意图基础上增加了文化传播功能。

两例分析后发现，语用对等不是简单的交际意图对等，"雨后蘑菇"和"雨后春笋"都可以完成交际任务，但是其背后的文化和修辞价值并不相同。"雨后蘑菇"是对原语修辞、文化价值的对等，在完成具体交际任务时还可作用于译文受众的认知，拓展其对世界的认识范围。相比较而言，"雨后春笋"的译例只能停留在交际价值层面，而无法纵深拓展至文化和文明交流层面。"抓铁有痕"和"踏石留印"在完成交际意图等效传递的基础上，更可实现原语修辞手法、文化价值的间接传递，增进彼此的深入了解。因而，俄汉双向对应机制的语用对等并不是简单的交际意图对等，而是包含了交际意图、修辞、语境甚至文化和文明的"大"语用对等。全译框架下译技和译法组配并不会造成交际意图的改变，俄汉双向对应机制下的语用对等内容或可明确聚焦为修辞和文化价值的对等传递，实现具体翻译意图的文化、文明跨语传递。

二、对应理据

"抽象思维是最基本的思维形式，是形象思维和直觉思维的基础，而语言是人类用于交际和思维的最重要的符号系统，抽象思维运用概念、判断和推理等方式进行思维，其相应的语言形式是：词和一般短语，句子，句群。"（黄忠廉，2008：14）俄汉全译对译机制不是空中楼阁的想象，也并不是对翻译实践中对应现象的断章取义的解读。俄汉转化过程中，对应不仅仅是前述语形、语义和语用的"对"，更是俄汉全译实践活动的内在规律——对应律，而对应律之所以存在是因为俄汉双语多层面的相似性，即俄汉语言民族文化甚至是文明之间存在的相似性，具体包括语言结构、逻辑推理和认知思维的相似性。

（一）语言结构的相似性

俄汉双向转化中的对应究其语表形式，语言结构的相似性是其发生的基本前提。俄汉语分属不同的语系，语法构造和规则存在较大差异，但并不能否认共性的存在价值。对应是两种语符平行对照，逐项表层单位互换。俄汉双向转化表层单位逐项互换可具体分为简单句、复句和句群的结构互换。以简单句及简单句内单位对译为主，复句和句群对译不多。

[5.10] Налево чернело глубокое ущелье, за ним и впереди нас тёмно — синие вершины, горизрытые морщинами, покрытые слоями снега, рисовались на бледном небосклоне, ещё сохранявшем последний отблеск зари. На тёмном небе начинали мелькать звёзды, и странно, мне показалось, что оно гораздо выше, чем у нас на севере.

左边深邃的峡谷里黑黝黝的；峡谷的对面和我们的前方，千沟万壑纵横交错，常年积雪层层覆盖着的深蓝色山巅，呈现在苍白的穹隆上，山上尚留有最后一抹晚霞的反光。最早的几颗星星，已隐隐约约出现在昏暗的天空上，说来也怪，我觉得它们要比我们北方的星星高得多。

例中大篇幅的景物描写由两个复句完成，复句内运用了多个"形容词+名词"的结构，如 глубокое ущелье、синие вершины、бледный небосклон、последний отблеск、тёмное небо，俄语结构的中心词是名词，形容词的作用在于修饰和限制名词，对名词的性状作出描写和限定，明确所指对象的特征。相应地，汉语也存在类似结构——偏正结构。偏正结构中词与词的地位不等，围绕中心词展开词间的联系。因而，上述所列举的俄语主从结构均可对译为汉语的偏正结构。可见，对译实现的基础就是俄汉双语词组结构组构规则与方式的相同。

除了词组结构相似，例中插入语结构的使用也属于俄汉语的相同之处。原文 странно 作为插入语出现，为后续从句添加了主观情态模块。形式上，插入语同句子呈离散状态，但语义结构和语用含义紧密相连，因而对译为汉语时，通常需要保留该类插入语结构。

（二）逻辑推理的相似性

语言结构的相似性反映了逻辑推理的相似，如例[5.10]中"中心词+修饰语"的词组组构方式，两个概念之间的关系是被修饰和修饰的关系，后者是对前者的性状限定。概念与概念之间的关系还可以是动作与动作对象并列等。随着概念数量的增加，不同概念之间的联系和存在方式也呈现出多样化的复杂样态。因而，语言结构的对应必然基于逻辑推理方式的相似。

仍以例[5.10]为例。对比例中原文与译文，可析出共同的词组结构——中心词+修饰语，以及插入语结构。就整体语篇结构而言，句群对译基于词、词组、简单句和复句对译。例中大段景物描写以方位视角切换为逻辑联系方式，具体表现为方位词或者词组的使用，如 налево、за ним、впереди нас、на бледном небосклоне、на тёмном небе，就词组结构本身而言，俄语前置词词组结构对应汉语处所状语，上述词组可对译为"左边、对面、前方、在苍白的穹隆上"以及"昏暗的天空"。但从整个语篇宏观结构来看，上述方位词组具有起承转合的语篇结构作用，相应地，汉语景物描写通常也会遵从方位变化带来的视角变化，景物描写语篇的结构组织方式同样一致。由此可见，对译的存在有其语言结构相似性的规则依据。

逻辑推理的基础是概念，概念的具体化就是词义。对外部世界的认识会以概念的形式存储于脑海中，同时，也会以词的形式作为物质材料组构言语，以实现交流和沟通。概念本身是逻辑推理的结果，同时，概念系统的维系与发展同样是逻辑推理的结果。再如 зелень（绿色）一词，其所指概念是自然界一种常见的颜色，频率为 520—610THz，在光谱中介于黄与青之间，附加意义有"自然、平和、环保、无公害"。使用过程中，зелень（绿色）所指意义演变为"概念意义+附加意义"，并且在演进和流变过程中体现了逻辑推理方式的相似，即汉俄民族对事物的联想方式——类比与归纳存在相似之处。绿色是自然的颜色，绿色代表了自然，也代表了自然的和谐感觉和宁静氛围。伴随城市文明的兴起，自然受到破坏，因此需保护环境。从另一侧面讲，日益受到破坏的自然是一种本真的体现，未受到工业文明的滋扰，因而无公害也成为其重要义项。上述义项之间的关联显示，该词的概念以及由该词构成的相关词组、句子和篇章的概念可在双语之间实现对译的基础就是逻辑推理的相似。

以词为中心可展开词组、简单句、复句、句群甚至语篇的构建，这些层级单位的对译均是逻辑推理结构相似性的具体体现。例[5.10]原文描写的客观事物有峡谷、千沟万壑、积雪、山巅、穹隆、晚霞、星星、天空。以上述名词为中心词构筑词组，主要用于描写最后一抹晚霞、苍白的穹隆、深蓝色山巅等。通过上述描写，诸多景物呈现在作者面前，作者对景物的描写采用了方位串联的方式，即左边、对面、前方、上、北方、高。此类关于客观事物的逻辑排列在双语中有所对应，俄译汉时，这一语篇衔接方式可直接对应，从结构组织来看，整体也可实现对译，这也正是逻辑推理方式的一种体现。

（三）认知思维的相似性

思维运动体现事物的一般特性以及事物之间的规律性联系。前文已指出，俄汉双向转化过程中，对译的基础是语言结构的相似性，语言结构规则的相似性体现了俄汉民族逻辑推理的相似性，而逻辑推理相似的根本在于认知思维的相似。зелень（绿色）由基本概念意义向联想意义流变，即"自然基本颜色→自然→平和→宁静→保护环境→无公害"。整个意义发展链条中，绿色是自然最突出的外在形象特点；平和与宁静同样是自然给人最优先的感受和印象；保护环境是自然的相关概念，源于自然的现实生存状态；无公害是对自然的一种主观评价。整体看来，所有附加意义的产生和演进都围绕"绿色"的基本概念展开，反映了从基本认识到具体认识的分析与综合的思维方式的变化。因而，зелень 对译成"绿色"是俄汉民族认知能力共性的体现，同时，也是两个民族对被认知对象的主观处理方式，即分析与综合方式共性的体现。

除分析与综合外，常见的思维方式还有很多种，诸如比较与分类、抽象和概括等等。例[5.10]中对景物的描写是作者主观认知的具体体现，通常情况下，这种主观认知带有深厚的社会认知与评价色彩，如"黑黝黝的峡谷"，是对客观事物当前光影状态的描写，同样也是主体认知共性的体现，如将"黑黝黝"换成"亮堂堂"或者"红艳艳"则会被认为是失实。以此类推，方位串联的语篇逻辑方式可直接对译的基础是不同民族对周围环境认知方式的相似，即先四周再俯瞰、由近及远的顺序。除了景物描写中方位视角转换存在典型的语篇标记语外，叙述类语篇中也存在典型的逻辑关系标记语。例如：

[5.11]Они один за другим торопились по пробитым ими торным дорожкам: **некоторые** с тяжестями, **другие** порожняком. Я взял в руки хворостину и загородил ею дорогу. Надо было видеть, как **одни**, презирая опасность, подлезали под неё, **другие** перелезали через, **а некоторые, особенно те**, которые были с тяжестями, совершенно терялись и не знали, что делать: останавливались, искали обхода, **или** ворочались назад, **или** по хворостинке добирались до моей руки и, кажется, намеревались забраться под рукав моей курточки.

这些蚂蚁一只跟着一只，在自己开辟的平坦小路上奔忙，**有的**拖着重载，**有的**空着身子。我拾起一根干树枝，挡住它们的去路。真好看，**有的**不怕危险，从树枝下面爬过去；**也有的**由上面爬过去；可是**有些**，特别是那些拖着东西的，十分慌乱，不知怎么办才好：它们停下来，找寻出路，**要不**就退回去，**或者**顺着干树枝爬到我的手上，看来，它们打算爬进我的短上衣的袖筒里去。（高植译）

原文和译文加粗部分是对译，构成了语篇逻辑叙事的结构框架，同时负载作者对叙事对象的认知结果，形成了逻辑语义内容实体。可见，对译法可充分再现原文结构、修辞特征，其他翻译方法并不具有此种交际功能。对译法的实施基础正是认知思维的相似性，对叙事对象的分门别类描述会让叙事语篇条理清晰，层次分明，更加容易让读者进入语篇构建的语境。如果将上述加粗部分替换为全译六法，会破坏原文作者的逻辑链条和语篇组构特点。

第二节 对 译 论

俄汉双向全译双语对应现象体现了译者主观操作的语际对应机制，反哺翻译实践，可具体体现为"对译法"，围绕该方法展开的系列全译操作描写和论证是本节的主要论点——对译论。

一、对应界定

关于对应，前文已详述，因此，本节首先将"对应"置于中外翻译史中做源流考证，之后从语形、语义和语用三个维度综述"对译"概念并采用动静结合的双重视角分层次展开对译法的系统论述。其中，动态视角以俄汉双向全译的翻译过程为切入点，重点观照对应过程的特点和规律；静态视角尝试构建对译方法论体系，主要出发点是语言的层级单位对译。

（一）对译的由来

长久以来，古今中外翻译思想或理论中均可发现"对译"的影子。英语文献中有对该类翻译现象的描写，如 translate word by word 和 literal translation，前者侧重翻译行为的方式和方法，即逐字地进行翻译，后者侧重译文对原文的再现效果。巧合的是，俄语文献中也有类似提法，如 перевести слово в слово、дословный перевод 和 буквальный перевод。中华文明悠久的历史长河中，无论是对历史变革、民族融合，还是对文化创新，翻译无一例外都发挥了举足轻重的作用。中国传统译学思想对此类翻译现象多有讨论，但独论较少，对"对译"的论述往往伴生于直译，混淆于死译、硬译。除却中西译学史中有关对译的探讨，现当代，欧美、俄罗斯和国内学者都有抑或相似、抑或不同的论断。

俄国著名翻译理论家费道罗夫将"逐字翻译"（дословный перевод/буквальный перевод）看作翻译中的形式主义（формализм），并对其抱有批判和否定的态度。他认为逐字翻译只是字面上传达了原文，究其本质却是在破坏原文，在破坏原文的同时也破坏了译文，这是典型的翻译形式主义，内容与形式脱离。"译者追求的是传达单个的形式成分，而不是它们的功能，不注意整体的内容和其他的形式成分,再现一个与内容相脱离的形式或者再现一些与其他形式成分相脱离,与整体内容相脱离的形式成分。"(转引自吴克礼,2006:214)

与费道罗夫形式主义论断相似的是,列茨克尔(Яков Иосифович Рецкер)也认为"逐字翻译"是对原文的曲解。需注意的是,列茨克尔并没有针对逐字翻译的形式主义问题大做文章,而是将逐字翻译进行了分类。他认为逐字翻译可以分为两种情况,其一是词源的逐字翻译,其二是语义的逐字翻译。虽然列茨克尔对逐字翻译持否定态度,但其对批判对象的分类和分层剖析的方法值得学习。列茨克尔已经跳出了费道罗夫形式主义局限的"语表"逐字翻译,透过语表进入语义。持不同意见的是俄罗斯著名翻译理论家维诺格拉多夫(Иван Иванович Виноградов),他认为逐字翻译是一种对应翻译现象,"是语言现实的客观存在。翻译学中分析语际词汇等值不是为了制定某种规则,是为了研究译文中词汇单位传达什么,与原文词相区别的情况下如何形成与原文语句意义相应的思想,或者比较分析互相对应的词和成语的语义、修辞、功能特征"(转引自吴克礼,2006:479)。维诺格拉多夫没有深入研究此类翻译现象,但指出了原文与译文之间不同层级"求对"的现象,并认为词汇单位的对应可在译文中形成与原文对应的意义,但译文与原文对应情况下词和成语在语义、修辞和功能方面仍然存在差异。

著名英国翻译理论家卡特福德(John Cunnison Catford)首先提出了"逐字翻译"的"源头"问题,他认为逐字翻译是一种直译,对该种翻译不能一概否认其存在价值。翻译过程中,译者为遵守译语语法规则往往会改变原文,但起点是逐字翻译,且逐字翻译应限制在词单位层级。凯瑟琳娜·莱思(Katharina Reiss)认为,理想中的翻译是"目标语文本和源语文本在思想内容,语言形式以及交际功能等方面实现对等"(转引自张美芳,2005:69),并称此类翻译为"完整的交际行为"。

汉语与西方语言存在较大差别,有关翻译的理论探讨尤为多样丰富。直译与意译之争一直是中国译学思想史的重要发展脉络,延续至现当代。受西方译学理论的影响,国内当代学者对"逐字翻译"这类翻译现象也有了新的理解和阐释。

改革开放初期,国内俄语学界开始关注逐字翻译现象。阎德胜(1992)提出了"顺序翻译",并指出:"俄译汉在某些情况下,顺序翻译而成的汉语句式,其各成分位置的摆放符合汉语上述语法规律。"可见,基于俄汉语法规律对比,俄汉语表结构顺序存在共性,逐字而译所得译文并非完全有害。黄纪文(1994)以科技翻译为例,将逐字翻译同直译分离,明确提出了"对译法"概念,"'对译法'的特点是,英语译文中的词(或概念)与汉语原文中的词(或概念)一一对应,顺序相同"。同时,他还按照词与词的组合数量,列举了八组对译法的实例。将原文与译文的对应关系从词层级上升到词组层级，原文词的数量从三个单词的组合到八个单词的组合都可依照顺序生成译文，且译文在科技领域均可得到认可和使用。

陈小慰（2006：62）重新定义直译概念："直译指在不违背译文语言规范以及不引起错误联想或误解的条件下，在译文中既忠于原文词义又保留原文形式。"刘宓庆（2005：178）指出汉英语是相似性和非相似性并重的，并提出顺译概念，后又科学而系统地论证了"对应"，指出完全对应是在双语中语义所指同一、语法中句法功能基本相同的翻译方法。他还具体提出了适合这种"对应"翻译的具体类型：①人称代词；②数词及其组合式，各种数理公式；③无歧义的科学技术名词即专业术语；④无歧义的人名、物名、地名；⑤无歧义的名词、无歧义的定式搭配及常用的自由搭配；⑥无歧义或变义的核心句；⑦若干定式寒暄语。同时，并认为这种完全对应是双语间对应转换的基础。

从历史上的直译和意译纷争，到现当代对逐字翻译的重新认识，都在提示我们需要对该类翻译现象进行系统梳理。黄忠廉等（2009）提出了"对等直译"概念，原文命题（概念）的成分、数量和组织序列及其语表结构在译语都可找到"对应块"，形成概念-概念、意象-意象、命题成分-命题成分的三层一一对应关系，这就是对等直译。同时，他们也明确了对译的地位：对译是典型的直译，属于全译方法论体系。继而就俄汉-汉俄翻译过程中的对译问题进行了具体例说："对译是典型的直译，指句内语言单位逐项对换式的全译方法。典型的直译主要表现在句内，对译的概率排序大致是：词＞短语＞句。词典中词目与短语的翻译很多属于对译，一进入句子及以上层面的全译，对译就用得较少了。总体上看，对译在翻译实践中用得不多。"（黄忠廉和白文昌，2010：184）黄忠廉和贾明秀（2013）首次系统阐释了"对译"，包括对译的概念界定、特点和属性，指出："观其表象，可知外在特点是语形上对位，语义上对应，语用上对等；深入其本质可发现对译在最大程度上保留了原语的所有信息，应该是最理想化的完美翻译。"

（二）对译的定义

对译是典型的直译，而非死译或者硬译。对译时，原文与译文之间需要形成形、义、用的三维一致对应关系。

对译非死译。"死译"出自茅盾（1988）的《复杂而紧张的生活、学习与斗争（节录）——回忆录（五）》，茅盾将死译等同于错译、误译，并认为是需要批评的对象。这里所说的死译是完全拘泥于原文字面的翻译，这类翻译专注于译语同原语语义上的对应，即按照原语的字面意思去转化为译语，这种死译是语义上的"死"，就翻译方法而言，死译的基础是词义的对应，准确说来更像是词典义的对应。双语词典中的义项对应体现了不同民族对世界认知的相似性，但意义具有动态性和多样性，词典义是固化了的认知，死译过于拘泥于原文的"义"，而不敢跳出原义藩篱去探索原文的意义，"死扣"原文与译文的词典义对应关系，而忽视了原文和译文中语境的重要作用，造成了原文同译文"义"与"用"的失衡。

对译非硬译。一些学者认为鲁迅的翻译存在"硬译"之嫌。所谓"硬译"是指按照原文逐字逐句直译。从翻译单位来看，硬译将"逐字"扩大到"逐句"，从词对应上升到句对应。硬译类似于死译，都存在形式主义的"忠实"于原文，差别在于死译专注于语义对应，"硬译"强调语形结构的对照，严格按照原文语篇结构方式转换、输出译文，这种方法在双语语法规则共性较多的情况下比较有效，一旦双语语法规则差异较大，则输出的译文会有佶屈聱牙之感，在译语语境中传播也会受限。对译则不然，对译仅在双语可以"取同"的情况下适用，且不仅要求语形的对照和语义的对应，更注重语用的求等。

俄汉双向对应过程中，历经原文理解对照形成命题，再到双语间概念、形象、判断、推理的对应转化，继而完成对转化结果的语用赋值，原语同译语形成形-义-用三维对译生态关系，达到求似过程中的"极似"。具体说来，对译的方法体系包括语形性对译、语义性对译和语用性对译。按照翻译的层级单位划分来看，对译分别是词素、词、词组、简单句、复句和句群的对译。层级递进展开，形成不同程度、不同类别的语形性对译，可谓之动态对译；与此相对的是静态对译，静态对译是指对译结果所呈现出的原语与译语的对译关系。因而，除了按照翻译层级单位将对译分类，对译还可分为整体与部分对译、静态与动态对译。

二、对应过程

黄忠廉和李亚舒（2004：243）动态分析了翻译过程三个阶段中的具体变化内容："在理解阶段符号变为内容，在转换阶段发生类比，如情景类比，事实类比，概念类比，形象类比，判断类比等，同类则可对应，异类则要变换；在表达阶段内容变为符号，用译语重述内容。"以此为基础，俄汉双向全译对应过程，根据原文符号系统向译文符号系统转化所呈现出的规律，对应过程可分解为三个阶段：①原文理解对照；②语际转化对应；③译文表达求等。

（一）原文理解对照

全译理解阶段，译者将原文的语符变成思维符号，完成原文语码的接收和破解。黄忠廉和李亚舒（2004：244）认为："翻译的理解有两种方式，一种是自下而上的方式：由小到大，由部分到整体，即从词义到（短）语义再到句义、句群义、段落义和篇章义，逐层概括，最终达到理解。原文的字面义由此获得。另一种是自上而下的方式：由大到小，从整体到部分，从抽象到具体，即根据语境因素，对话语进行联想处理，从而达到理解。原文的言外之意由此获得。"具体说来，在俄汉双向对译过程的理解阶段，译者对原文的收码和解码活动呈现出规律性的"对照"特点，译者对照原文符号的语表排列顺序生成原文的形、义、值信息系统。例如：

[5.12]В воскресенье я встал рано. Я быстро сделал зарядку и включил телевизор. Я решил сегодня отдыхать целый день. Тут я увидел, что ребята начали играть в хоккей. Но я продолжал смотреть кино ...

星期天我起得很早，很快做完了早操，打开电视机，我决定今天休息一整天。此时我看到，孩子们开始打冰球，而我仍在看电视……

该例是典型的对照理解，原文由五个句子构成，均以动词词义为中心展开句义结构，通篇功能词不多，出现了表示接续关系的连接词 и。译者整体认知顺序，按照从左至右接收原文语符，依次呈现为时间状语→主语→动作$_1$、主语→动作修饰→动作$_2$→动作$_3$、主语→时间状语→动作$_4$、时间状语→主语→动作$_5$、主语→动作$_6$收码五个模块，每个模块的句子语义结构核心要素差别不大，以动词词义作为句子语义结构的核心要素，围绕动词配价组建句子语义。同时，该例语境信息单一，无须做过多的复杂含义推导。因而，收码之后，按照实义词策略对其语义结构进行解码，依次获知五个动作模块的事件：起床→做操→打开电视→决定休息→看到孩子们打冰球→继续看电视。五个动作之间的逻辑关系以动词的语法特征作为语表手段为主，表示动作接续关系的逻辑连接词仅出现 1 次。五个动作在原语语表结构中呈现逻辑关系一致的语法、语义和事理，译者解码后可对照所得信息依次形成相应命题，完成理解活动。

（二）语际转化对应

理解之后进入语际转化阶段，原文的语符信息经译者处理会转化成译者的"内部语言"，即思维信号进入译者大脑中枢作进一步的处理。语符之间的对应翻译是语际对应转化的结果。理解之后的转化可发生对应或者不对应两种情况。

转化是对理解的内容做进一步处理，译者在理解原文时会尽量做到对应理解以求得原文的全部意义信息。思维单位包括概念、形象、判断和推理，原语不同层级的思维单位在转化过程中会发生多种形态的变化。黄忠廉和李亚舒（2004：253-269）将科学翻译过程中的思维转化形式分为八种情况进行了详细的分析和论述。以概念单位为例，原语的概念可转化为译语的概念、形象和判断三种情况，而原语同译语之间的概念与概念的转化又可细化为非同等概念、同等概念和上下位概念三种亚类（图5.1）。

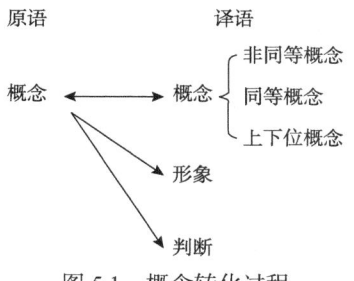

图 5.1　概念转化过程

如译例[5.8]，三种汉译分别是"雨后蘑菇""如雨后春笋""如雨后竹笋"。грибы 与"蘑菇"属于同等概念的对应，与"春笋""竹笋"均属于非同等概念的转化。由此可知，三种汉译中只有"蘑菇"是对原文概念的对应转化，即原事物 A 在译语中的对等投射 A′，二者构成一一对应的关系。又如例[5.7]中的 рука 概念汉译转化时会发生三种情况的变化：①对等转化；②非对等转化；③上下位转化。对等转化的概念是指"手"。非对等转化过程中原语 рука 可译为"手臂"，即手的上部。此外，рука 还可泛指手和手臂的整体区域，汉语将其称为"胳膊"。由上述译例分析可发现，原语概念同译语概念之间的转化过程形态多样。即便是同层级概念之间的转化，也并不能完全定义为"概念的对应"，因此，对译的概念转化应发生在同等概念之间。以此类推，思维单位可分为概念、形象、判断和推理，呈渐次递增关系。概念构成形象，形象是判断的基础，推理发生于多个判断之间。因而，俄汉双向对译的思维转化过程可具象化，如图 5.2 所示。

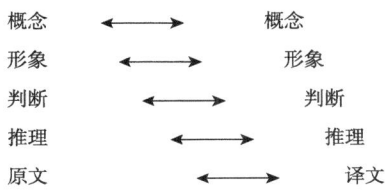

图 5.2　俄汉双向全译转化对应

由图 5.2 可知，思维单位的逐级转化会产生逐级的思维单位对应关系。如形象的对应转化应以概念对应为基础，判断的对应以概念或形象对应为基础。以此类推，概念层级的对应是所有思维单位对应的基础，与语言单位类似的是，词对译的情况最多，与此相应，同等概念对应的情况也是思维转化对应中频率最多的一种。如前所述，概念对应是同等概念对应，非同等或上下位概念的转化并不能看作是语际转化的思维对应。与此同时，语际转化中的另一种情况也需关注，原语概念在译语世界并不存在，双方不能构成相互转化的关系，"对等概念转换多见于科学术语与专名，如地名、人名、机构名等"（黄忠廉和李亚舒，2004：254）。以 монах 为例，汉译为"修道士"，这显然不是汉语文化的固有词汇，而是舶来品。有些译者将其译为"和尚"，二者其实并非一回事。"和尚"虽可被汉文化受众迅速接受，但其伴随的文化意义得不到相应的传播。"和尚"可视为对 монах 的非对等概念的思维转化，专门为 монах 创出的"修道士"可视作译语同等概念词。由此，作为语符转化的基础，概念对应可分两种情况讨论：其一是由双语文化中的认知结果的相似而造成的概念对应，即原语文化概念在译语文化存在相应的概念；其二是译语受原语文化影响，"催生"出的新词使得译语同原语概念保持对应，最为典型的是外来词和专有名词。

　　形象是概念的延伸，词组是概念的语言表现形式，形象的对应以概念对应为基础。如例[5.10]中对自然环境的描写，从原语到译语的转化存在很多形象的对应：глубокое ущелье——深邃的峡谷，синие вершины——深蓝色山巅，бледный небосклон——苍白的穹隆，тёмное небо——昏暗的天空。原语是由形容词+名词构成的词组，二者是修饰与被修饰的关系，前者是对后者的性状的描写。该结构与汉语偏正结构相似，即形容词+名词构成的偏正结构，其中，名词是中心词，形容词作修饰名词用。名词峡谷、山巅、穹隆、天空属于俄汉语文化等同概念，构筑了下一步形象对应的基础。除了事物概念之外，还有方位形象，比如 за ним——峡谷的对面，впереди нас——我们的前方。

　　作为思维的重要形式之一，两个或多个概念之间的联系往往可以形成判断，其语言表现形式是句子。仍以例[5.10]为例来说明概念对应关系。原语由两个复句构成，第一个复句由两个简单句构成，分别是 чернело глубокое ущелье 和 синие вершины。主语分别是"深邃的峡谷"和"深蓝色山巅"，谓语部分对其存在的状态进行了描写，即两个简单句是事物与事物存在的状态之间的联系，采用 SV 结构，陈述句句式。相应地，译者需甄别原文的判断结构是否在译语中有等同结构，经比对可发现，译语存在该类表示事物与事物的存在状态的主谓结构，因而可以将原文判断对应转化成译语的判断，基于概念等同，等同概念间的联系在双语间形成了一一对应，双语概念之间的判断也就形成了对应。

　　基于上述分析和讨论，概念等同构成了形象等同，形成判断对应。在此逻辑基础上，可以形成更为复杂的语际转化对应关系——推理对应。推理对应的具体表现形式是原文不同简单句之间的逻辑关系可直接转化对应为译语的各个简单句之间的逻辑关系，其根本在于两种语言意义的逻辑连接方式的相似，本质在于两种语言文化对客观世界事物存在方式的认知趋同。继续以例[5.10]做分析。截取的原文片段由两个复句构成，分别是：①Налево чернело глубокое ущелье, за ним и впереди нас тёмно — синие вершины, горизрытые морщинами, покрытые слоями снега, рисовались на бледном небосклоне, ещё сохранявшем последний отблеск зари；②На тёмном небе начинали мелькать звёзды, и странно, мне показалось, что оно гораздо выше, чем у нас на севере. 根据前述分析可知，原文句中的概念和形象在译文中可以找到等同概念和形象，形成原文同译文之间的判断对应关系。原文两个复句是典型的空间方位描写，并存在相应的语篇标记手段，即方位词组的使用。第一个句子中的方位坐标有左边、对面、前方、上，形成了以"我"的视角为中心的叙述视角，第二个句子描写了天空中的星星，仍是以"我"的上方方位作为叙述视角，最后的主观感受出发点仍旧是"我"——мне показалось。因而，两个复句之间的关系可以看作是以"我"为中心视角而展开的叙述。具体的语篇衔接和连贯手段有 налево、за、впереди、на 等表示空间方位的前置词词组，这是景物叙述视角转换的语言表现形式。相应地，汉语也有类似的叙述手法，由此，原文同译文之间在概念、形象、判断对应的基础上形成了推理对应关系，从原文到译文整体完成了思维内容的转化对应。

例中分析的推理对应方式具有典型语篇衔接手段，但语际转化过程中还存在相当一部分无语篇衔接手段的推理对应，我们以例[5.10]论述无语篇衔接手段的推理对应关系。例中先后出现了五个动作，表示动作接续关系的连接词 и 只出现了两次，由于俄语动词具有体的语法形式，五个动作使用完成体动词的过去时表示动作与动作之间存在时间先后关系。但是汉语动词不具有体的语法范畴，在接收原文语码过程中，五个动作之间的时间先后顺序是作为理解的内容进行转化的，呈现的译文中没有发现典型的汉语标记语，如"接下来""然后""接着"等，在不具有原文语法结构特点的前提下，译文并未增加词汇手段，但不影响译语受众对动作接续关系的理解。可见，动作接续关系是原文和译文受众的一种共识，无须显性语言手段也可实现知识传递，因为通常情况下，这五个动作是不会同时发生的。与此类似的推理关系还包括并列、因果等。

（三）译文表达求等

在理解对照、转化对应的基础上，俄汉双向对译的表达阶段呈现出求等的规律和特点，译者将转化对应得到的内容赋予其在译语语境中的使用价值。原作内容经对照理解和对应转化后，进入表达阶段需对原文的语用意图进行处理。"所以，表达过程是语用价值附加于语里意义，再显现为语表形式的过程。"（黄忠廉和李亚舒，2004：270）就俄汉全译对应过程来讲，译文的使用价值在于将原语的使用价值完整对等至译语，以求得译语与原语的语用对等，具体可包括修辞值、语境值和文化值的对等。例如：

[5.13]Белка уселась рядом, начала брать с ладони орешек за орешком и тут же ловко разгрызала их. Наевшись, она встряхнулась и принялась умывать мордочку передними лапками. Потом она обнюхала мою пустую ладонь и вдруг стала вылизывать её своим влажным крохотным язычком. Затем белочка напилась воды и улеглась в уголке клетки.

  松鼠在旁边坐下，开始用手掌一个个地拿起小核桃，随即就灵巧地把它咬开。吃够了，它就抖动一下身子，开始用前爪抓挠小脸。接着嗅嗅我的空手掌，旋即又用湿漉漉的小舌头舔我的手掌。随后它喝足了水后，在笼子的一角躺下来。

  原文是由四个句子构成的句群，以第一人称"我"的叙事视角，整体采用记叙手法对松鼠的系列动作进行了描写，其间穿插拟人手法，将松鼠的形态刻画得逼真而可爱。行文结构使用了表示动作间逻辑关系的标记词，如 начала、тут же、потом、затем。同时，副动词 наевшись 也是动作时间顺序标记词。反观译文，其整体保留原句叙事和语篇结构，仍旧采用由四个整句构成的句群结构，内部简单句虽有部分拆分，但整体未见差异。原文时间标记手法在译文中也得到了体现，"начала—开始""тут же—随即""потом—旋即""затем—随后"的使用整体串联了句群的内部结构，同时构筑起语义整体。第一人称叙事视角——我，从"我"的视角展开对松鼠的描写，完整地将原文中"我"对松鼠的观察保留了下来，系列动作的刻画在修辞上生动再现了松鼠的可爱，拟人手法凸显了人与自然的和谐。译文同原文整体比照可知，译文在对原文语形、语义保留基础上，自然生成了语用对等，完整再现了原文修辞手法和文化内涵。

三、对应方法体系

（一）语形性对译

  语形性对译是最为直观的一种对译方式，依托可见的语表共性，二语平行文本呈现对称分布状态。具体又可分为词素、词、词组、简单句、复句和句群的对译。层级递进展开，形成不同程度、不同类别的语形性对译。

  1. 词对译

  词素亦称"语素"，在俄汉双向全译过程中，以词作为分析区间，可析出构词语素的共性。例如，стандартизация 由词根 стандарт+能产型构词后缀-ция 构成，对应汉语"标准化"，亦是"X+化"结构，该结构在现代汉语中具有较强的构词能力，可做构词后缀，表示事物性质或者状态，也可表示事物的推广，如现代化、军事化、自动化、产业化等词。词素对译可分为构词词素对译和构形词素对译，以构词词素对译为主，其中构词词素对译又分为前缀和后缀的对译。贾明秀（2012：23-25）统计了俄汉语可对译的前缀和后缀数量。其中，俄语前缀15个、后缀13个均可在汉语中找到对应前缀和后缀（表5.1）。

表 5.1 俄汉构词前、后缀对译表

前缀		后缀	
俄语	汉语	俄语	汉语
пол- полу-	半	-ик -ник -щик -чик	工/匠/夫
не- без(с)- ин- рас(з)-	无/非/不	-ция -ние	化
сверх- супер- ультра- экстра-	超	-лог -ист -тель -граф	者/家
анти- противо- контр-	反	-логия -ость -изм	学 性 主义
виц- зам-	副	—	—

"X+Y"结构中，X 是词根，Y 是词缀，词根+构形词缀的生产模式形成了最为典型的词对译。如上例 стандартизация，词根 стандарт+构词后缀-ция=标准+化，这是从构词法的角度形成的词对译。此外，还需关注词对译的另一情况，作为对译频率最高的单位，词形对译应是词对译的一部分，词的结构和语法功能的对译是词对译的主要内容。俄语是形态发达语言，而汉语则属于形态不发达语言，二者在形态变化方面形成一致对应关系的情况很少。虽然汉语不能用词形变化来体现词的结构和语法功能，但汉语的词单位在句中的顺序和位置则体现了其语法和结构地位。因而，在平行文本对照的情况下，原文词单位与译文词单位对应分布状态指的是二者在各自的语篇结构中所充当的结构功能一致，即原文中的 A 词在译语中存在 A′。例如：

[5.14]По обеим сторонам **дороги** торчали голые, чёрные **камни**; кой-где из-под **снега** выглядывали **кустарники**, но ни один сухой **листок** не шевелился, и весело было слышать среди этого мёртвого сна природы фырканье усталой почтовой тройки и неровное побрякивание русского **колокольчика**.

路的两边，矗立着光秃秃、黑黝黝的**石块**；有一处雪下，露出几棵**小灌木**，上面一片飘动的枯叶也没有，所以在大自然沉静的梦境中，听着疲惫不堪的三匹驿马打着响鼻，俄罗斯**铃铛**忽紧忽慢地叮当作响，让人觉得心情十分愉悦。（吕绍宗译）

　　例中加粗名词是词的语形性对译。原文 дорога 以二格形式做后置定语，对应为汉语，做限定语"路的"，同理还有 снег 和 колокольчик，从原文至译文，结构功能未发生变化。其余名词如 камни、кустарник、листок 在原文中处于一格主语位置，对应至汉语也未发生变化。俄语词类可划分为名词、形容词、数词、代名词、副词、动词、前置词、连接词、关联词、语气词和感叹词。汉语词类划分为名词、形容词、区别词、数词、代词、动词、量词、副词、拟声词、叹词、介词、连接词、助词。俄汉语词类划分一致的有八类：名词、形容词、数词、代词、副词、动词、连接词和叹词。俄汉双向全译中，上述八类词可完成语形性的词对译。

　2. 词组对译

　　在语形性词对译的基础上可实现词组的对译。俄汉双向词组对译在词对译的基础上可分为名词词组、形容词词组、动词词组、数词词组、副词词组和前置词词组对译。其中，前三类实词词组的对译情况较为普遍，以词与词的结构和语义联系为主。名词词组中以"形容词+名词"结构居多，如前例所析，中心词是名词，形容词对名词作限定修饰作用。我们以"美丽的姑娘"为例，"姑娘"作为中心词保持不变，"美丽的"可更换为"高挑的、活泼的、勤劳的、善良的"等等，均构成以"姑娘"为中心词的词组结构。以此类推，形容词词组中形容词是中心词，副词是修饰成分，通常以"副词+形容词"结构对译居多。动词词组中以"动词+名词"和"动词+副词"结构居多，前者是动宾关系，后者是限定修饰关系。需要着重例析的是副词词组和前置词词组，俄语副词词组是实词词组，汉语副词词组是虚词词组。虽然词性不同，但功能存在共性。贾明秀（2012：48-52）在比对分析俄汉双向对应过程中的副词词组和前置词词组异同基础上，归纳得出可在俄汉语双向全译中实现对译的三种副词词组，分别是副词+副词、副动词、副词+代词。前置词词组较少，汉语无前置词，因此，当俄语前置词词组具有介词属性时，可同汉语介词词组形成对应关系。

　3. 简单句对译

　　简单句是重要的思维单位和翻译单位，从结构角度划分，简单句可分为独立简单句、半独立简单句、非独立简单句和潜在简单句四类。具体到结构单位的对译，以独立简单句和半独立简单句为例对简单句的语形性对译展开论述。独立简单句结构简单，表意完整，由词组构成。从主谓核心的角度来看，独立简单句又分为单部句和双部句。其中，双部句拥有一套完整的主谓，俄汉语双向全译对应过程中该类简单句的对译较为简单，例如：

[5.15]Он молча опять поклонился.
　　 他　沉默地　又　 鞠了一躬。

例中主谓核心是 Он+поклонился，增加动作方式的限定成分——状语 молча опять，原文主谓核心语序同汉语主谓顺序排列一致。需要注意的是，俄语形态丰富，句子结构要素间的组合关系由其变化形态决定。原文主谓顺序颠倒，并不影响其交际使用。汉语语句结构要素位置相对固定，主谓顺序通常遵循先主后语的排列规则。如果 Он+поклонился 主谓顺序颠倒，虽然不影响语义结构的生成，但会影响交际意义的理解。如果汉语主谓顺序颠倒，那么语句整体结构性质将发生变化，语义结构和交际结构也都随之发生变化。

相对双部句对译，单部句的对译略显复杂。单部句是俄语语法概念，属于结构-语义分类，与汉语名词性和谓词性的非主谓句相对应。俄语称名句同汉语名词性非主谓句对应，例如：

[5.16]Ночь. Тишина.
　　 夜。无声。

称名句多见于文学作品，俄语称名句多使用名词一格的形式，无特殊的形态变化，因而对译至汉语较为简单。俄汉双向双部句对译的复杂点在于谓词性的非主谓句。例如：

[5.17]Здесь продают билеты.
　　　此处　售　票。

该句从结构、语义和语用三个维度均可实现对译。俄语谓语动词使用了复数第三人称，属不定人称句，无主语出现。汉语同样有此类用法，无须指明动作主体的具体对象，只需强调动作即可。在例[5.17]基础上对原文进行结构微调，衍生出例[5.18]，以此比照说明俄汉双向对应时，非主谓性双部句对译并非易事。例中无主语，仅有谓语，属于谓词性非主谓句。转化为汉语时，却不能直接对译为汉语谓词性非主谓句，而需将原语隐没的主语显现化，增译人称代词。

[5.18]Здесь продаём билеты.
译文1：此处售票。（对译）
译文2：此处我们售票。（增译）

译文 1、2 分别采用对译法和增译法，但可发现问题的症结所在。原文虽无主语 мы，但谓语动词采用了复数第一人称形式，因而即便主语不出现，仍然可以判断出动作的发出者，动作与动作主体之间的指向关系明显。从结构上看，本例未增加或减少语句结构要素，但两个汉译的性质有变，前者是不定人称句，后者是有定人称句。此时，如果沿用原译译法，即便译文与原文形成了形式对照，从语义结构和交际价值看，译文与原文也发生了很大偏差，译文并非对译，而是硬译。

复句的分句对译以简单句对译为基础，在此不赘，复句的分句对译将重点放在语义性对译部分，即复句主句和分句之间的语义关系对译。

4. 复句和句群对译

俄汉双向全译中，复句和句群语形性对译发生的频率并不高。复句由两个或两个以上分句构成，构成复句的分句可以是主谓句，也可以是非主谓句。俄语根据复句的分句之间是否存在连接词，可分为带连接词复句和无连接词复句。汉语按照分句间逻辑关系，将复句分为联合复句和偏正复句。由俄汉语复句分类标准的差异可知，复句的语形性对译应以是否存在连接词为形式标准，分句之间逻辑关系的对译属于语形性对译。例如：

[5.19] Я уверен, вы останетесь очень довольны.
我相信，您会　　　很　　满意。

例中原文是典型的主从复句，省略了结构连接词 что，原文同译文语形性对译：主句—主句，从句—从句。主句中主语是单数第一人称代词，谓语是形容词短尾，无修饰成分，构成简单的主谓结构，对应而下成为译文：我相信。从句中，复数第二人称代词做主语，与形容词短尾构成主谓结构，修饰成分限定谓语和时间，可依该顺序成译文。主句和从句的结构一一对应形成了复句整体的对应，句内成分的结构作用和整体句子的语形结构均未发生变化，原文和译文构成了语形性对译。

理论上讲，句群的语形性对译以句群内部组成要素的语形性对译为基础，从词形到句群的构成顺序依次是：词形→词→词组→简单句→复句→句群。但实际上，较大单位的对译往往会包含较小单位的非对译情况。逐级单位对译实现翻译单位的最终对译，这种情况非常少见，属于理想化语形性对译。

（二）语义性对译

语义性对译是指在俄汉双语语形对照前提下，译文的语义结构同原文语义结构保持对应关系，译文语义生成以原文语义构造为基础，直接对位出义，无须调整语形或者调整语义结构，所生成译文语义结构符合译文语境的表达习惯，易于被译语受众理解。"原语许多语言单位的意义在翻译过程中通常都是用同一些译语语言单位来表达的。"（科米萨诺夫，2006：196）具体说来，语义性对译可分为词、词组、简单句、复句和句群的语义对应。

1. 词对译

语义性对译以词单位的词义对译为基础，由词义对译可扩展至词组、简单句、复句或者句群的语义性对译。词义可分为概念意义和附加意义；通常情况下，词义的概念部分是人脑对客观事物本质特征的概括和反映，具有跨民族、跨文化的共通性，也是词义对译的前提。

[5.20]В день Первого мая, когда природа просыпается от зимней спячки, леса и горы покрываются зеленью, поля и луга курашаются цветами, солнце начинает теплее согревать, в воздухе чувствуется радость обновления, а природа предаётся пляске и ликованию ...

在五月一日这一天，当大自然从冬眠中苏醒过来，森林和群山披上翠绿，田野和草地开遍鲜花，太阳开始更温暖地照耀，空气中感觉到新生的喜悦，大自然陶醉于舞蹈和狂欢中的时候……（中共中央马克思恩格斯列宁斯大林著作编译局译）

例中原文描绘了春天万物复苏的景象，其中诸多具有春天象征意义的实物在俄汉双语中具有相同的认知。如对大自然焕发生机的拟人描写手法，冬眠、苏醒、披上、陶醉等。原文使用了 зелень，表示森林和群山的树木和草地已经变绿，汉文化也有春回大地的说法。зелень 的词义结构中，其概念意义是绿色和绿色植物，原文选取其概念意义作为语篇语义的组成部分，该义项直接对译为汉语的"翠绿"。зелень 的性质形容词 зелёный 在"绿色的"概念意义基础上还衍生了联想意义。其一，表示"环保、无公害、无污染的"，比如"绿色科技"，俄语称为 зелёная наука и техника，传统能源以消耗和污染自然环境为代价，新型科技会避免污染，保护"绿色"自然资源和环境。该联想词义的产生和演变以全球能源革命与环境危机为语境，不同国家对环境保护的认识达成了共识，因而"绿色"的衍生联想意义具有了共同的认知背景和认知结果。其二，表示畅通无阻的，又如 зелёный коридор，对译为汉语"绿色通道"。由 зелень 及其形容词 зелёный 的概念意义和联想意义对译可知，语义性对译并不仅仅局限于双语词典中的义项死译，也不能单纯理解为词典义项的偶发性重合情况。语义性对译的直接原因在于词义的语义结构的构造相似，就其深层原因而言，是词义产生和演变的语境一致。因而，语义性对译同语用性对译密不可分。

2. 词组对译

词组语义性对译建立在语形性对译的基础上，具体以词组构成单位——词与词之间的语义关系为主。除了前述例子中所分析的较为典型的中心词+修饰语类型外，俄汉双向对应过程中可实现对译的词组语义关系还包括主谓、动宾、偏正和联合。比如例[5.20]，可析出动词词组 природа просыпается 和 теплее согревать，联合词组 поля и луга。其中动词词组 природа просыпается 和 теплее согревать 二者的语义关系不同。前者由名词+动词构成，是主谓关系；后者是"副词比较级+动词"，是对动词的方式进行补充说明。原语语义结构对译成汉语，相应译为"大自然睡醒了"和"更温暖地照耀"，分别对应汉语主谓和中补词组语义结构。

[5.21]Около оголившихся корней того дуба, под которым я сидел, по серой, сухой земле, между сухими дубовыми листьями, желудьми, пересохшими, обомшалыми хворостинками, жёлто-зелёным мхом и изредка пробивавшимися тонкими зелёными травками кишмя кишели муравьи.

原译：我坐在橡树下面，在这棵橡树光秃秃的树根周围，灰蒙蒙的干土地上，在凋落的橡树叶、橡实、披着藓衣的干树枝、黄绿色的藓苔和有些地方冒出嫩芽的青草上，爬满了蚂蚁。（高植译）

试译：我坐在一棵橡树的下面，在光秃秃的树根周围，灰蒙蒙的干土地上，凋落的树叶、橡果、披着藓衣的枯枝、黄绿色的苔藓，还有零星冒出嫩芽的青草间爬满了蚂蚁。

无论是原译还是改译，译文的结构框架都需作出移换调整以符合汉语的结构规则，但也不难发现，发生移换的结构之间填充的语义内容并未发生根本性变化。原语是一段景物描写，语义负载核心是景物实体：土地、橡树、树叶、橡果、树枝、苔藓、青草、蚂蚁。以实词名词作为语义结构的中心，起到修饰功能的是形容词和形动词，构成中心词+修饰语的信息结构，可完整对应成为汉语词组结构。

3. 简单句对译

一般说来，简单句的语义性对译不仅是简单句构成成素——词语义的简单叠加，更重要的是指简单句的语义结构，具体说来，是词义在句子语义结构中的意义角色，如施事、受事、结果、工具、状态等。仍以例[5.15]析明简单句的语义性对译。该例结构上属于独立简单句中的双部句，拥有一套完整的主谓核心——Он+поклонился，句中修饰限定成分均围绕句子的主谓核心展开，其中，молча 是伴随动作发生的心理状态，опять 是动作的频次。原语语形结构符合译语语形规则，可实现语形性对译。在主谓构造基础上，可知原语的语义结构是动作主体与动作，语形的主谓关系构建了语义结构的"主体+心理状态+动作频次+动作"。语义结构的构成要素是"单数第三人称+心理状态+动作频次+动作名称"，成素的语义项均为词汇的基本义，因此无须推涵，可对译为汉语：他沉默地又鞠了一躬。

简单句对译的基础是原语结构和语义构成要素不复杂,原语和译语可以实现结构、语义和语用的"对"应。又如:

[5.22]До тридцати лет ни одного умного слова не сказал.
原译:30 岁以前我连一句聪明话都没说过。
试译1:30 岁前一个聪明的字儿都没说过。
试译2:前 30 年一个聪明的字儿没说过。

动作+动作对象构成了原文的基本语义结构,外加前置词时间状语,以及对宾语对象的修饰限定成分。原文整体结构简单,可在全译策略统辖下,采取相应的全译方法进行转换。原译中增译了人称代词"我",将无标记谓语动作的主体显现化。原文中的宾语对象换译为译语的升格单位——句。增加了程度副词"都",对否定语气作出进一步的加强。改译后,保留了原文中主体无标记修辞手法和宾语对象。原译和改译中都将表示时间的前置词词组做了移换处理,将 до 放在了 30 岁的后面。但俄语中"年"的复数形式 лет 通常表示年龄的"岁",因而,尝试进一步对译,保留原语前置词结构,对译成句:前 30 年一个聪明的字儿没说过。

4. 复句对译

复句由分句构成,分句由词组和词构成。按照结构构成顺序,复句的语义一方面由次级单位的语义构成,但更为重要的一方面是源自复句内部主句和从句、从句和从句之间的逻辑关系,具体是指并列、承接、选择、递进、转折、因果、假设、条件等。以例[5.19]为例阐明复句的语义性对译。主句是"主体+主体心理状态"——我+相信,从句是"主体+时间+程度+心理状态"——您+会+很+满意。从句是主体心理状态的具体指向内容,因而主从句构成了承接关系,从句是对主句的说明和补充。值得注意的是,在复句的语形性对译部分,我们已经关注到俄语存在结构性的连接词,即复句主句和从句的结构连接方式由结构连接词负责。而汉语复句主从句之间语形连接手段非常少,更常依靠语义逻辑关系或者标点符号。那么,在复句的语义性对译方面,俄汉语的相似情况增多,主句和从句之间的语义逻辑关系近乎一致,不受语形结构成分的制约。例如:

[5.23]Прохор Петрович почесал затылок, понюхал табаку и продолжал:
—— Две бутылки хересу в меня вылили. Сижу, пью и чувствую: ходят вокруг меня, улыбки ехидные строят и поздравляют.
普罗霍尔·彼得罗维奇搔搔后脑壳,闻闻鼻烟,继续说下去:
"他们灌了我两瓶白葡萄酒。我坐在那儿,喝着酒,感到人家在我的四周走来走去,露出狡猾的笑容,向我道喜。"(汝龙译)

原文由一段陈述性结构+直接引语构成。陈述性结构由三个动词衔接构成，三个动作构成了接续的语义逻辑关系，对译为汉语中三个动作：搔搔、闻闻、继续说下去。直接引语部分是主人公彼得罗维奇的第一人称的陈述，主要由一连串的动作构成，其中感知动词及其宾语对象是句子的主要语义部分。译文整体遵守原文语义逻辑关系，在保证译文可读性的基础上，进行了微观的转换和增译，但宏观上实现了双语对译。

5. 句群对译

句群由两个或两个以上的结构、语义和功能上存在紧密联系的句子构成。句群的语形性对译存在完全和不完全形式对译两种情况，前者由各层级单位对译而成，后者在句群整体对应的情况下，次级翻译单位呈现非对译情况。在语义性对译方面，如果不同句子之间存在明显的结构连接词，那么句子与句子之间的结构和逻辑联系较强。正如前述分析，汉语语法规则中结构性连接词并不发达，具体到句群语义性对译，如果俄汉双向对应要实现句群层级的语义对应，则指句子与句子之间的逻辑关系需要保持一致，原语和译语的句子与句子间语义逻辑关系形成对照，具体包括并列、承接、选择、转折、因果、条件、解说等。需要指出的是，句子与句子之间的语义逻辑关系属于句群内部语义逻辑关系，句群语义性对译还应包括原文与译文之间的整体句群语义结构。该语义结构由中心话语和辅助话语构成，中心话语同辅助话语之间形成一定的逻辑联系，如加强、削弱或说明。例如：

[5.24]— Вы русские? — сорвалось у меня невольно с языка.
Молодой человек улыбнулся и промолвил:
— Да, русские.
— Я никак не ожидал ... в таком захолустье, — начал было я.
— И мы не ожидали, — перебил он меня, — что ж? тем лучше. Позвольте рекомендоваться: меня зовут Гагиным, а вот это моя ... — Он запнулся на мгновенье, — моя сестра. А ваше имя позвольте узнать?
"你们是俄国人吗？"我不由自主地脱口说出来。
年轻人带笑回答道：
"是，我们是俄国人。"
"我绝没有料到……在这种偏僻地方。"我开始说。
"我们也绝没有料到，"他打断了我的话，"可是有什么关系呢？这不更好！让我来介绍我自己。我叫加京，这是我的……"他踌躇了一下，"我的妹妹。我可以知道您的名字吗？"（萧珊译）

该例是对话语篇对译。原文由旁白和对话构成，其中，人物话轮转换占据了主要篇幅，话轮之间的强联系依托内容的逻辑关系——问-答，具体表现为说话人和听话人之间意图的理解和反应。原文话轮结构以单部句为主，是交际场合简单询问和问候，具有询问获取信息和表示礼貌的交际功能。原文可宏观对译为译文，保留原文宏观语篇结构和语义内容，译文生成过程中可组合使用其他全译六法进行微观调整，保证译文的可读性，完整传递原文对话语篇的语用价值。

（三）语用性对译

语用性对译是指原语修辞、交际和表达可在译语中得到对应式的呈现。具言之，修辞对译指原文修辞手法和修辞风格在译文中对应再现，可分为词、词组、简单句、复句和句群的修辞对译。交际对译是原语的交际策略、方式、意图在译语中的对应再现。表达是翻译行为的终端环节，也是译语为受众可知、可感和可见的成品环节，表达的对译即原语效果在译语的对应体现。例如：

[5.25]Мы не боимся никаких трудностей.
我们 不 怕 任何 困难。

原文使用了否定语气词加强肯定效果的修辞手法，汉译保留了原文否定语气词 не 的修辞效果，对译为"不怕"。这是最为典型的词修辞对译。通常来讲，修辞对译在跨文化交际中较难再现，因为两个民族文化受众的审美视角、情感抒发方式以及思维认知等方面都存在不争的差异。例如，俄汉语表示"一举两得"之意，俄语所用的意象是"兔子"，汉语则是"鸟""雕"，目前从双语词典释义来看，одним выстрелом убить двух зайцев 的汉译基本已定为"一举两得、一箭双雕、一石二鸟"。从交际意图来看，译文再现了原语的深层交际思想，核心意图表现得到位。从交际效果来看，译文方案在受众中有非常高的认可度和接受度。从修辞角度来看，虽然交际和表达层面未受影响，但喻体的变化使得译语受众无法探究原语的修辞特点，以及促使该修辞手法形成的历史和文化因素。仅就双语词典的义项而言，译文已经形成了对原文的"知识"，因此跨文化交际中该成语的使用将仅停留在信息交换层面，意图和表达可对应，修辞却无法对应。

交际对译中译者需将原语目的、意图和策略进行复制，以求在语形性、语义性对译基础上赋予译语真正的使用灵魂。全译转化过程中，原文目的、意图和策略的对应转化并不难，全译七法的终极交际转化都是为了实现目的、意图和策略的对译，增译、减译、移译、换译、分译、合译是对结构、语义和修辞的适配与调整，如果原语的目的、意图和交际策略发生变化，那么翻译性质将彻底改变，即由全译转向变译。如例[5.25]所析，可以改变修辞的喻体，也可以改变词、语义的义项选择，但若改变了交际目的，那么整个翻译就会发生质变。再以例

[5.18]做变形分析。例中原文 Здесь продаём билеты 对译为"此处售票",全译增译为"此处我们售票"。无论对译还是增译都是在最大限度地保留原语形义用信息——全译。如果全译只是交际目的之一,那么我们可以在原语基础上衍生出多个交际变体,简单举例如下:

  变体1 此处售票。请排队购票,不要插队,准备好身份证、学生证!
  变体2 此处售票,不提供行李托运!
  变体3 售票/火车票/飞机票。
  变体4 火车站一楼大厅除了提供售票服务,还有临时休息室,国际列车的旅客可前往休息等候!

  就不同交际语境下的交际目的,我们进行了变译尝试。相比较增译人称代词"我们",上述四个变体则在语形、语义和语用方面都同原文有较大区别,而这种不同往往是译者基于交际目的进行全译或变译策略和方法的选择而导致的。

  如果说交际对译是俄汉双向转化过程中的核心,那么表达对译同样也是不可分割的语用对译内容之一。表达对译的基础是形和义的对译,在此基础上,才能实现效果的对应。如上例的"一举两得",实现了对应效果,但是语形、语义和修辞方面都发生了改变,因而只能看作是部分对译——表达效果对译,就翻译方法而言,应属于全译之"对译+换译"。

第六章　俄汉双向全译增减论

俄汉双向全译增减论，具体指俄汉双向全译过程中的增译方法及减译方法。增译，即增补式全译，指在译文表达过程中增补语言单位的全译方法；减译，即删减式全译，指在译文表达过程中删减语言单位的全译方法。增、减策略，一增一减，体现在语言形式上二者对立，在意义再现上互为补充。根据不同的目的和需要，增减策略可分为语形性增减、语义性增减和语用性增减。

第一节　增　减　论

全译增减论，具体指俄汉全译过程中增减方法的内在机制及其相互关系。增减机制是与全译对应机制、移换机制、分合机制并列的全译机制之一，统筹扩展机制和压缩机制。增译与减译是全译过程中语形对立、语里互补、语用和谐的两种策略。

一、增减机制

增译与减译是翻译实践常见现象，从语表形式看，增译后译文形式表达的信息量大于原文语形，而减译与之相反。增与减为人们所认识是根据译文语表形式判断的，对比译文与原文可直观地发现形式上量的变化。

增减机制属于微观过程，发生于人脑，具有隐秘性，研究仅以推论、假设的方法还原其发生和变化过程。增减机制是增译机制和减译机制的合称，它们均发生在翻译解码、转码与编码的微观过程中。增译机制具体表现为解码、转码和编码的扩展机制。减译机制与其相对，主要表现为解码、转码和编码的压缩机制。

（一）扩展机制

扩展机制，指译者为更好地再现原文语用价值和语里意义，增加译语语言单位的全译操作方式，可用于扩展的语言单位一般体现为句以下的较小语言单位。

增译过程中，译者常借助扩展背景信息和结合上下文语境的方法深层解读原文信息码，以获取理解阶段的障碍语码。编码阶段，扩展信息码旨在调整生成语义，使其符合译语规范表达。译者获取原文语码信息后，识解无障碍的语码结构"凭经验直觉，使具有表层结构的原语语句回溯至结构更为简单的基本句，以便揭示原语横向组合语句的内在关联和涵义"（付天海，2013：59）；有障碍的语码常通过借助上下文，或者扩展语境后得以解读。译者脑中，原本完整的语码结构实际上是被切分为多个独立或部分独立的单元，无障碍语码借助转换规则被压缩为核心句结构即深层结构。障碍语码，如多义语码、空缺语码、模糊语码等需要借助上下文或扩展的原文语境将其消解后进入深层结构。例如：

[6.1]Погода уже несколько дней стояла тихая, ясная, с лёгкими заморозками по утрам — так называемое бабьё лето.

连日来，天气晴朗，没有风，早晨微有霜冻，这正是暖和明朗的初秋时节。（韩全会用例）

不同语言中的民族文化词所承载的形象跨语转化较难完成，如若转化，形象常常受损。"当译者在解读过程中需要有意识地去激活原文图式中的缺省信息方可重构连贯时，他就要考虑在体现过程中是要保留这一缺省，即隐性处理，还是要在语篇表层激活这一缺省，即显性处理。"（王东风，2009：226）面对空缺语码，译者可能中断阅读，通过查阅扩展认知词库，建立空缺码的认知图示进而再次解读。转码时译者有责任将译文读者容易遇到的空缺语码加以解释。бабьё лето 是具有俄罗斯独特文化内涵的表达，原指妇女进入老年期以前，将老而未老，精力较为旺盛的年龄段。对于译语读者而言，这属于完全文化空缺类型的语码，若按其语表形式直译为"女人（婆娘）的夏天"，可能不被读者理解。бабьё лето 是夏末秋初天气晴暖的时间段。因受欧洲和北美洲热气流影响，从 9 月末或 10 月上旬开始持续两三个星期，天气干燥晴暖。在俄罗斯农村，妇女承担主要的家务和农活。整个夏天非常繁忙，几乎没有空闲休息、游玩。初秋农忙过后，一年中最后一段晴暖的日子来临，妇女可在此时尽情嬉戏、休息。译者查阅成语的指称意义后，会寻找译语中能与其匹配的能指。因原文成语包含 баба 形象，转码时需继续扩展文化背景知识。将空缺语码由原文转化为译文可采用多种翻译方法，如音译法、意译法、直译加注法、换译法、增译法等。此处译者使用增译法，将 бабьё лето 内涵阐释出来，便于读者领会。

（二）压缩机制

减译机制与增译机制相对，主要表现为解码、编码时对信息语码的压缩。解码时减去不必要的信息码，编码时将理解过程中扩展的语码不断压缩，减掉冗余语码，在保全深层语义的情况下，以求形式上尽可能与原文相似。"一个文本从一种语言和文化被翻译到另一种语言和文化时，通常的结果是意义会受到一定程度的消减"（段峰，2008：178），这种消减广泛存在于微观转换机制中。在译者识解语码时，重复语码或语义与其他同义语码合并，或在理解过程中直接被挤压，不再参与转化和译语表达。表达时在确保语里意义相似、语用价值不受损失的情况下，为符合译文表达习惯，也常在译文语表形式中删掉冗余的语码。

[6.2] И будем помнить о вкладе тех, кто безымянно трудился в госпиталях, на фабриках, заводах. Будем беречь эту память, беречь по призыву сердца, совести и долга.

我们将记住那些在医院和工厂默默无闻地工作的人。我们将珍惜这些记忆，这是心灵的召唤，是良知和使命的召唤。（蔡晖用例）

俄语常将同义词或近义词并用，在修辞上起到一定的强调凸显作用，或为了使表达全面准确而将同一名称的近义表达并用。汉译时，若无特殊用意，为符合译文表达习惯不必将同义词、近义词全部译出，呈现于语表。择译其一，表意明确又不啰唆即是恰到好处。如例[6.2]的 фабрика、завод 词典释义均为"工厂""制造厂"，二者区别在于前者为"轻工厂"、后者为"重工厂"。由句义可知，两词差别并非说话者陈述的重点。译者采用同义减译的方法，保留其中之一。另外"工厂""医院"为并列地点状语，重复"工厂"一词的表达不符合译文习惯。减译后译文在形式上虽少了一个单位形式，意义却并未受影响，整个表达形式简单明确。原文 беречь 重复两次，起强调、凸显的作用，具有一定的感召力。直译为"我们将珍惜这些记忆，按照这是心灵的召唤、良知和使命的召唤去珍惜"，显然在修辞效果上与原句相差较远。汉语常用排比句"是……，是……"起强调作用，因此译语删减重复的 беречь，变换译文表达形式，在保障语义的情况下增加排比句以凸显语用价值。

二、增减关系论

增译与减译是具有对立统一关系的成对译法。它们在操作方式上相反，翻译过程中时常构成语义的互补，二者的使用旨在实现更高层次上语值的和谐。根据量的守恒，有减就有增，翻译转化过程中损失在所难免，进行增补即为求得译文与原文相似。增减译法分别指增加和减少原文信息形式，同时力求意义不变，语值凸显。

（一）语表形式对立

增译体现为译文语表形式上语言单位的增加；减译与之相反，是在译文语表形式上语言单位的减少。"增译和减译是运用原因相同而操作过程和方式相反的一对全译方法，非常广泛地运用于各种语体和文体，主要涉及原语单位数量的增减，且多适用于小句之内的词和短语等语言单位，很少操作于复句及以上语言单位。"（余承法，2014：326）全译追求译文与原文的极似，增译与减译的运用主要受语言表达形式与语里意义的制约，在译文表达上对翻译单位做量的增减。在口译或其他文体的全译中，增、减可用于更大的语言单位，如简单句、复句及以上单位。因译员在同传时有几秒钟延迟，并不能在有限的时间内迅速跟进，预测演讲人讲话接近尾声时，不得不大幅度删减，迅速总结，这样的案例并非全译之减译的类型，而属于变译之摘译。例如：

[6.3]Таким образом потерявшая единство Русская земля оказывается разорванной надвое могучими силами Запада и Востока.
这样，俄罗斯大地被来自东西方的两股强大势力分裂成两半。

汉译时译者将原文主动形动词词组"失去统一"删除。因为该语言单位与后面的"分裂"语义重复，合并后并不会导致语义受损，反而更加简洁。同时为符合汉语表达习惯，增译"两股"具体化的表述。

（二）语里意义互补

语表形式是读者所见或所闻的符号或语音外壳，语里意义是信息传递的焦点。当二者矛盾时，通常舍形保义。出于一舍一保的翻译目的，译者难免使用增与减的全译方法，在译文语表形式上体现为增译与减译的使用。表面上看，增与减是对立的，但在语里意义上是互补的，二者服务于同一个目标，即确保意义的完整传递。例如：

[6.4]① 28 января 1724 г. Пётр издал указ «Об учреждении Академии наук». Издавалось большое количество книг и учебников, переведённых с разных языков. Россия начала знакомится с научными и техническими достижениями Европы. ② Сюда стали приезжать иностранные профессора, учителя, различные специалисты. Молодые люди направлялись на учёбу в европейские страны. ③По указанию царя в Европе покупали картины, скульптуры и другие произведения искусства, которыми укращали Петербург. Шёл активный культурный обмен.

原译：①1724 年 1 月 28 日，彼得一世颁布了建立科学院的法令。大批外文书籍和教材被翻译出版，俄国开始了解欧洲技术成就。②许多外国教授、教师以及各方面的专家纷纷来到俄国，俄国的年轻人被派往

欧洲各国留学。③沙皇下令在欧洲购买油画、雕塑和其他艺术品，用以装点彼得堡，文化交往异常活跃。（戴桂菊、李英男译）

试译：①1724年1月28日，彼得一世颁布了建立科学院的法令。大批外文书籍，包括教材相继翻译出版，俄国开始了解欧洲科技成就。②许多外国教授、教师以及各领域的专家……

俄汉两种语言结构、语法特征差别较大，全译时为准确达意，符合译语表达习惯，语表形式上语言单位会出现量的增减。例[6.4]中，句①为区分"书籍"与"教材"的属种关系，试译时增加"包括"。为体现 издавалось 的意义，增译"相继"；句②为表意明确，两次增译"俄国"，为明确数量关系，增译"各国"；句③汉译 картины 时，增译语素"油"，使其更加具体化。同时将限定从句换译为目的从句，充当汉语的宾补结构，并未拘泥于原文的语法形式。末句为避免欧化，变换句式，减译原文形式 шёл，将定语成分 активный 移入谓语中，增译"异常"而构成四字表达。

（三）语用价值和谐

语用价值即语言在交际中所体现的价值。和谐是为了使交际中的信息保持平衡，让不可避免的文化损失有所补偿。增译与减译的使用是保持平衡的手段之一。"在一些语境中，原本明确的词义会因说话人的表达意图而被调整或修饰，包括词义的语用收缩和语用扩充等信息加工，特别是话语理解中特定词汇信息的语用处理"（曾文雄，2007：86-87），如例[6.4]中的"Шёл активный культурный обмен."。

[6.5]地球是我们共同的家园，中国不能对全球面临的问题袖手旁观。

Земля — наш общий дом, и поэтому Китай не может оставаться в стороне от общемировых проблем и вопросов.

汉语注重意合，两个简单句间的内在逻辑可通过句子表意而知。俄译时，为明确句间逻辑层次，符合句法规范，常补充连接词。如例[6.5]增译 поэтому，将原文两个简单句译为带有结果从句的复句。成语"袖手旁观"指把手笼在袖子里，在一旁观看，比喻置身事外，不帮忙。俄译时采用意译法，并减掉"袖""手"两个具体的文化形象，同时将"问题"一词两译为 проблем、вопросов，更加具体、全面。

第二节 增 译 论

增译论，包含增译的界定、理据、过程的论述及方法体系的建构。增译，即增补式全译，主要特征为语形扩展，与其他全译方法共同组成了全译方法论系统。双语的语言类型差异是增译方法使用的理据，译者及读者的审美需求也是内在动因之一。增译遵循全译的阶段划分原则，分原文理解激活、语际转化扩展、译文表达消歧三个阶段。根据不同的目的和需要，增译可具体化为语形性增译、语义性增译和语用性增译。

一、增译界定

（一）增译的由来

增译作为译法在翻译实践中广泛应用，但对其进行科学、系统研究的成果较少，鲜引人关注。与"增译"同义的术语较多，如增词法、补偿法、增补法、增益法等。国内关于译法的记载出现在佛经翻译时期。三国时支谦在《法句经序》（224 年）中指出"因循本旨，不加文饰"的翻译原则，因此被尊为探讨翻译原则、方法的第一人。东晋、前秦高僧道安在《道行经序》（382 年）中指出："斥重省删，务令婉便，若其悉文，将过三倍。善出无生，论空持巧，传译如是，难为继矣。"（道安，1984：25）后秦僧人鸠摩罗什的翻译思想为"对于原本，有增有损，求达求雅"（见罗新璋和陈应年，2009：3），他是意译派的代表。

据苏俄翻译史，关于增译使用的描述可追溯至古罗斯时期。因当时未涉及译法的专门研究，翻译实践中使用"增译"的标准没做区分。据记载，古罗斯时期翻译宗教文献时，译者为追求准确性，字斟句酌，精益求精。"翻译世俗作品时却表现出个人色彩，具有明显的创作痕迹。他们经常把大量的俄罗斯生活细节加到训诫类的故事情节里，或者在军事历史叙述中加入古罗斯封建制度的术语和古罗斯勇士故事中的某些文学形象。"（吴克礼，2006：24）基辅罗斯时期，翻译活动逐渐具有新时代性。当时的翻译活动呈现出两种倾向：靠近原文，追求与原文本完全相似，甚至逐字翻译，在译文中加入译者改写的内容，增强其趣味性；对译文随意增删以迎合读者的需求和社会环境的需要。

欧美翻译理论研究发展阶段的划分有多重标准。谭载喜（2005：113-126）按时间将西方翻译划分为六个阶段：肇始期、罗马帝国后期、中世纪时期、文艺复兴时期、近代翻译时期和第二次世界大战以后时期；许钧将翻译理论研究分为古代翻译理论（3 世纪至欧洲中世纪结束）与近现代翻译理论（文艺复兴至 20 世纪 50 年代）（许钧和穆雷，2009：67）。哲罗姆（Saint Jerome）在翻译《圣经》时，对《七十子希腊文本》进行增补、删改和修正。施莱尔马赫（Friedrich Daniel Ernst Schleiermacher）提出语法释义、心理释义等检验语义的诠释学思想，他认为译者不能消极地接受原作，必须积极地创造。法国的德·阿布朗古尔（Perrot d'Ablancourt）强调文学的可读性，为迎合译语读者，译者甚至可以对原作增删和修改（谭载喜，1991：10）。英国翻译家约翰·德莱顿（John Dryden）提出逐字译（metaphrase）、意译（paraphrase）和拟作（imitation）三种方法。英国著名翻译理论家西奥多·萨瓦里（Theodore Horace Savory）提出"翻译可以对原作进行增减"的观点。

语言学发生转向以来，关于增译的研究也多从文化、补偿视角切入。乔治·斯坦纳（George Steiner）将翻译过程分为信任、进攻、吸收和补偿（见刘军平和覃江华，2012：715）；彼得·纽马克（Peter Newmark）从文本功能视角研究补偿（夏廷德，2009）；巴尔胡达罗夫（Леонид Степанович Бархударов）、尤金·奈达以等值和对等为补偿目标（曾祥宏和习海宇，2014）；哈蒂姆（Basil Hatim）和梅森（Ian Mason）指出交际性损失的补偿手段（夏廷德，2006：157）；女性主义译者使用增补、加写前言与脚注的补偿策略（刘军平和覃江华，2012：463）；彼得洛娃（Зоя Юрьевна Петрова，2014）指出，"嵌入法可将译本内容加入外国文化、新的世界观和语言中去"；柯平（1991）提出加注、增益的补偿手段；王恩冕（1988a，1988b）、区鉷（1992）从功能和语义对等角度阐述补偿手段；王大来（2004）提出文化缺省的补偿原则，认为语篇补偿可增强译文衔接性和连贯性，提高互文性等；夏廷德（2006：72）系统研究翻译补偿理论，使"增益"有了明确分类；陈小慰（2017）提出"增益-明示"的翻译方法可以有效呈现文化内涵，提升译作价值，实现整体增效。自存在翻译实践以来，关于增译用法的描述不断丰富，但系统研究该方法，界定其内涵与外延还应继续深入。

（二）增译的定义

翻译史上常遇"或增或删"的译法，梁启超发现鸠摩罗什的译文中也有此类现象。现象是事物的外在表现，能够被人感知，翻译现象则是人对翻译实践观察、对比后的发现。唯物辩证法把现象与本质作为一对对立范畴，那么，"增"的翻译现象的出现，必然离不开对增译本质的探索。只有明确增译的本质，才能对该现象做明晰的阐释。

国内外对翻译行为的研究视角各异。例如，卡特福德、奈达从语言学视角出发将翻译行为定义为转换行为；切斯特曼（Andrew Peter Clement Chesterman）将翻译行为视为翻译策略；贝尔曼（Antoine Berman）将翻译行为称为伦理行为。吕俊和侯向群（1999）从语用学视角切入，认为翻译行为是交往行为；姜秋霞和张柏然（1996）将翻译行为称为语言行为、文化行为、审美行为和转换行为。周领顺对"翻译行为"与"译者行为"做了区分。他认为："狭义上的译者行为是译内行为；广义上的译者行为是译内＋译外行为。"（周领顺，2014：72）"译内"与"译外"在语言学上对应的术语为"语内""语外"。"译内行为"指语言层面的翻译过程，"译外行为"还包括委托人的要求、译本使用者及译本接受者的认知能力等语言外因素。全译之增译常发生在译内，即在语言转换过程中，受语表、语里、语值的影响而增加语言单位。黄忠廉和李亚舒（2004：3）指出："以保持原作的完整性为标准，划分出一对新的翻译范畴：全译与变译。"全译体系中，增译与减译、转译、换译、分译、合译同处于四级范畴。变译体系中，增译与减译、编译、述译、缩译、并译、改译、仿译处于四级范畴。全译与变译的划分，将增译一分为二，一种是完整转换原文的译内行为，另一种是译外行为。总之，基于增译作为一种翻译实践中存在的现象、转化方法和增加语言表达形式的行为等问题的探讨，增译研究的本质属性也是基于上述三个问题的追问。

增译主要用于解决全译过程中的形义矛盾。形义矛盾的产生源于双语文本在语言、思维与文化之间的差异，增译解决形义矛盾的方式为增形不增义，以求似和求效为最高标准，这也是增译的内在规律和特有属性。"概念无非是反映事物的特有属性（固有的或本质的）的思维形态，而本质特征是某事物具有决定性的特有属性，固有属性则是某事物派生的特有属性；前者决定后者，后者可由前者推导出。"（黄忠廉，2000：220）可通过义素分析法为增译下定义，从主体、客体、行为、工具、目的、手段、结果和类属等方面分析增译的本质属性，界定其内涵。

  主体：译者；
  客体：语言文化信息；
  行为：转换；
  工具：译语；
  目的：解决形义矛盾；
  手段：增加译语语表形式；
  结果：完整再现原语文化信息；
  类属：思维活动、符际活动。

基于上述义素界定增译概念：增译是指译者将甲语文化信息转换为乙语时，为解决形义矛盾在译语语表增加表达形式以求完整再现原语文化信息的思维活动和符际活动。

增译主体为译者，增译是具有思维能力的人特有的活动；增译行为发生在增形达意的双语转化过程中，是思维活动和符际活动；增译对象是原语文化信息，而非表达工具——语言；增译为实现求似与求效的双重目的；增译工具是译语语言符号。理解阶段依托的是原符，最终呈现的是译符；增译单位可小到音位、语素、词，大到词组、简单句。所增单位是原文语形无而语里隐现的内容，增译后语形通顺、语义准确、语值更接近原文表达效果。增译以成果体现增译目的，充分彰显原作内涵。增译类属思维和符际活动。

二、增译理据

增译用于解决原文与译文在语表、语里、语值方面的矛盾。因两种语言文化思维、惯用表达方式及语法等差异，转化时语言损失在所难免。作为解决形义矛盾的手段，增译旨在从微观层面补偿双语转化损失，因补偿类型不同而采用的增译类型有所差异。将原文转化为译文时，若按照原文形式直译，会导致语义信息损失，为保证交际语义信息完整而采用补偿手段，属于强制性增补；同理，若采用增译，照顾译文表达习惯，不增语义信息，通过调整译文表达单位实现语义传递，此时属选择性增译；为实现更佳语用效果，照顾审美效果而采用的增译则属审美性增译。

（一）强制性增译理据

强制性增译是增译最为典型的类型，若不增，则损形害意，属于不得不增的类型。因俄汉句法结构和语义结构差异，互译中语形、语义和语用的调整和平衡不可避免。当三者有所取舍时，需遵循语用价值第一、语里意义第二和语表形式第三的原则。此处语用和语义多指交际中必增信息和深层语义信息，如省略、歧义或模糊导致的译文表意不清、逻辑断层等，译者有责任增译必要的语言单位，实现通顺达意之目的。强制性增译不能任意增加语言单位，所增内容一定是原文隐含的文化信息，抑或是作者意欲表达的隐含信息，切忌误增原文未含信息或原作者未有用意。例如：

[6.6]Однажды, когда она стояла на коленях, сердечно беседуя с богом, дед, распахнув дверь в комнату, сиплым голосом сказал:
— Ну, мать, посетил нас господь, — горим!

译文 1：有一天，外婆跪在神龛前，正在诚恳地同上帝谈话，外公突然闯进来，声音嘶哑地说：
"唉，老婆子，上帝拜访我们来了：我们家着火啦！"（郑海陵译）

译文 2：有一天，正当外婆跪在圣像前，虔诚地同上帝交谈时，外公猛地打开房门，嘶哑着声音说：
"喂，老婆子，上帝显灵了。我们家起火啦！"（冯玉律译）

原文词组 стоять на коленях 可直译为"跪着"。根据 сердечно беседуя с богом 的语义可推断当时的情景——外婆在祷告。两位译者均在译文中扩展了原文所描述的情景，分别增译"跪在神龛前""跪在圣像前"。译者扩展语形实际上是对原文形象的确切还原。即使原文作者没有明确指出行为发生的地点，原文读者也会立刻领会并还原当时场景，因为祷告是原语宗教文化的日常行为，犹如衣食住行一样熟悉。转移到译语世界则不然，这一场景并非人人熟知，若直译为"外婆跪着，诚恳地同上帝谈话"，容易引发读者的错误联想，或译语读者未必直接想到外婆是在祷告。将场景具体化，在形式上增加表地点的状语，不影响语句表达，同时也能避免读者理解错误。

（二）选择性增译理据

选择性增译属于非强制性增译，是出于文本构建需要或为弥补两种语言结构差异而使用的增译。既然是非强制性的，若不增，形式上会有不明显的欧化痕迹，但不影响语句深层表意，仍然符合译文表达规范。增译体系中的语形性增译，有强制性增译，也有选择性增译（如例[6.13]）。从语用层面分析，显豁类、审美创造类增译是出于对读者审美需求的考量，不增译会缺失文学性，但表意不受影响，也属于选择性增译。

（三）审美性增译理据

审美性增译与选择性增译具有对立统一关系。从语义上分析，审美性增译不是必增一类，但从语用上分析，审美性增译又是必增之类。二者在层级上表现为对立统一。美是人类共同的向往，是文学翻译得以存在的前提。美的语言呈现形式各异，这源于不同民族思维结构、民族文化与认知心理差异。融合差异性、传递相近审美感受是文学翻译的根本任务。创造性的译文表达旨在实现原作、译者与译作的融合。只传达信息，无法获得审美感受的译文，或改之或弃之。林纾因合作者的选材不当，对一些无法传递审美的译作进行了二度创作。另外，译者对译本的艺术解读能力与审美表达能力至关重要。

[6.7]... Небо было в длинных белых полосах. Как будто и туда ветер донёс осеннюю паутину. Тёплое марево подхватило меня и понесло, словно течение. Сознание замутилось на миг — не так, как от хлороформа, а по-хорошему замутилось, по лёгкому.

……天上，白云悠悠，一缕缕，一片片，仿佛秋风把游丝吹上了苍穹。天清，云淡。我摊开双臂，一股暖烘烘的热气，把我托了起来，像潮水一样，卷着我向前飘去。刹那间，我感到恍恍惚惚，但又不像闻到麻醉剂那样昏昏沉沉，而是一种甜滋滋的轻松感觉。（杜瑞清用例）

俄汉文学性表达结构、修辞、音效各具特色，译者若亦步亦趋追求与原文表达形式的等值，呈现的译文非但不美还不通。由例[6.7]可知，译者在明确原文描写对象与传达的审美感受后，打破原文审美表达与句子结构，按照汉语抒情散文样式，采用长短句交替方式，展现了译文风格的参差美。译者增译"悠悠""缕缕""片片""滋滋"等叠词音效，使语言生动、活泼，读起来朗朗上口。另用形象的手段描绘景色、抒发情感，也可使译文富于艺术魅力。

三、增译过程

狭义的增译过程可细分为理解、转化与表达。从原文理解到译文表达，译者需经内化的解码、转码与编码过程。解码是基础，转码为核心，编码是终结。受语言内外因素的影响，三个子过程运行时均会发生不同程度的变化，如扩张、压缩、拆分、重构等。扩张原文语码可能出现在原文语码的解码、非对称语码的转化或规范编码的表达中。增译过程聚焦于解码、转码、编码阶段语码扩展过程的描写和论证。

（一）原文理解激活

"翻译作为一种语际信递活动，其过程远比单语信递活动要复杂。因为单语信递是以代码分享为基础；而语际信递并非一次性编码和解码的过程，而是两次交替的编码和解码过程。"（夏廷德，2006：5）无障碍性语码的解码可一次性完成，生成的语码进入转码和编码过程，最终参与意义生成。有障碍性语码，如原文省略的语码、多义语码、空缺语码等，译者对其解读需要进行两次或多次循环识别，不断激活扩展信息，包括对语言信息、文化信息和百科知识的扩展。激活的扩展信息参与解码后可能进入转码、编码过程，最终形成语言信息的扩展。解码时，译者一方面不断结合上下文，以期完成对原作语义信息码表层和深层的解读。另一方面需要扩展语言外知识，验证所解读语义信息的真伪。例如，译者依靠储存在大脑记忆中的相关知识、社会文化信息，通过查阅各种工具书等途径反复验证所解读信息的正误。口译实践中译者还可根据现场的即时信息，如现场主题、人物身份、说话人语气、表情等来判断所解读信息的正误。这些参与转码、编码过程的语言外知识属于扩展的信息。例如：

[6.8]Ратсгерры белым
Полнятся гневом:
— Первую в целом
Городе — деву?
Первому? — браво!
自治市政府的委员们
怒火滔天：
"把城里头等的好姑娘
嫁出去？"

"嫁给随便什么人？——真叫好！"（凌建侯、杨波用例）

一词多义属于自然语言的普遍现象，这与语言符号的有限性、事物的无限性有关。对多义语码的解读加大了解码难度，译者需从众多相近意义中锁定唯一意义才能进入转码、编码过程。受句法结构、语义搭配以及语境制约，只有多义词的部分语义在转化中消解，译者才能锁定唯一词义，将其顺利表达出来。也有部分多义词因原作的修辞效果所需，转码时语义仍然不明，因此译者需要结合多种翻译方法解码。扩展语言手段是多义语码转换的有效方式之一。

受语言内外因素的影响，多义语码信息经常无法被译者一次性理解、确定下来，所识别的语码总能以新的方式被重新解读，形成有别于第一次解码的信息。即使语码组合的意义被识别，译者兼作读者也会对其反复推敲，这符合阐释学的循环阐释原理。例[6.8]选自茨维塔耶娃（Марина Ивановна Цветаева）的叙事诗《捕鼠者》。первый 出现两次，根据上下文语境，可推断义项分别为"最优秀的"和"初次的"。首次出现的 первый 修饰中心词 дева，根据搭配可判断其义项为"最优秀的""头等的"。句中未出现动词，первую деву 为四格形式，在句中应为直接补语。尾句出现的 первому 是三格形式，为间接补语，根据上下文语境，译者可推断句意为：把优秀的姑娘嫁给一个陌生人。第二个 первый 的义项是"初次的""新来的"。原文两个 первый 在同一句中重复出现，是为增添诗句的修辞色彩。译文只能求得语义通顺，无法完全复制原语的修辞效果。译文中使用夸张修辞，将"陌生人"换译为"随便什么人"。

（二）语际转化扩展

解码旨在获取语义信息。转码时，译者将获取的信息剥离原文语言外壳，融入译者思维领域。多义或歧义语码在不同语句中受内外因素影响，表意不同。身份不同、地位不同的说话人的表达效果也不尽相同。转化时扩展语境重复解读也显得尤为必要。实际上，并不是所有多义概念都能借助上下文析出。俄汉语某些词隐喻特征相同，无须译者扩展读者也能领会。如"Собакевич — настоящий медведь."（索巴克维奇简直像一头熊。），按照俄民族文化赋予熊的特征，强壮、力气大、笨拙等这些联想意义较为固定，与汉民族思维认知相近。接受者可根据上下文情景从中做出选择。但是，许多隐喻概念民族色彩强烈，直接转为汉语概念时即使借助上下文语境，也使读者费解。此时译者需扩展分析，在译文中寻找审美功能对等的概念。世界各民族对同一事物有时具有相同的认知，有时也存在一定的差异。

俄汉语思维对某些动植物的隐喻存在认知共识，如 упрямый как осёл（像驴一样犟）、хитрый как лиса（像狐狸一样狡猾）。相异的认知思维也是广泛存在的，如 холодный как рыба（像鱼一样冷漠）、умный как сова（像猫头鹰一样聪明)、грустный как плакучая ива（像垂柳一样忧郁）。对差异意象进行转化时译者增加的阐释，既不会打断读者的阅读连贯性，还便于译语读者领会原语文化世界图景和异域文化风情。例如：

[6.9]В городе у него была семья, дети — двое, кажется. Нюра знала это, но почему — то отказать не могла — принимала. Все жалели Нюру, а этого гуся осуждали.

原译：他在城里有家，有孩子，好像还有两个孩子。纽拉知道这些，可不知为什么，拒绝不了他，还是接待。大伙都可怜纽拉，骂这只不要脸的公鹅。（张建华译）

试译：他在市里有家，好像还有两个孩子。纽拉也知道这些，可就不知道为什么没有拒绝。她全部都接受了。人人都为纽拉惋惜，而责骂这个像鹅一样滑头的家伙。

汉语里，鹅具有呆傻的特征，有"呆头鹅"这种形象表达；俄语里，鹅是狡猾的代名词，这是俄汉文化差异所在。试译中，译者对"鹅"的隐喻表达加以阐释，把俄语里"鹅"所代表的"滑头"含义补充出来，避免译语读者受母语干扰产生错误联想。又如：

[6.10]— И пропал, да! С того года божья благостыня, как вода на плот, вдом нам потекла. Эх, Варвара ...

"是啊，失踪了！从那一年开始，上帝就不断给我们家送来恩赐，像流水似的。唉，这个不争气的瓦尔瓦拉……"（郑海凌译）

该句出自高尔基（Максим Горький）的《童年》，原作描述过"家里人很少谈及阿廖沙的母亲"，例句的表述方式也是对此情节的呼应。由感叹词 Эх 引导的句子里，人名 Варвара 是唯一的成分，体现为不完整句，反映了说话人欲言又止的复杂心理状态。原文省略的内容，译者可根据原文塑造的形象或说话人的态度推理出来。该句表达的是父亲对女儿的惋惜之情，因此译者增译了形容词"不争气的"，形成了完整判断。事实上，因文学性而使用的隐含内容未必全部需要译者的干预；因作者的表达习惯而形成的不完整信息表述，为避免表意不明致使读者产生歧义，译者在转化时可将推理的内容补全。

（三）译文表达消歧

解码是按原文表达形式进行的，经由转码、编码形成译语后难免会有原文语言结构的痕迹。编码完成时译者会分析形成的译文是否符合译语表达规范，并对不规范的表达做出调整、修改。"好的译文能让读者感受到是在阅读母语文本，而不是译本。"（Беркнер и Вошина，2003）修改译文的过程涉及诸多翻译方法。处理上下段或上下句的衔接和句子的逻辑问题或歧义表达问题时，译者常使用增译手段。编码接近尾声时，译者格外关注语篇表意的准确性、完整性和衔接性等问题。

歧义是语言的普遍现象，语音、语法、语义等语言各个方面均有歧义现象发生。因俄汉语思维逻辑结构不同，原文准确无误的表达直译为汉语时容易造成歧义，此时译者需根据汉语表达习惯，增加限定手段，以保证句子表义通顺、达旨。译者完成编码后再次阅读译文，若发现表达存在语病或歧义，会修改表达。通过增加消歧手段的方式去掉译文中的语病可使译文表达更加规范、语义更加明确。例如：

[6.11]«В четверг крупные китайские турагентства получили распоряжение от правительства о прекращении продаж туров в Южную Корею.» — отмечает агентство. По его данным, <u>«фактический запрет на поездки может нанести серьёзный ущерб туристической отрасли»</u>.

韩联社称，本周四，中国一些大型旅行社收到政府指令，要求停售赴韩旅游项目。该社称，事实上禁止中国人赴韩旅游会给韩国旅游业带来巨大损失。

原文新闻属于简讯，以传递消息为主，表达简练。对译为汉语后，部分指代不明容易引发读者误读。原文画线部分应对译为"禁止赴韩旅游会给旅游业带来巨大损失"，这是对前景省略的泛指表达，没有明确禁止赴韩旅游的对象和旅游业受损方。译者编码时再次阅读发现该表述容易产生歧义，因此增译名词"中国人""韩国"，使对象明确，语句表意更加准确。又如：

[6.12]Нередко на эти беседы приходила бабушка, тихо садилась в уголок, долго сидела там молча, невидная, и вдруг спрашивала мягко обнимавшим голосом：

译文 1：外公跟我谈话的时候，外婆常常走过来，悄悄地在屋角里坐下，默默地长久地坐在那里，谁也没有注意她，有时她忽然提出一个问题，声音温柔得仿佛在同你拥抱似的：（郑海凌译）

译文 2：外公跟我谈话的时候，外婆也常常走过来，悄悄地坐到角落里，默不作声地在那坐上好一会儿，也不引人注意。不过，她会突然提出一个问题，声音柔和得像是把你拥抱起来一般：（冯玉律译）

例中两位译者均在段前增译表示时间状语的简单句"外公跟我谈话的时候"，为上下段衔接、段内语义衔接而增。若对译，段首句应为"外婆经常加入我们的谈话……"，句子焦点自然应转入外婆的说话内容、说话方式等信息。这显然与下句中"外婆作为旁听者，坐在角落里默不作声"的逻辑不符。另外，原文 эти беседы 的预设是外公与主人公阿廖沙的谈话，因此译者增译简单句"外公跟我谈话的时候"用作段首句，既开启话题，描述场景，又保证段内语义与逻辑衔接。

传统译论认为，增译只发生在表达阶段，用于解决形式与意义矛盾。分析增译过程可知，微观层面的语言转化需要补偿损失，宏观过程中的材料选取、原文解读、意义生成和校对审核等环节均可能发生对原文的扩展。除表达外，其他各环节中对原文形式或意义的扩展是隐性的，读者只见形式或意义上的增加。由此可知，增译可发生在解码、转码和编码各环节中。

四、增译方法体系

增译用于解决双语语形、语义、语用矛盾。因两种语言文化思维、惯用表达以及语法结构等差异，转化中的损失在所难免。增译是从微观层面补偿损失，用于解决形与义矛盾。增译常在三个微观层面发生，具体为语形性增译、语义性增译和语用性增译。

（一）语形性增译

语形即语言表达形式。翻译因译意可变形，主要表现为量的增减、内容的移换和单位的分合等。语形性增译即在译文形式上增加若干语言单位以确保深层语义不变。语言表达形式是语法结构衔接诸要素的统一。俄汉分属不同语系，二者语法形式差异较大，转化时因词法和句法差异而引起的损失在所难免，语形性增译可弥补双语转化损失。

1. 因数、量而增

俄语是屈折语，有比较丰富的词形变化，通常用式、时、体、态、性、数、格等词形变化来表示词与词之间的关系。汉语属孤立语，缺乏词形变化，汉语里表示数量意义时要使用数词、量词或数量词组等。俄语名词有单数、复数两个对立形式，变化形式主要表现在词尾。俄语没有量词，数词与名词直接搭配使用，因此俄语某些表数量意义的词组译成汉语时需增加相应的数词或量词。例如：стадо коров（一群牛）；ватага ребятишек（一群吵吵闹闹的孩子）；два преподавателя（两名教师）；двое кроссовок（两双旅游鞋）等。又如：

[6.13]Пришёл старик без бороды.
来了一位没胡须的老人。（张会森用例）

[6.14]Воспоминания дней юности проходят перед мною.
青年时代的回忆一幕幕展现在我眼前。（蔡毅、段京华用例）

俄语名词、数词或数量词组汉译时，为符合汉语表达习惯，译文需增加表数或表量的词。如例[6.14]中的表量叠词"一幕幕",是应译文形式之需而增加的单位。并非所有的俄语复数名词汉译时必须增加语言手段,一些表泛指意义的复数名词可以淡化处理。例如,"Книги — лучший подарок."(书是最好的礼物。),完全不必增加表数量意义的词组"一些",而是采用模糊译法略掉数量意义。若按增译性质划分,这一类属于不必增的类型。

2. 因时、态而增

俄语里动词有式、时、体、态和人称等语法范畴,不同语法范畴由词形体现。汉语词无形态变化,常借助动态助词着、了、过或者副词等表示动作、行为变化。例如:

[6.15]Невидимая луна освещает снег летучий.
朦胧的月色映照着纷飞的雪花。

[6.16]На улице праздник, а я сиди дома.
大街上像过年一样热闹,我却不得不待在家里。

[6.17]Ласковую музыку волн перебивали хищные крики чаек.
海鸥那尖厉的叫声不时打断浪涛轻柔的音乐。

[6.18]Девушка читала, прислушиваясь к негромкому разговору.
姑娘一边看书,一边听窃窃私语。

上述译例,译文增译单位"着""不得不""不时""一边……一边",均是出于对原文因词形变意义受损的补偿。

3. 因虚词实化而增

前置词是俄语特有词类,属于虚词,用在实词前可表示目的、方位、方式、空间、时间等。汉译时常采用增译实词的方式呈现原语的语法关系。例如:зарабатывать на машину(挣钱买汽车);лечь в больницу на операцию(住院做手术);Я сегодня не при деньгах(我今天没带钱)。

词与词之间按照一定的语法规则构成句子,这种语法规则具体说来是一种句法联系。俄语词与词的句法关系主要由实词、虚词、词序和语调连接。俄语句法结构较为复杂,分为交际结构和语义结构,可按照语法切分与实义切分划分句子。有时语义关系与语法关系有错位,谓语是句子中心,常用较长简单句或复句。汉语语义与语法几乎重合,主语通常是句子中心,表达时常用简单句。汉语句子靠意合,句意可连续不断,句与句之间界限不明。两种语言句法差异导致句子转化中形式受损,因此采用增译法补偿受损的语义单位。

4. 因词序调整而增

俄语可通过词序形式的颠倒来表达约数,这是其特有的表达形式。如 пять

часов（5点钟）、часов пять（大约5点钟），若词序颠倒，汉译时需增译约数词"大约"。例如：

[6.19]Это маленький, тощенький, но необыкновенно юркий и подвижной старикашка лет 65-ти, с вечно смеющимся лицом и пьяными глазами.
这是个小巧、瘦削，但通常显得机灵、活泼的小老头，大约六十五岁光景，有一张总是带笑容的脸和一双醉意蒙眬的眼睛。（汝龙译）

5. 因感叹句结构而增

感叹句用于表达说话人的强烈情感。俄语将感叹句分为陈述感叹句、祈使感叹句和疑问感叹句。当疑问代词和副词 сколько、как、так、куда 等用作感叹语气时，不再表达疑问意义，而是强调程度。例如：Сколько он знает!（他懂得可真多啊！）这一类感叹句汉译时应将表程度的副词补出。又如：

[6.20]А я была в Средней Азии. Жарко там. Но привыкнуть можно. Зато фруктов!
而我到过中亚细亚。那里很热。但时间一长就习惯了。然而水果可真多呀！（陈洁用例）

此句为感叹句，原文中未出现感叹词，而是借助感叹号的形式表达感叹语气。汉译时按照译文感叹句结构，增译副词词组"真多"和语气词"呀"将句子结构补充完整。

6. 因补充称名句结构而增

称名句属于单部句的类型，名词第一格或系词名词词组形式是句子主要成分。该句型用以描写事物、现象以及状态，时态只有现在时一种形式。称名句是俄语特有的句法结构，表达完整的交际意义，汉译时常增译谓语动词，还原完整的句子结构以符合汉语表达习惯。例如：

[6.21]Ночевка. Спать не хочется. Костёр, чай, песни.
宿营。不想睡觉。点起了篝火，吃茶，唱歌。（张会森用例）

例中 костёр、чай、песни 三个名词并列出现，是主要成分，也是唯一成分。虽然原文没有谓语，但译成汉语时需增加谓语"点起了""吃""唱"。

7. 因补全特殊谓语形式而增

谓语用于说明事物的行为或特征。俄语句子谓语按其结构可分为简单谓语、复合谓语和合成谓语。合成谓语下分为动词性谓语和静词性谓语。俄语破折号"—"是静词性合成谓语的表示法之一，对应汉语"是"，但不绝对，应结合句子语义适当增译谓语。例如：

[6.22] Большой поэт — это новый голос, новый ход мыслей.
大诗人会带来新的声音、新的思路。（陈洁用例）

系表结构中破折号"—"两端的语义通常等价，本例情况不属于此类。此谓语汉译不仅受语法形式制约，还应结合句子语义才能明确。例中增译动词"带来"便是根据 поэт 与 голос、мысль 的内在语义关系推理出来的。

8. 因简缩结构而增

言语交际求简，人们常用尽可能少的话语形式来传达某一思想。口语交际、文学作品中人物对话或新闻媒体语言常出现一类非规范的表达。它们本应是主从复句，经交际中压缩机制压缩发生形变，俄语称之为简缩句。简缩句汉译时应还原完整结构，补全压缩的成分。

[6.23] Положили в сумку что надо было.
他们把要拿的东西都放进提包中。

从形式上看，例句属于简单句，但句法形式不规则。将其结构补全，应为"Положили в сумку всё, что надо было взять."。该表达虽符合口语交际的经济性原则，但汉译时应将压缩部分补充出来，才能表达完整的语义。句中增译"拿"即是对原文压缩结构的还原。

9. 因拆分句子结构而增

俄语词汇形态丰富，句法结构严谨，书面语常使用较长的复句或简单句。汉语交际单位以简单句为中枢。俄语烦琐的复句或较长简单句汉译时常拆开成分，将其译成汉语分句或从句，以使译文通顺流畅、层次分明，更加符合汉语表达习惯。因拆分后的几个简单句缺少完整的句子结构，常根据上下句内在关系将完整信息补充出来再译成汉语。汉译俄则相反，有时会将几个简单句译成复句结构。例如：

[6.24] Я брал в руки тяжёлые атласные косы, обертывал ими шею себе и, не двигаясь, чутко слушал бесконечные, никогда не надоедавшие рассказы.

译文 1：我抚摩着她那沉甸甸的光滑的发辫，把它绕在我脖子上，一动不动、聚精会神地听她讲述着。她的故事好像永远讲不完，我每次都兴致勃勃地听，从不厌烦。（郑海凌译）

译文 2：我手捧起她那沉甸甸的，如缎子一般柔滑的发辫，将它绕在自己的头颈里，一动不动，全神贯注地听着。她的故事永远讲不完，也叫人百听不厌。（冯玉律译）

修饰 рассказы 的定语有两个，分别是形容词 бесконечные 和形动词 не надоедавшие。бесконечные 本义是"无休止的""没有尽头的"，修饰"故事"，表示故事之多。译成汉语时，不宜将其译成一致定语。两位译者均将表示限定的句子拆为两部分。拆分后的第一个句子基本保留原句主要成分。第二个句子由"故事"做主语，这是因拆分结构而增加的成分。原句修饰成分变成译句表语。译文1另增译简单句"我每次都兴致勃勃地听"，便于"她的故事好像永远讲不完"与"从不厌烦"的语义衔接。

[6.25]你不仅能远离城市喧嚣、雾霾和劳碌，投入大自然的怀抱，领略她的秀丽风光，你的心灵也会变得更加宁静纯洁。

Ты не просто вырываешься на природу и наслаждаешься её красотой вдали от шума, дымы и суеты города, но и сама душа твоя становится спокойнее и чище.

汉语重意合，看似松散的四个简单句存在内在联系，形式不必凸显，读者也可领会。俄译时译者不仅采用了移译方法，将句子焦点突出，同时增译连接词 и、но и，使表达结构逻辑层次更加凸显。

（二）语义性增译

语言表意结构可分为表层结构和深层结构。表层结构是深层语义结构的载体，深层语义通过表层形式传达，因此二者互为表里关系。语言符号体系存在个体差异，一种语言符号承载的全部语里意义无法等值地转入另一语言符号体系。利奇将语义划分为七种不同类型：理性意义、内涵意义、社会意义、情感意义、反映意义、搭配意义和强调意义（刘宓庆，2012：50）。当两种语言表里存在矛盾时，常对语表施变以确保深层语义不受损失。

1. 省略—补偿式增译

省略是自然语言留下的缺陷，省略结构是俄汉普遍存在的现象。马建忠在《马氏文通》中指出了省略的情景。王维贤（2007：34）则从符号学视角出发将省略划分为语义省略、句法省略和语用省略。孙夏南（1989：218）指出："情境省略句是指在具体的语言环境中，由于交际情境和谈话内容各方清楚、明确，没有必要说出完全的句子结构就可理解，从而省略某一结构成分的句子。"比较浅显的省略结构无须译者补全省略信息，读者可根据上下文信息、百科知识推理出来，译者常以省略结构对译。例如：— Красивая у меня жена? — Очень.（"我的妻子漂亮么？""非常漂亮。"／"非常！"）也有一些表达，译者在理解原语表达时就存在阅读障碍，应使用增译法补充省略的语义成分。又如：

[6.26]За первый квартал 2017 года число россиян, которые посетили

Китайскую Народную Республику в рамках действия безвизовой программы, выросло на 98 процентов. Выросло и число туристов из Поднебесной, которые посетили нашу страну — на 65 процентов.

2017年第一季度俄罗斯人免签赴中国旅游人数增长98%，而免签赴俄的游客增长65%。

原文基于上下句对应关系出现省略："俄罗斯人免签赴中国旅游人数"与"免签赴俄的游客"。俄语为避免重复而使用省略表达，译成汉语时为使表述准确、避免产生歧义，宁可重复表达，也要增译表限定的形容词"免签的"。

2. 偏移——补偿式增译

语义偏移现象可用"波里安娜假说"（Pollyanna Hypothesis）解释。"人们的心理特征要求在交际过程中减少或排除不愉快的话题或报道。正是由于人们心理上的这一普遍特征，语言中以价值标尺积极一端为内容的词汇数量多，使用频率高。"（张家骅等，2005：118-119）易发生语义偏移的中性词有名词、动词、形容词、数词、代词等，其中以抽象名词最为常见，汉译时往往根据上下文语境采用增译法，补出语义偏移词的积极或消极限定语，才能将原文语里意义准确传达出来。例如：

[6.27] Ульянушка, дочка, гости с дороги. Ты возьми ведерко, сбегай к садку, выбери стерлядочек покрупнее.

乌丽娅，我的好闺女，客人是远道来的，你拿个小桶，到养鱼池去挑几条大个儿的鲟鱼来。

人们受传统思维影响，问路时通常说"多远？"，问尺寸时通常说"多长？"。固有的观念常偏向多的那一端，但表达时常常省略。дорога 一词，表示"道路"，本身不含"远""近"义素。在 гости с дороги 结构中，名词 дорога 语义发生偏移，偏向"远"的一端。受原文结构影响，读者根据这一固定搭配自然可领会其含义。若直译成汉语"从道上来"，译文读者无法判断该表达的意图。因此，译者判断出原文深层含义后，增译形容词"远的"，将省略的偏移成分呈现出来，避免译语读者误解。

3. 空缺——补偿式增译

空缺现象于20世纪50年代由美国语言学家霍凯特（Charles Francis Hockett）提出。空缺是指甲民族所具有的语言、文化现象，在乙民族中没有对应物的现象。它与无等值词意义相近，又有差别。空缺又称空白、空位、缺损、缺省。文化空缺是翻译中的常见现象。原文创作源于作者固有的语言和文化知识。对于原语读者而言，因与作者处在同一文化背景下，即使存在不熟悉的文化知识，也可通过推理，构建相对完整的认知图示。译文读者面对文化空缺时，却无法通过推理还原，因为原文符号的所指意义在译文读者大脑中的映射是空白的，译文读者无法将深层的内涵意义恢复。作为译者有责任将表层结构的深层文化内涵意义加以阐释，对文化缺省部分进行补偿，以便译文读者获得准确和连贯的表达。例如：

[6.28]— Там кусты и туман, — сказала Осянина. — Мне казалось …
— Креститься надо, коли что кажется, — проворчал комендант. — Тючки, говоришь, у них?

"当时又是树丛，又是大雾，"奥夏宁娜说。"只是隐隐约约的……"
"要是隐隐约约的，那就该划个十字避避邪，"警备长咕噜了一句。"你说，他们手里拎着小包？"（施钟译）

宗教文化里，天主教和东正教采用画十字方式祷告。人们相信在胸口画十字，借助宗教力量，可以免遭厄运。креститься 是西方宗教文化特有现象，属于完全文化空缺词。译文增译"避避邪"是对 креститься 的文化阐释，旨在使读者明白该动作的用意。不过"避避邪"的译法具有过度归化之嫌。若将其阐释为"划十字祈求上帝的保佑"可使语义与文化更加融合。不过随着东西方文化的交融，东方人对西方文化的理解不断加深，此处的 креститься 并非显性空缺文化，即使译者不做阐释，读者也可以理解，只是语义表达不够连贯。

4. 逻辑断层——补偿式增译

俄汉逻辑差异反映了思维模式的不同。俄语思维倾向于分析，习惯先个体后整体，强调事物的客观性，更加注重逻辑分析和形式结构，对事物的分析以抽象性逻辑思维模式为主，秉承传统的和谐、整体观；汉语思维习惯从整体出发，由整体到局部，主观性高于客观性，对事物的分析从个人主观感受出发，强调由内心感知意义，注重事物间的整体性和平衡性。符号流体现思维流，逻辑思维模式差异最终体现在语言中。因句法结构、逻辑关系、表达习惯等方面的差异，语义转化中常出现非对称情况。理解文本时译者应首先明确原文交际中心、核心思想和表达意图，表达时则按照汉语逻辑关系，在译文中呈现原语的深层逻辑语义。例如：

[6.29]Бога видеть человеку не дано, — ослепнешь; только святые глядят на него во весь глаз.

译文 1：凡人是看不见上帝的，看见了你就得变成瞎子。只有圣徒才能睁开眼睛看上帝。（郑海凌译）

译文 2：凡人是看不见上帝的，若是看见了，就会变成瞎子。只有圣徒才能睁大眼睛看到他。（冯玉律译）

按照原文直译，首句应译为"人看不见上帝"。这与下句中"圣徒能看见上帝"的逻辑矛盾。圣徒是上帝拣选的百姓，仍属"人"的范畴，只是他具有能看见上帝并与上帝对话的特殊能力。俄语通常不划分种概念，其逻辑隐含于语义之中，译文读者不会因形式而产生错误理解。汉语属于分析语，要求语表形式必须清晰、准确，否则容易产生歧义和矛盾。因此，增译"凡"这一义素，对事物的属种关系加以区分，避免逻辑不清。

5. 语义衔接——连贯式增译

"文章乃是一个有机的整体，上下都有着紧密的逻辑联系……一味直译原文语言形式而不在译文的一段思想和另一段思想接头的地方点明一下加以合理的连贯、衔接，那么汉译文有时便会失去应有的逻辑联系而显得不合事理。这就需要改换原文语言形式的汉语表达方式，但主要是采用增益法翻译原作。"（林煌天，2005：151）衔接与连贯是语篇研究的重点。语篇衔接体现在词汇和语法手段的运用上，连贯是意义的衔接，具有隐性特点。因此俄语汉时，常增译显性的衔接手段，使译语里句与句、段与段之间的连贯效果凸显出来。例如：

[6.30] Весь дом был тесно набит квартирантами; только в верхнем этаже дед оставил большую комнату для себя и приёма гостей…

外公把房子租出去，家里住满了房客，他只在楼上留了一个大房间自己住并兼做客厅。（郑海凌译）

例句摘自高尔基的《童年》，是作者描写外祖父和舅舅分家后搬到新房子的场景。例句上一段提到了"外祖父买了一座大房子"的内容，与句首"家里住满了房客"在语义上显然出现了断层。译者根据下文内容增译"外公把房子租出去"，确保语义衔接和表述连贯。

6. 消歧式——语义明确增译

歧义是俄汉普遍现象。从语体角度划分歧义，可分为口语歧义和书面语歧义：口语歧义指言语交际时语流中存在的歧义；书面语歧义指文字层面即书面材料中存在的歧义。从语言系统构成要素角度可将歧义划分为语音歧义、词汇歧义和语法歧义。语音歧义由同音词造成，词汇歧义由多义词造成，语法歧义由结构层次、结构关系或语义关系的不同造成。根据歧义语言片段是否出现于语境之中，可将歧义分为词汇歧义和语境歧义；根据歧义现象出现于同一语言还是不同语言间，可将其分为语言内歧义和跨语言歧义。此处的"消歧式增译"就是指采用增译法消除语言间转化产生的歧义。例如：

[6.31] Он смеялся сдержанно, плохо понимая соль русского языка.

他不大明白俄语俏皮话，笑得很拘谨。

受句义制约，соль 在此处不会被误译为"盐"，而是 соль 其他的义项，指语言中的诙谐，引申为俏皮话。也有一些因俄汉句法或语义表达差异引发的表达歧义，需要借助翻译方法消除，增译只是消歧方式之一。"增词法是翻译中的一种常用技巧，也适合歧义结构的翻译。不过，所增加的词语必须符合该歧义结构中的语义关系并起到限定歧义的作用。"（尹富林，2002）

（三）语用性增译

语值即语用价值，是译者所感知或表达的话语相对于某种目的的效果。语值效果与文本类型关系紧密。文学翻译的语值主要体现在文学性的转化效果中。译文不必字斟句酌，为达到特定效果，可增加原文没有的表达。非文学翻译文本不追求文学性，但存在对语用价值的要求。译者可根据语境和上下文所需对原文预设、蕴含做出必要的推理和阐释，便于译语读者更清晰、明确地了解原文所述的内容。

1. 描写显豁性增译

文学善于用形象语言彰显语值效果。译者处于两种文学语境之间，将原文转化为译文时，既要力求保留原语文化所包含的形象，又要考虑译语文化语境和读者的接受效果。在处理原语信息时，如果译者拘泥于原文表达层面的忠实，会使原文表达流于直白、浅薄，丧失美的意境。译者可以充分利用自身文化传统优势，借鉴并吸取自己民族文学的精华，在向译语读者传达原语思想内容的同时发挥译语语言优势，使译语读者获得跟原语读者一样的审美情趣和情感体验，真正实现两种或多种语言文化之间的互动和交流。例如：

[6.32]Она резонно отвечала:

— А непонятно мне — на что они? Ползают и ползают, чёрные.

译文1：她很有道理地解释说：

"因为我不明白，它们到底是干什么的。一天到晚到处乱爬，黑不溜秋的。"（郑海凌译）

译文2：她满有道理地答道：

"因为我弄不明白，要它们干什么？黑油油的，老是爬来爬去。"（冯玉律译）

例句描述的是深夜主人公被外祖母叫醒去抓蟑螂的场景。若将 чёрные 直译为"黑色的"，不带任何感情色彩。两种译文没有采用对译法，而是将原文词义色彩做了加工。"黑不溜秋"具有方言特点。该词用于形容皮肤黝黑发亮，常形容黑得难看的事物，具有贬义色彩。虽然该词在原文中不具有任何感情色彩，但译文1增加的色彩不仅不与原文情景相悖，反而更符合主人公对蟑螂厌恶之极的心境。译文 2 将 чёрные 译成"黑油油"。虽然"黑油油"优于"黑黑的"或"黑色的"表达，但该词不适合描写蟑螂的特征，较译文 1 稍逊色些。

2. 格式塔还原性增译

"还原"是现象学使用的概念。还原的过程模式就是再现机制。因两种语言在文学性表达方式上具有明显差异，译者读取原作无法形成完整认知图示时，需要通过阐释、推理补全原文残缺部分，还原完整意象，在解读过程中增加译语认知元素。

还原目的在于取完整、求相似、重再现。传统的翻译理论过分强调原文与译文形式的对等，译者的主体性发挥受到制约，译作只能传递原作的表层信息，无法还原原作的完整意象。还原性增译是指当原作与译作在语言与思维、认知与文化方面存在明显的差异时，译者采用格式塔还原方式，运用推理与联想方法，在理解阶段复原原作整体，在表达阶段不囿于原作形式，将原语思维断层的表达方式补全，以符合译语表达习惯的翻译方法。

意象兼跨心理学与文学两个领域，它是主观情感与客观物象的结合。文学翻译尤其是诗歌翻译常涉及意象还原。译者在还原翻译意象时不能简单地将原文物象移入，而不顾物象所承载的情感和意蕴的传达。有时为追求意象美，文学语言常借助宗教文本或典故中的人物原型进行描写、叙述，这符合原语读者的审美需求和接受心理。汉译时因民族文化、宗教信仰差异明显，译者或增加注解、阐释空缺背景知识，或从译语读者接受角度考虑增加汉语中与原语语义接近的意象。例如：

[6.33]Сонный, я зажигал свечу и ползал по полу, отыскивая врага; это несразу и не всегда удавалось мне.

译文 1：我困得睁不开眼，点上蜡烛，在地板上爬来爬去，寻找那只蟑螂。有时需要找半天，而且不是每次都能找到。（郑海凌译）

译文 2：我睡眼惺忪地点起蜡烛，在地板上爬来爬去寻找敌人。这可不是马上能找到的，有时根本就不见踪影。（冯玉律译）

还原性增译为求意义对等常在语言表层增补必要成分，虽是对原文形式"等值"的破坏，但更是对内容效果的凸显。双语形义矛盾时，为求内容层面的语值效果，可舍去形式的对等。两种译文均将原文形容词 сонный 与下一句的语义相结合。译文 1 将 сонный 一词扩展为简单句，展现了一个独立完整的意象。译文 2 则将 сонный 译成状语，用于修饰下一句中的动作 зажигал。

3. 审美创造性增译

美是人类共同的向往，这是文学翻译得以存在的前提；美的语言呈现形式各异，这源于不同民族思维结构、民族文化与认知心理因素差异。融合差异性、传递相近审美感受是文学翻译的根本任务。审美性增译突破语言表达形式障碍，以审美表达效果的转化为目标，创造性地在译文中增加语言单位，以求审美意象在译文中完整传递。译者所创造的译文形式旨在实现原作、译者与译作的融合。只传达信息，无法获得审美感受的译文，或改之或弃之。另外，译者对译本的艺术解读能力与审美表达能力至关重要，见例[6.7]。

4. 表达习惯性增译

思维是全人类共有的，民族不同，思维相近。作为思维体现形式的语言是民族内部约定俗成的产物，各民族语言在语音、词汇、语法上存在一定的区别。俄语有形态变化，汉语无形态变化；俄语习惯用较长简单句，汉语习惯用简单句；俄语重形合，汉语重意合，等等。双语进行转换时，在保证意义不变的情况下尽量使用译语习惯表达。完整性和对仗性是汉语的表达习惯之一，也是俄汉差异之一。例如：

[6.34]При этом от каждой, отдалённой, звёзды в глаза наблюдателя попадает то больше света, то меньше. Установлено, что степень мерцания зависит от содержания в воздухе водяных паров: когда их много, мерцание более заметно.

此时我们看到，每一颗遥远的星体所发出的光都忽强忽弱。已经发现，闪烁的强弱取决于空气中水蒸气的多少：水蒸气越多，闪烁越强；水蒸气越少，闪烁越弱。

俄汉表达习惯存在差异。按照俄语表达习惯，原文表意完整，无须增译。汉语表达追求对仗、完整。在译文中增加"水蒸气越少，闪烁越弱"的表述，正是与前一句"水蒸气越多，闪烁越强"的呼应，实现结构完整。又如：

[6.35]"辽宁舰"服役对于我国海上维权具有重要意义。因为航母服役后，能够把海空方向的力量整体捏合起来，变得更加综合化、立体化、信息化，尤其是航母及其编队能更好地使海上力量走向中远海。

После сдачи на службу авианосец «Ляонин» имеет огромное значение для защиты морских прав Китая, поскольку есть возможность соединить воедино морские и воздушные силы, таким образом, военное оснащение КНР представляется более комплексным, трехмерным и информатизированным, в частности, военный корабль и флот будут лучше служить в морских поездках на дальние расстояния.

俄汉思维差异反映在语言表达中。首句中"'辽宁舰'服役"可理解为动宾词组或偏正词组，"辽宁舰""服役"作为陈述的话题并重。若直译成俄语为名

词词组 служба авианосеца «Ляонин»，中心词发生偏移，转向了"服役"一词。俄译增加结构 после сдачи 不仅符合惯用表达，也使汉语和俄语表述的话题保持一致。俄译时还采用了减译法、合译法，去掉"航母服役"后一句，避免重复，后直接加原因从句，将汉语前后两句合为一个复句。整个语句经意合处理后，可避免直译形式松散，也更符合俄语表达习惯。

5. 明示—推理性增译

明示和推理是交际过程的两个方面。明示就是明确示意，说话人应明确表述内容。推理是指听话人根据说话人的内容，推导出说话人交际意向的过程。明示-推理模式可用于翻译之中，对语内语际的转换行为做出阐释。恩斯特·奥古斯特·格特（Ernst-August Gutt）将翻译视为认知交际活动，将其划分为两个明示-推理过程：原语的明示-推理过程和译语的明示-推理过程（Gutt，2004：105）。

明示-推理模式下，译者首先充当听话人的角色，通过原文的语境和创作背景推理其交际意图，受其信息的明示刺激，对原文进行推理。其次译者再充当说话人角色，译文读者是译者设想的听话人。为让交际顺利进行，译者应为所译内容与原作之间、与读者接受能力之间建立起最佳关联。例如：

[6.36]— Гм ... Но она внутри тебя ещё крепко сидит, да?

— Вы правы ...

"嗯……但是，她还是埋藏在你内心深处，是不是？要不然你怎么会觉得我的模特像她呢？"

"或许吧……"（孟宏宏译）

明示-推理模式把人类交际行为看作是一种由明示到推理的过程，具有动态的特征。听话人通过推理，将含而不明的内容补充出来，以确保交际的顺利进行。例句增译的简单句"要不然你怎么会觉得我的模特像她呢"是译者根据上下文情景推理的内容。原文表达含而不明，译者在译文中增加推理使表意更加明确。

6. 蕴含凸显性增译

蕴含最早由哲学家提出。蕴含是话语断言部分所表达的内容，它包含于句子断言范围之内，若句子为真，可推导出所隐含的若干句子。蕴含又称推涵，可划分为语法推涵、格的推涵、语义推涵、语用推涵、照应推涵、投射推涵和词汇推涵七类（李锡胤，1990）。蕴含属于言语行为理论特别是间接言语行为理论研究的问题之一。究其本质，蕴含是一种言语交际中的语用推理现象。交际中表达的语义并不是表达者真正想说的，真正传递的信息可从这些说出或写出的话中推演出来时，语用学将其称为"言外之意"或"蕴含意义"。面对原文的蕴含，译者可以采用凸显原语蕴含的方式进行翻译，这取决于文本设置的蕴含类型。

托尔斯泰的《战争与和平》中有一个情节,沙皇亚历山大派巴拉绍夫到维尔诺去见拿破仑,"托尔斯泰描写到,拿破仑天真地问巴拉绍夫,直接从维尔诺到莫斯科的路要通过哪些城市"。巴拉绍夫答道:

[6.37]Есть много дорог и в числе этих многих путей есть дорога на Полтаву, которую избрал Карл II.

有很多路,在这很多路之中,有一条通向波尔塔瓦的路,卡尔二世选择的就是这条路。(许汉成用例)

此例虽摘自文学作品,却描写以传递信息为主的交际场景。作者的描写、拿破仑的问话与巴拉绍夫的回答都含有言外之意。修饰拿破仑的天真一词,暗示其虚伪。拿破仑的问话中透漏出侵犯莫斯科的威胁。而巴拉绍夫的回答很巧妙。他拿卡尔二世战败的例子当作对拿破仑妄行的提醒。彼得大帝曾在波尔塔瓦打败瑞典国王卡尔二世,若对这一历史背景不了解,译语读者读到此处时就会有疑惑,觉得二人的对话没有关联性。译者应在文中简短地阐释或在文下注释,便于读者理解。

第三节 减 译 论

减译论,包含减译的界定、理据、过程的论述及方法体系的建构。减译,即删减式全译,主要特征为语形的删减,与其他全译方法共同组成了全译方法论系统。双语语法差异是减译方法使用的理据,语言的经济性、信息的冗余性及逻辑的民族性也是减译方法使用的内在驱动因素。减译遵循全译的阶段划分原则,分原文理解过滤、语际转化合并、译文表达压缩三个阶段。根据不同的目的和需要,减译可具体化为语形性减译、语义性减译和语用性减译。

一、减译界定

(一)减译的由来

减译作为一种翻译手段或方法,最早可追溯至东晋的道安:"钞经删削,所害必多。"(道安,1984:25)减译的正式提出者为玄奘(602—664,唐代高僧,我国汉传佛教四大佛经翻译家之一),他指出,在不违背原意的情况下,译经可运用删略、变位、增益、假借、还原等表达方法。据西夏文研究专家陈炳应分析,针对西夏所译汉籍中的《论语》,译者在不失文义的情况下用到了减字译法。在近代西学翻译和科技翻译浪潮中,减译法也常被提及或论述。如严复,在《天演论》的翻译中大量使用了删减手段。

20世纪五六十年代的俄汉翻译教材多次提及减词,如《俄文翻译教程》

(南文明，1950，五十年代出版社)、《俄译中翻译教程》(礼长林，1957，时代出版社)、《俄译汉教材》(北京俄语学院，1957，时代出版社)、《俄汉翻译教程》(耿龙明、卢兆泉，1961，上海教育出版社)。20世纪七八十年代，我国陆续出版的翻译教材中对减词都有介绍。中国知网中，减译一词最早见于1983年(刘震宇和刘晶，1983)。之后陆续出现了相关术语，如省略翻译、省译、减译法、词的省略等等。

传统的译学研究中，减译这一翻译手段未曾脱离译者及翻译研究者的视线，但仅仅被视为一种方法或技巧，相关研究者多从词法、句法、语义、文化等层面探讨汉外互译中减词的原因，较少涉及词组及以上语言单位的操作。部分学者从文化差异性、信息冗余理论、特定文本或题材等层面探究减译这一现象，但理论深度欠缺，仍需深入、系统的研究。

(二) 减译的定义

考察翻译现象，可从两个层面入手：立于语言层面，任何翻译都涉及语言符号的语形、语义、语用三个维度；立于文化层面，任何翻译都涉及语言对比、思维转化及文化交流。基于此，可将减译定义为：减译，即删减式全译，是指译者根据原文语用价值和语里意义以及译文语表形式的需要，在译文中删减一些不必要的语言单位的全译方法(余承法，2014：94)。由定义可知，减译不是将原文某些语言单位随意删除而不进行译语表达，而是根据译文语表形式要求，将导致译文重复、累赘的某些语言单位删除，从而避免译文表述啰嗦、信息冗余，更加符合译语读者的接受习惯。

实施减译的主要手段是删减，即将某些原文语言单位删减而不在译文中体现。删减的具体方式包括：①删除，即删除原文必需但译语表达非必需的语言单位，如汉语的量词、俄语的连接词等，删除的语言单位大多是原文语法所必需的；②省略，即根据译语表达习惯承前蒙后省略某些单位，如原文的重复形式，省略大多顺应译文语法要求或思维习惯；③合并，即将译者看来原文某些意义相同或相近的语言单位合并表达的手段或方式，目的是减轻译语读者的认知负担。

减译的实质在于形减义未失值未贬，即某些原文形式在译文中未再现，但语义未损失，语用未贬值。如若因删减造成译文与原文内容产生了巨大差异，原文信息受损，减译则偏离了全译的"极似"轨迹，走向变译的摘译、编译或缩译。

二、减译理据

减译是在不破坏、不损失原文内容的前提下过滤掉原文某些语言单位而不进行译文表达，从而确保译文简洁明了。减译方法使用的直接动因是原文与译文的语法差异，语言的经济性、信息的冗余性及逻辑的民族性也是减译方法使用的内在驱动力。

（一）语法的差异性

"俄语是综合语，汉语是分析语。有无发达的形态是俄汉语差异的总根源。"（田文琪，1994）有无发达的形态主要指语言单位的屈折变化。许多俄语词语是由语法形式，如前后缀、屈折变化等构成的，汉语无词形变化。俄语借助形态把各语言单位组织起来，汉语与之不同，语序是汉语组词造句的重要手段，语序则以思维逻辑为基础，以人们对客观事理的反映为重。形态差异是俄汉全译方法使用的内在动因。

从词汇角度来讲，俄语词汇的语法意义主要依靠词形本身的变化予以表达，汉语词汇的语法意义主要靠词序、语序和虚词表示。俄语遵循形态原则划分词类，汉语词类的划分则主要依据句法原则，即词的组配和句法功能。俄汉互译过程中，某些词类需使用减译来适应译文语法要求。例如：

[6.38]В этой автобусе нет пассажиров.
这辆公交车上没有乘客。

俄语名词单数或复数都可表泛指意义，这一情况下名词的数量意义淡化。汉语名词，除表人名词加"们"来表示复数外，其本身并无单、复数之分。因此，俄语表复数名词汉译时一般减译表复数词尾，该例即减译-ов。

俄汉句法结构的差异也是减译法使用的主要动因之一。例如，汉语复句依靠语义组合情况较多，尤其在口语和文学作品中，不使用连接性词语，而是根据分句间的逻辑关系构句。与其不同，俄语主要通过连接性词语等词汇、结构手段组建复句，口语较多使用无连接词复句。俄语复句汉译时，一般情况下需减译连接性词语。例如：

[6.39]Утром шёл дождь и дул ветер.
早晨刮风下雨。（陈洁用例）

例中原文使用了连接词 и，汉译可省略，将"刮风""下雨"直接组合，内在的并列关系显而易见。

（二）语言的经济性

减译方法使用的直接驱动力是语言的经济性原则，即"句子的衍生过程中如果可以有复数的「融会衍生」（convergent derivation；即合法的语句结构）可供选择时，应该选择「最经济」（most economical）的衍生方式"（杨承淑，2002）。研究表明，语言的各种发展、变化都遵循节约趋势或经济趋势，人们能用简单明了的语言形式表达内容、传递信息，便不使用复杂的语言形式。人们在交际过程中，特别是熟知背景知识时，交际双方"总是遵从'尽量缩略'的原则"（赵洁和李玉萍，2016：132）。全译过程中，译者在认知和交际的驱动下首先获取语里意义，经过大脑的思维转化，译语表达时会有意识或下意识地选择最简洁的表达方式，这就是语言的经济性对减译方法操作的内在管控。

人们力图简化语言形式的心理是共同的，无论是俄译汉，还是汉译俄，在不影响内容表达的前提下，译者会倾向于选择使用更简略的表达形式，这也正是减译法使用的结果。例如：

[6.40]Тело приходят в движение под действием сил и останавливаются, когда на них действуют силы.

原译：物体在外力作用下开始运动并在外力作用下停止运动。

试译：物体启动和停止都是外力作用的结果。（马骍用例）

原译将原文的语言单位一一转换并用汉语表达，但语句形式略显臃肿，包含两个重复形式"在外力作用下"，遵循语言的经济性原则；试译将重复内容合并，在充分传达内容的前提下实现了译文形式的简洁。

（三）信息的冗余性

众所周知，在传递信息的过程中，各种干扰因素，如噪声等往往会造成信息的失真，为确保信息得到有效传递，人们总会有意或无意扩大信息量，从而产生冗余信息。信息冗余泛指信息传递中超出最小需要量的信息量，是"不增加信息内容而有助于发现信息失误、增加传输速率的因素"（廖七一，2000：264）。信息冗余，一方面有助于解决信息过载与信道容量相对狭窄的矛盾，另一方面则会给传递者和接受者带来负担。由此可知，信息传输过程中，需要增加或减少冗余信息以保证信息传递的有效性。从信息论角度观察，翻译是一个语际信息传递过程，译者需将原文信息加工处理并再次编码形成译文输送给译文读者，这一过程必然产生冗余信息。翻译实践中，适当增加译文信息冗余度可以使原文信息的传输更加通畅，从而使译文更容易被译语读者接受和理解。但这并不意味着信息冗余度可无限增加，若把所有冗余信息传递到译文势必导致译文冗余信息过多，译文读者的认知负担必然增加，翻译的意义必然失去。换言之，增加冗余信息可提高译文的接受性，减少冗余信息则可解除译文多余成分对译文读者造成的困扰。

具体到俄汉互译，俄语与汉语在语言文化背景、价值观念、思维方式等方面存在巨大差异，双语语法结构、语义传递和修辞达意等方式也完全不同。汉语有些语法形式，如量词、助词的使用，词、词组、简单句的重复等，表达特殊的语里意义和语用价值，译成俄语时无法找到对应的表达方式，译者需采用减译法。俄语有些语法结构，如名词的性数格、动词的时体态、复合从句中使用的连接词等，有时并不传达语里意义和语用价值，译成汉语时也需减译。汉语表达喜欢华丽辞藻，多用重复修饰，善用松散句、流水句、紧缩句、省略句以及没有连接词的复句；俄语讲究逻辑严谨，句子长而复杂，从属结构、包孕复句较常见。因此，俄语或汉语有些必需的信息表达形式，译成汉语或俄语时则成为冗余信息，需省略。例如：

[6.41]Энергия не может исчезнуть, нельзя её и получить из ничего, она лишь преобразуется из одного вида в другой.

能量不能消失，也不能凭空取得，只能由一种变为另一种。（马骅用例）

该例原文为并列复句，第二、第三个简单句使用人称代名词 она 承前指代 энергия 以使意义表达连贯。汉语并列复句可用一个主语，俄语 она 若照译过来则成冗余信息，为了更符合汉语读者的接受习惯，она 可减译。可见，原文必需的语言成分，译成译文则成冗余信息，需减译。

（四）逻辑的民族性

翻译是语际思维转化活动，逻辑作为思维的规律和规则始终伴随整个翻译过程，"翻译的全过程是一时一刻也离不开逻辑的"（马予华等，2017：258）。匈牙利翻译家拉多·久尔吉（Lado Julia）指出："翻译是逻辑活动，翻译作品是逻辑活动的产物。"（转引自罗进德，1984）将翻译视作逻辑活动，翻译转化过程就可看作逻辑思维转换过程，人类思维的共性是翻译得以实现的基础，人类思维的特性则是翻译方法运用的动因之一。逻辑具有民族性，不同民族对同一事物的认知逻辑不一，对原文内容进行译语表达时，译者需顺应其表达逻辑，采用一定的翻译方法，实现原文内容在译语世界的传递。

在理解阶段，译者需通过逻辑分析，研究原文作者所阐明的事理、事物间的逻辑关系，对句子结构、上下文和事理关系进行综合研判，获取其意义；在转化阶段，译者需根据上下文的逻辑关系，采用一定的翻译方法，对原文进行恰当的技巧处理，完成转化；在表达阶段，译者需注意表达的逻辑性，根据译文表达上下文的逻辑关系确定所要表达内容的重点、词语、句子之间的意义联系，使译文表达更符合译语逻辑习惯。例如：

[6.42]Меняющиеся тела и предметы обладают свойством переходить из одного в другое.

凡不断变化着的物体均具有从一种状态转变成另一种状态的属性。（马骅用例）

该例原文含有 тела 与 предметы，按照汉语的逻辑思维规律，тела 包含

предметы，属种概念重合，若对译成汉语则为"物体与事物"，汉语读者会觉得这一表达存在逻辑错误，因此译者将某一概念删减，或将两概念合并，译成"物体"，更符合汉语逻辑习惯。

三、减译过程

全译过程可从微观细察，也可从宏观审视。微观视角，全译过程可具体化为理解、转化、表达三个过程；宏观视角，全译过程可分为译前、译中、译后三个阶段。减译是根据译文表达的需要对原文某些语言单位进行删除或合并的全译方法，主要发生在理解、转化、表达等微观阶段。

（一）原文理解过滤

原文理解以获取其语里意义及语用价值为主要目的，兼涉思维转换及译语内部语言表达。全译的原文理解主要分两步：收码与解码。收码旨在通过听读接收原文信息码，解码则是通过语言码的转换提取信息内容。

口译的原文理解始于听觉感知，译者需高度集中注意力来接收原文信息符号，为解码做好准备。口译过程中，各种客观因素会给译者造成一定的心理压力而影响理解，如时间压力、译者心理状态、语言知识缺乏等，导致某些语码无法被接收及识别，从而出现理解过滤。过滤掉的语码无法进入解码及后续的转化表达阶段，结果体现为减译。接收语码后，译者需根据语境、语义进行逻辑性推理来辨析每一个语码，这时需要译者调动脑中储存的多方面知识，包括语言知识和非语言知识，某一方面知识的缺乏会导致译者无法识别已接收的语码，从而导致信息删减。另外，口译是一种即时性的活动，如果译者在接收语码后无法全部即时记忆，也容易导致部分信息遗漏，无法将其转化表达。例如：

[6.43]Очажная яма зафиксирована по профилю в виде чашевидного углубления в грунт, заполненного углем, проколом, и пеплом.
原译：如图，灶炕呈碗状，填土为煤灰和红烧土。
改译：剖面显示，灶炕呈碗状，下凹，填土为煤灰、红烧土。（崔艳霞用例）

译者指出，因口译现场发言人语速过快，未听清 зафиксирована по профилю в виде чашевидного углубления в грунт 这一句的完整信息，只接收了 в виде чашевидного，为使发言顺利进行下去，译者不得已采用了减译法，对原文信息有所选择地进行表达。

笔译理解始于文字识解。原文文字通过光线传递至译者视觉器官，译者通过神经生理活动将文字转化为可供大脑处理的语言码。阅读理解过程中，译者首先通过调动脑中语言信息或借助辅助工具对原文的语表进行识别,对于某些无法识别的语表形式,某些情况下只能减译,对于某些重复的语表形式,译者可自动舍弃。接收语码后,译者需运用双语信息对其进行语言解码进而形成不完整的语义表征。这一过程中,译者认知上的差异、语言掌握水平的不足、翻译态度的不严谨、必备的文化知识的缺乏等都会导致译者对原文意义的掌握不能达到 100%,译者只能采用减译方法。例如:

[6.44]现在各位在我身旁看到的就是今年春节在纽约时代广场精彩亮相的 CRH380A 高速列车。高铁外交也成了继乒乓外交、熊猫外交之后,中国在国际舞台上最闪亮的一张名片。

原译:Сейчас рядом со мной вы видите замечательные скоростные поезда CRH380A, которые выставили на китайский новый год в Нью-Йорке. Это яркая визитная карточка Китая на международной арене.

改译:Сейчас рядом со мной вы видите замечательные скоростные поезда CRH380A, которые выставили на китайский новый год на Таймс Сквер в Нью-Йорке. Дипломатия скоростной железной дороги стала преемником Пинг-понговой дипломатии и пандовой дипломатии. Это яркая визитная карточка Китая на международной арене.(Клейменов 用例)

译者指出,翻译过程中,因不熟悉中国特有词汇"高铁外交、乒乓外交、熊猫外交",无法识解其所指内容,因而无法转化成俄语而造成减译。改译时,译者对原文理解充分,将之前未能转化的语码再次转化并用俄语表达。

(二)语际转化合并

原文语码接收识解后,原文内容进入译者思维领域,开始语际转化。除无法接收的语言信息会造成减译外,译者会运用双语思维机制对其余信息进行转化,以为译语表达做好准备。有时,译者对较为熟悉的原文内容可在识解的同时完成译语表达,此时的理解、转化、表达在同一瞬间完成。多数情况下,译者需进行概念转化,以使原文内容进入译语领域,转化过程中的概念合并、再概念化及命题重组,都会对译文表达产生影响,造成减译。

原文的两个概念移入译语世界后可用同一形式表达,或两个概念为属种关系,译者可在转化阶段将其直接合并,或只转移其中一个概念,概念转移后数量的减少会造成译文语表形式的删减。例如:

[6.45]С того утра, когда батальон пошёл в наступление, прошли долгие дни и недели.

自从这个营开始进攻的那个早晨起,已经过去很长时间了。(杨仕

章用例）

如果把 долгие дни и недели 翻译成"很长的日子和星期"或者"很多天和星期"，则不符合汉语的表达习惯，有必要将二者合并，用其共同概念特征"时间"来取代二者，从而将 дни и недели 译成时间。从形式角度来看，译文相对于原文出现减译。

某些情况下，为顺应译语读者的思维习惯或受译者自身思维的管控，译者会将概念特点提取出来，加以概括，成为新的概念。这一过程中某些特征融入概念，无须再现，出现减译现象。例如：

[6.46]Все так же лениво шевелил сухие серёжки на ольхе тёплый ветер.
和煦的春风依旧那么懒洋洋地吹动干燥的赤杨花。（杨仕章用例）

译者识解 серёжка 直接提取的概念是"耳环"，结合上下文，"耳环"并不是原文具体所指概念。译者进一步根据语境识别，发现 серёжка 也是植物学术语，指 соцветие в виде кисти мелких цветов у древесных растений, опадающее целиком после цветения（柔荑花序），通俗地讲，即常见的"杨树毛毛虫"。"柔荑花序"与"毛毛虫"都不是该语境中的最佳概念选择。最终，译者将这一概念的科属特征"花"提取，移入译语世界，直接概括表达为"花"，通俗易懂。

在语际转化阶段，译者有时也会将概念与概念的逻辑关系及先后顺序重新调整，结果也会导致译文语形的删减，发生减译情况。

[6.47]В годы Гражданской войны самым мобильным, быстрее всего откликающимся на новые идеи, и самым распространенным видом искусства была графика.
格拉费卡绘画艺术是国内战争年代传播性最强，最能快速响应新思想的艺术种类。（宋丹妹用例）

例中原文概念"最活跃的""最流行的"可组合，同时将原文放置于末尾的"格拉费卡绘画艺术"提前，用汉语主谓结构表达，这一过程中，概念间逻辑关系的调整导致译文语形发生改变，造成减译。

（三）译文表达压缩

经过理解与转化，译者基本掌握了原文所承载内容在译语世界的相应描述，之后需按照译语语义和语法规则，将其按一定的逻辑顺序编排起来，组成内部言语。内部言语进一步外化，通过写和说，形成文字和语音，至此表达过程完成，译文形成。经过理解过滤和转化合并，剩余的语言信息用译语表达时，因句式选用、同义组并等因素的存在，译文还会进一步压缩，产生减译现象。

将原文内容转向译语形式，一般面临宏观和微观两种形式的选择。全译范畴内，宏观形式一般会依照原文，不作改变；微观形式则需根据译语规范进行选择，首先是句式的选择，其次是词的选择。句式相似是保留原文风格的重要因素。俄语惯用长句，汉语则以短句见长，一定情况下，当用汉语的简短句再现原文内容时会出现减译情况。例如：

[6.48]Толстый только что пообедал на вокзале, и губы его, подернутые маслом, лоснились, как спелые вишни.

胖子刚刚在火车站餐厅里用过午餐，他的嘴唇油亮亮的，像熟透了的樱桃。（汝龙译）

例中原文为复句，包含两个简单句，第二个简单句含由被动形动词词组构成的后置定语。用汉语再现时，译者选用了两个简单句，第二个简单句用一般的语句顺序"主语+谓语"表达，将原文后置定语 подернутые маслом 与 лоснились 组合成汉语形容词"油亮亮"，句式结构的选择产生了减译现象。

在表达阶段，译者主要从译语中检索相应词汇。在理解、转化的同时，部分词汇已完成表达，更多的词汇需译者从译语词汇中选择相应的词汇来再现。如果某些信息可用同一译语形式表达，则需将其合二为一，否则容易造成译文啰唆。例如：

[6.49]Небывалая, беспримерная по своей грандиозности не только в истории России, но и всего мира, всеобщая политическая стачка, разыгравшаяся теперь.

原译：目前已爆发的政治总罢工，其规模之大，不仅在俄国史上，就是在世界史上也是空前的，没有先例的。

改译：目前已爆发的政治总罢工，其规模之大，不仅在俄国史上，就是在世界史上也是空前的。（马骅译）

该例原文含词汇 небывалая 和 беспримерная，译者理解后提取概念"从来没有的""空前的"，进入译语领域，两个概念可选用同一词汇"空前"来再现。相较于原文，译文出现减译情况。

四、减译方法体系

按减译方法使用的内在动因，减译可分为三种类型：语形性减译、语义性减译、语用性减译。根据减译的操作单位，减译可分为四种类型：词减译、词组减译、简单句减译和复句减译。现立足减译发生的内在动因，以减译操作单位为坐标，建构减译方法体系。

（一）语形性减译

语形性减译，指译者因双语语法结构差异，在译文表达时删减一些不必要的语言单位的全译方法，如词、词组、简单句等。语形性减译旨在完整再现原文语义的同时实现译文表达的简练流畅，从而更加符合译语的表达习惯。

1. 词减译

俄语遵循形态原则划分词类。汉语倚重句法原则，从词的功能出发划分词类。词类划分的差异及功能的不同是俄汉全译采用语形性减译的主要原因。

1) 前置词减译

前置词减译，指俄译汉过程中根据语法需要减译原文必需而译文不必要甚至不应出现的相应词类。俄语前置词相当于汉语的介词，不能独立使用，只能与其他实词组合表示时空、目的、方式、客体等意义。俄语前置词使用广泛，可与多种词类组合，意义丰富。汉语介词由及物动词虚化而来，处于动词与介词的过渡状态，大多数情况下需根据语境和意义来判断。某些表示限定和修饰关系的前置词词组译成汉语定语时可减译。

[6.50] Это книги для детей.
这些是儿童读物。（马骅用例）

[6.51] В полдень едят щи из кислой капусты и кашу, вечером ужинают кашей, оставшеюся от обеда.
中午他们吃酸白菜汤和麦粥，傍晚吃午饭剩下的麦粥，算是晚饭。（汝龙译）

前置词 для 表目的意义，意指"为了、给……"，译者将其表述为限定关系"儿童读物"，для 自然减译；前置词 из 指出食物制作时的原料或食物构成成分，汉语可将食物构成成分前置做限定语，前置词自然减译。

2) 连接词减译

连接词减译，指根据译文语法规范减译原文出现而译文表述不必要的连接词。连接词是语言单位之间的衔接词。俄语重形合，词与词、句与句之间常借助连接词表达；汉语重意合，语言单位间的连接多用语序及内在逻辑关系体现，较少使用连接词。俄译汉时可适当省略连接词以符合汉语的表达规范。

[6.52] ... а она говорила, что она настоящая принцесса.
……她说她是真正的公主。

[6.53] 首先，美国为其经济利益而破坏他国正常合作。
В первую очередь, Соединённые Штаты, преследуя свои экономические интересы, подрывают нормальное сотрудничество с другими странами.

[6.54]她虽然穿着肥大的黑裙子，但遮不住腰身的臃肿。

На ней было свободное чёрное платье, но и оно не могло скрыть расплывшуюся талию.（Власова 译）

例[6.52]中，что 引出副句，说明表示言语行为的动词 говорить，而汉语宾语从句和主句可直接相连，无须连接词，因此减译。汉语连接词"而"在例[6.53]中把表示目的的成分与动词"破坏"相连，俄译时无须在相应动词前加连接词，因此减译。汉语连接词"虽然"常用于上半句，下半句往往有"可是""但是"等词与其呼应，表转折关系，俄语表转折关系可用 но、но и 等，并不需要在上半句出现相对应的连接词，因此例[6.54]中减译"虽然"。

3）语气词减译

语气词减译，指根据译文语法需要减译原文出现而译文可有可无的语气词。语气词是表示语气的虚词，常用在句尾或句中停顿处表示陈述、祈使、商量等语气。汉语语气词常附着在句子或别的词语后面起一定的语法作用，也常常跟语调一起共同表达语气。俄语语气词亦属虚词类，功能有二：一是直接参与构成某些词或句子的形式，如 давай(те) 可参与构成第一人称命令式；二是表达说话人对所描述事物或现象的主观评价和态度，使语句增添各种附加意味。众所周知，语言的语气表达主要靠语气词和语调，当语气可通过语调再现时，表语气的俄汉语气词可减译。例如：

[6.55]Инженер Ван боится, чтобы образец не разрушился.
王工程师怕样品损坏。

[6.56]你知道谁是蓝解放吗？
Кто такой Лань Цзефан, знаешь?（Егоров 译）

俄语 чтобы не 连接补语从句，当主句中出现表感情状态的动词，如 бояться、тревожиться、беспокоится 等，以及由这些动词构成的动名词时，语气词 не 不表否定意义，而是与 чтобы 构成一个整体，译成肯定句。汉语语气词"吗"用在句末表示疑问，俄语疑问句可在非疑问句基础上通过改变语调构成，знаешь 如读成调型 3，即为疑问句，原文语气词"吗"不必再现。

4）介词减译

介词减译，指译者根据译文语法需求减译原文出现而译文可有可无的介词。汉语介词一般用在代词或名词性词组前，表示词与词、词组与词组等语言单位之间的关系，主要表达时间、处所、方式、对象等语法意义。俄语无介词，但有功能类似的前置词。某些情况下，汉语介词表达的语法意义可通过俄语前置词再现，也可通过实词的语形变化体现，后者体现为介词减译。例如：

[6.57]王公道倒吃了一惊，忙站起给李雪莲倒茶……

Ван Гундао даже испугался и поспешно встал, чтобы налить Ли Сюэлянь чаю.（Родионова 译）

[6.58]他们的心正被歌声载到那里去。

Их сердца уносились туда вместе с песней.（Петров 译）

[6.59]觉民不等淑华说完便答道："这是由于愚昧无知。"

Не дав Шу-хуа договорить, Цзюе-минь ответил: — Всему виною темнота и невежество.（Петров 译）

汉语介词"给"引进动作对象，而俄语动词的动作对象可用名词三格表示，因此减译介词"给"直接译为 налить Ли Сюэлянь。汉语介词"被"用在动词前表示被动动作，俄语可用反身动词表被动动作，无需前置词，因此俄译时减译"被"。汉语介词"由于"表原因或理由，俄译进行了成分转换，将表原因的名词置于主语位置，表原因的介词"由于"隐而不表。

5）助词减译

助词减译，指根据译文语法需求删减原文出现而译文缺失的助词，属于强制性减译。汉语助词又称语助词，是汉语特有的词，附着在其他词汇、词组，或是句子上，作辅助之用。汉语中几乎所有助词都没有具体的词汇意义，通常用于句子前、中、后，表示各种语气；或是用于语句中间，表示结构关系。俄语无相应词类，因此汉译俄时，汉语助词可通过俄语词汇、句法手段再现其功能。例如：

[6.60]中国为促进世界和平与发展做出了重要贡献。

Китай внес важный вклад в дело мира и развития на всей планете.

[6.61]我自信平生没有干过亏心事。

Ты был уверен в своих силах и за всю жизнь не совершил ничего постыдного.（Егоров 译）

汉语助词"了"常用于动词或形容词后，表示动作或变化已经完成。俄语可用完成体动词过去式表动作完成意义，例[6.60]译文省略"了"，用俄语动词过去式 внес 表完成意义。汉语助词"过"用于动词后，表示动作完毕，或者表示某种行为或变化曾经发生，并未持续到现在，用俄语动词过去式可同样表达这一意义，因此例[6.61]译文省译"过"。

6）动词减译

动词减译，指删减原文有形但无实际意义的动词。俄语有些动词谓语句的动词只用来表达人称、时、体等语法意义，其动作意义已通过句中其他成分表达，汉译时可省略动词。汉语有几类特殊动词谓语句，如"是"字句、"有"字句，表肯定、存在等意义，汉语不能缺少，但译成俄语可省略。例如：

[6.62]Мы надеемся, что ваш визит окажет содействие скорейшему установлению торговых связей.

我们希望，您的这次来访会促进贸易关系的尽快确立。

[6.63]有人恭维我是个乐天派，……

Одни говорят, что я завзятый оптимист, …

оказать 与某些名词连用构成的词组往往等于该名词的同义动词，汉译时仅用动词"促进"就可再现 окажет содействие 的意义，动词 оказать 可减译。例[6.63]汉语原文为兼语句，"我"既是宾语，又是后面语句部分的主语，承担宾语、主语两种功能，译者可使用俄语主从复句再现其内容。"我是个乐天派"可用俄语的"主语+静词性合成谓语"来表示，其中系词 являться 只起连接主语和谓语的作用，没有附加意义，有时可省略。因此译文减译汉语动词"是"。

俄语动词 взять 变位形式与另一动词相同形式作谓语，表动作的突然性和随意性，通常是不希望发生的行为，为俄语的固定表达，взять 无具体词义，汉译时常减译。例如：

[6.64]А она, нет чтобы помолчать, а взяла да и рассказала обо всём.

她本该不吭声，谁知她却全都讲了出来。

例中 взять 没有实际意义，意义聚焦于不该发生的事情 рассказала，汉译时减译 взять，译为"讲了出来"，意义未损。

7）名词减译

名词减译，指译者根据译文语法需要减省原文出现而译文不必或不应出现的名词，这一译法常用于汉译俄。美国翻译家平卡姆（Joan Pinkham）曾明确指出："几乎每一篇中国人直译成英语的文本，都有一些不必要的词。这在译文初稿中非常普遍，即使是经过润色的定稿也难以幸免。"（Pinkham，2000：1）汉语有些名词，尤其是与其他词类搭配的名词，俄译时必须删除，否则容易破坏译文表达规范。这些名词主要指重叠、重复的名词，如人人、家家、天天、风风雨雨、日日夜夜等，表示每个、所有等复数概念。此类名词是汉语讲究韵律、追求对仗而形成的特有的表达结构，俄译时可用相应名词的复数来再现这一意义。例如：

[6.65]……苏联军民经历了1418个日日夜夜的残酷战争，用鲜血和生命换来了伟大卫国战争的胜利。

… армия и народ СССР пережили 1418 дней и ночей свирепой войны, обменяв кровь и жизни на победу в Великой Отечественной Войне.

"日日夜夜"为四字格形式，是汉语特有的表达结构，突出时间延续较长的意义，俄语无相应形式，可通过相应词类的词尾变化来表达复数概念，因此可用"日""夜"的复数结构表达这一意义，不必再用重复结构。

8）副词减译

副词减译，指译文表达减省原文中出现而译文不必要的副词。汉语动词时态意义只能借助时间副词现在、过去、将来、已经、曾经等表达，俄语可直接通过动词词形变化表达时间意义，为使俄语译文更加简洁、地道，此类时间副词俄译时需减译。例如：

[6.66]2000 多年前，著名琴师俞伯牙与钟子期"高山流水遇知音"的千古佳话就发生在这里，……

Более 2 тыс. лет назад именно в этом месте возникла захватывающая история о «Высоких горах и текущих водах» в исполнении легендарных мастеров игры на цине Юй Боя и Чжун Цзыци, ...

副词"就"用在动词前表示动作发生或结束得早，原文"就"表示动作发生早在"2000 多年前"，俄语动词过去式 возникла 可表达动作已经发生的意义，因此省译副词"就"。

俄语副词可对行为及特征做补充说明，这种语形性的合理搭配译成汉语时却容易导致语义过剩，翻译时需遵循汉语的表达规范删减此类副词。例如：

[6.67]Раньше Иван Дмитрич очень часто встречал арестантов и всякий раз они возбуждали в нём чувства сострадания и неловкоси, ...

以前伊凡·德米特利奇是常常碰见犯人的，他们每一次都在他心里引起怜悯和别扭的感情，……（汝龙译）

例中 очень 表示"很、非常"，起强调作用，汉语副词"时常""常常""经常"等前较少使用副词再次强调，因此减译 очень，将 очень часто 译成"常常"。

9）代词减译

代词减译，指译文减省原文必需而译文不必或不应该出现的代词。代词用来指代语法意义上的事物，常用于句中充当主语、宾语、定语或补语。俄语代词的使用频率远高于汉语，为使汉语译文简练，俄译汉时往往减译代词。例如：

[6.68]Когда Аня, идя вверх по лестнице под руку с мужем, услышала музыку и увидала в громадном зеркале всю себя, освещённую множеством огней, то в душе её проснулась радость ...

阿尼雅挽着丈夫的胳臂走上楼去，耳朵听到音乐声，眼睛看着大镜子

里给许多灯光照着的自己的影子，心头不由得高兴起来……（汝龙译）

例[6.68]中汉语译文承前省略修饰限定"心头"的物主代词"她的"，仅译成"心头"以符合汉语规范。

10）数词减译

数词减译，指译文表述时删减原文出现的某些数词。汉语有些数词表达的数量意义是众所周知的，俄语用复数形式即可表达，不必指明数量，可省略数词。当俄语数词在具体语境中不表示具体数量意义时，汉译时也可减译。例如：

[6.69]Вы мне нужны по одному делу.
我有事需要您帮忙。

[6.70]程鉴冰的双眉开展了，她点点头答道："我也明白。"
Брови Чэн Цзянь-бин расправились; она кивнула: — Это ясно.（Петров 译）

один 在原文中用作代词，相当于 некоторый，表泛指意义，汉语名词"事"可再现这一意义，数词 один 省略。"双眉"中数词"双"所指意义众所周知，俄语名词复数形式即可表达相应意义。

11）量词减译

量词减译，指汉语俄译时减省汉语的量词。量词是汉语特有词类，是表示人和物或动作与行为的单位，常用于数词与名词之间。汉语量词数量众多，用法广泛，具有表量和修辞功能。俄语没有相应词类，俄语数词一般可直接与名词组合。汉译俄时，汉语量词一般需强制性减译。例如：

[6.71]众人听说上海和重庆都有一批稿子寄来，认为这是一个很好的消息。
Всех приятно поразило сообщение о том, что присланы рукописи из Шанхая и Чунцина.（Петров 译）

[6.72]开放：筹办好第三届中国国际进口博览会。
Открытость: следует качественно подготовиться к проведению 3-й Китайской международной выставки импортных товаров.

上述两例中，原文所包含的量词"批""届"俄译时省略了。

2. 词组减译

词组减译，指译者基于译文语法规范删减原文语形中出现的词组单位。俄语中，两个或两个以上的实词构成词组，汉语称之为"词组"或"短语"，是大于词而又不成句的语法单位。例如：

[6.73]Рука Павла медленно стянула с головы фуражку…

保尔缓缓地摘下帽子……（邱榆若用例）

[6.74]她把眼光从肖像掉到他的脸上。

Она перевела взгляд с портрета на него.

стянуть 意指"从某处拉下、扯下、揭下某物"，例[6.73]中该动词的补语 фуражка 已指明动作发生地点，因此，基于汉语语法规范，删减 с головы，将 стянула с головы фуражку 译为"摘下帽子"。同理，"把眼光掉到他的脸上"实为"用眼光看他"，译文按照语法要求将原文词组"他的脸上"浓缩为 него。

3. 简单句减译

简单句减译，指根据译文意义表达需要和语法规范将原文简单句压缩、删减的减译方法。俄汉句法结构存在巨大差异，俄译汉时可充分发挥汉语的意合优势，或将原文的两个简单句译为一个简单句，或将原文的复句译为简单句，都体现为简单句减译。例如：

[6.75]На международных съездах социалистов Ленин выступал со своими предложениями, направленными к тому, чтобы определить революционную линию поведения социалистов в случае возникновения войны.

列宁在几次社会党人的国际代表大会上都发表了讲话，提议确定社会党人在战争爆发时所应采取的革命行动路线。（邱榆若用例）

[6.76]我们知道，您的俄语非常棒，您的外交生涯也是从俄语翻译开始的。

Вы великолепно владеете русским языком и начинал свою дипломатическую карьеру как переводчик с русского языка.

例[6.75]中"направленными к тому, чтобы"修饰限定 предложение，汉语可直接用词、词组或从句修饰限定中心语，修饰语与中心语之间的连接成分可省略。例[6.76]中"我们知道"起衔接上下文的作用，语义重点在其后的宾语从句上，俄译可将其减译，使译文表达更简洁。

俄汉全译之语形性减译是因俄汉语法结构差异的内在驱动而采用的全译方法，最常删减的语言单位为词、词组、简单句，简单句以上语言单位的删减较少因语法而减，因此，简单句、复句减译将在语义性减译、语用性减译类别中论述。

（二）语义性减译

语义性减译，指译者基于语义再现需要在译文表达时删减一些不必要的语言单位的全译方法。语义性减译因语义逻辑而减,不同民族的逻辑思维差异是语义性减译的内在动因。有些在原文中搭配合理的语言现象在译文中出现时未必逻辑畅通,直接对译可能出现重复、多余现象,甚至违背译语读者的思维习惯,造成理解障碍,因此原文部分在语形翻译过程中需省略、删减。语义性减译省略、删减的语言单位包括词、词组、简单句、复句。

1. **语言逻辑性减译**

语言逻辑性减译,指译者根据译文表达逻辑需要删减某些原文单位的减译方法。语言表达客观世界,不同民族面对的客观世界大致相同,但对客观世界的语言表达却存在巨大差异。有时根据语言表达逻辑的需要,译者需删减原文某些单位进行译文表达才符合规范。语言逻辑性减译可用于词、词组、简单句等层面的操作。

1) 词层

俄汉词类大同小异,同一词类的功能基本相同,语义性词类减译主要在于不同语言背后的逻辑思维差异。俄语重形合,形式为内容表达服务;汉语重意合,以意驭形,内容可在形式之外体现。原文某些成分对译成译文,可能造成重复或多余,这时译者就需根据具体情况减译。例如:

[6.77]Член партии призван разъяснять беспартийным массам смысл политики и решений партии.

每个党员都有责任向非党员群众解释党的政策和决议。

[6.78]我们坚决支持俄方整顿本国林业开发秩序,打击非法砍伐现象和不法分子,……

Мы решительно поддерживаем российскую сторону в наведении порядка в лесном хозяйстве страны, противодействии незаконным лесорубам и наказании правонарушителей, …

смысл 是表范畴抽象名词,其修饰限定成分 политики и решений партии 已指出其具体内容,为符合汉语逻辑思维习惯,减译 смысл,表述为"党的政策和决议"。汉语某些范畴名词,常用在动词、名词或形容词之后,如任务、状况、态度、计划等,此类名词大多没有明确、具体的概念意义,仅说明与其连用的语言单位所指动作、事物、性状的类别或属性,语形上不可或缺,但属于典型的冗余信息,例[6.78]中的"现象"正是如此,因此减译。

俄汉都有一定数量的意义虚化动词。例如,汉语的打、搞、整等,可与其他动词或形容词组成大量的双音节动词。俄语也存在类似结构。此类结构的意义不在虚义动词上,而在其后的动词或形容词上。俄汉互译时,根据意义再现需求,此类虚义动词可根据上下文语境进行减译。例如:

[6.79]22-ого июня 1941 года Германия совершила неожиданное нападение на СССР.

1941年6月22日德国突然侵犯苏联。

[6.80]2019年，数字化阅读方式提升，有76.1%的成年国民进行手机阅读，……

В 2019 году наблюдался рост использования цифровых методов чтения, 76.1% взрослых китайцев читают с помощью своих мобильных телефонов, …

совершить 意指"做（完）、完成、实施、实现、举行"，常与表行为意义的名词或动名词连用，如例[6.79]中的совершить неожиданное нападение，意义聚焦于 нападение，совершить 仅表时间意义"已进行、已完成"，汉译时可用相应动词"侵犯"再现词组意义，совершить 所承载的过去完成意义通过时间状语"1941年6月22日"体现。例[6.80]中的汉语动词"进行"表示从事某种活动，"进行阅读"即"从事阅读"，意义焦点为"阅读"，俄译时可直接用动词читать 的现在进行时再现，以使译文简洁。

某些情况下，汉语中用作修饰语的形容词的意义已蕴含于其修饰限定的名词，如"最后的结局""不切实际的幻想"等，修饰语和中心语意义反复，汉语已习惯此类表达，但对译成俄语则稍显冗余，需要减译。俄译汉也有此类情况。例如：

[6.81]Встал вопрос о роли политэкономии в дальнейшем социальном прогрессе человеческого общества.

提出了一个问题：关于政治经济学在今后人类社会进步中的作用。

[6.82]还有一个人在为他的不幸的遭遇掉泪。

Оказывается, нашёлся ещё человек, который оплакивает его несчастье.

（Петров 译）

根据语言逻辑，социальном прогрессе человеческого общества 的修饰限定语 социальном 与另一成分 общество 存在重复，可在译文表达时删减 социальном。"遭遇"意指"遇到不幸的事情"，意义已包含限定成分"不幸"，因此可将二者合并，译为 несчастье，形式虽减，意义未失。

汉语中某些程度副词修饰动词，其加强程度意义已包含于所修饰动词，如"认真执行""彻底粉碎"等；某些程度副词，如"很""非常""及时"等加在形容词前是为突出强调或加强音韵节奏，无实际意义。此类副词都可根据译文语言逻辑减译。例如：

[6.83]同时也希望俄方能为两国企业的投资合作创造更加开放、稳定和可预期的环境,切实保障企业的合法权益。

Рассчитываем, что российская сторона создаст открытую, стабильную и предсказуемую среду для инвестиционного сотрудничества компаний двух стран, защитит их законные права и интересы.

[6.84]Цифры на карточке будут выданы почти мгновенно на экран телевизора.
卡片上的数字瞬间就能在电视机屏幕上显示出来。

汉语副词"更加"表示程度又深了一层,其加强程度意义融入其修饰的形容词"开放、稳定、可预期",俄译可减译。例[6.84]中副词 почти 补充说明 мгновенно,汉语"瞬间"一词足以表示行为的迅速,无须另加修饰。

俄语代词主要作语法修辞性使用,汉语代词的使用则受意义制约,遵循意义一致原则。俄汉互译过程中有时需根据语义表达省译原文的代词。例如:

[6.85]За ним, опустив свои острые морды, ходили две борзые.
两条猎狗跟在他身后,用尖鼻子嗅着地面。(汝龙译)

物主代词 свой 有反身意义"自己的",其限定事物属于所指代成分,相当于"他/她/它的",译者省略物主代词,直接译为"尖鼻子",根据汉语意合规律,"尖鼻子"即为"两条猎狗的(它们的)尖鼻子"。例如:

[6.86]淑华也并不追问,她开始说明她的来意……

Шу-хуа не стала больше расспрашивать и объяснила, зачем пришла. (Петров 译)

例中译文省略了原文人称代词"她",其所指代意义通过俄语动词 объяснила 的词尾体现,意义未失。

俄语数词分为基数词、序数词、集合数词、分数和小数,汉语除没有集合数词外,分类基本与俄语相同。大多数情况下,数词不可减译,以免意义损失。然而,为顺应译文语言逻辑,译者有时需对数词进行变通翻译,出现减译现象。例如:

[6.87]Даже бывший сортировщик говорит всё об одних и тех же орденах.
就连往日的拣信员也老是谈那些勋章。(汝龙译)
[6.88]横竖就只有这几千块钱,让她们争去。

Во всяком случае, из-за этих денег они и передраться могут. (Петров 译)

例[6.87]中 один 与 и тот же 连用,表示"同样的",即性质相同的事物,表复数意义。译者将 один 减译，译为"那些"，再现了原文数词表达的复数意义。例[6.88]恰好相反，汉语原文数词"几千"译成俄语中的指示代词 этих，再现了原文"几千"所表达的模糊数量意义。

2）词组层

有些词组在原文中是必不可少的语义再现单位，若译成汉语时或不言自明，或不合乎逻辑，译者可根据具体情况采用减译法。词组减译以词的减译为必要非充分条件，比词减译难度稍大，频率稍低。例如：

[6.89]Собственное движение мы принимаем иногда за движение окружающих нас предметов или же наоборот: движение соседних предметов создаёт иллюзию собственного движения.

我们有时会把自身的运动看作我们周围物体的运动；反之，也会把周围物体的运动看作我们自身的运动。

[6.90]Тело, что находится в покое, не может само собой начать двигаться.

静者恒静。

[6.91]他以为国光一定不赞成这个日期（因为它离目前还不到十天），他预备做讨价还价的把戏。

И, полагая, что Го-гуан будет возражать против этого срока (так как до пятого оставалось всего несколько дней), он приготовился спорить с ним.（Петров 译）

例[6.89]中译文减译支配关系词组 создаёт иллюзию，同时顺应前文表述结构译成"把"字句，使整个语句协调匀称，更加符合汉语表达规范。例[6.90]俄语原文为复句，含修饰限定主语的定语从句，若依照原文结构可表达为"处于静止的物体不可能自行运动"，这一表达略显啰唆。译者充分利用汉语意合特点，首先将定语从句 находится в покое 浓缩并前移，与主语合译为"静者"，之后浓缩原文谓语，采用反面表达方法，译为"恒静"，二者直接连接形成译文"静者恒静"。例[6.91]词组"讨价还价的把戏"实指"接受任务或举行谈判时种种条件、斤斤计较"，译者采用减译法，用 спорить（争论、辩论）表达，俄语译文更加简洁。

3）简单句层

俄汉句法结构差异是俄汉互译中简单句语形性减译的内在动因，而汉语的意合性常迫使译者将俄语的两个简单句译为一个简单句，或将原文的复句译成简单句，即将俄语原文简单句的意义用译语的词组甚至词表达出来，可称之为简单句层语言逻辑性减译。例如：

[6.92]Если ваш компьютер не работает, то обращайтесь к нам, и мы вам поможем. Наши специалисты быстро и качественно выполнят работы по компьютерной помощи.

计算机坏了，找我们就对了！我们的专家提供又快又好的计算机维修服务。

原文为广告宣传语，为再现广告语的简洁、顺畅特点，译者减译 и мы вам поможем，将其意义附加于前文 то обращайтесь к нам，表达为"找我们就对了"，形式虽减，意义未失。又如：

[6.93]Тела, заряжённые одноимённым электричеством, отталкиваются друг от друга.

带有同性电荷的物体互相排斥。

形动词词组是俄语动词的一种特殊语法形式，其语法意义相当于 который 引导的定语从句，前后一般用逗号隔开，体现为简单句结构。因形动词词组与被修饰限定名词有严格的修饰限定关系，汉译时一般将其译作前置定语。对比汉语译文与俄文原文，原文简单句减译。例如：

[6.94]Вы должны действовать так, как будут подсказывать обстоятельства.

你们应该见机行事。

俄语用作分句的半独立简单句译成汉语时可转换成词组、主谓或偏正结构入句做状语。例中半独立简单句表行为方式，可用汉语连谓词组结构再现其意义。

2. 事理逻辑性减译

事理逻辑性减译，指译者根据事物、事理的内在逻辑关系将原文必需而译文不必出现的语言单位删减的全译方法。不同民族认识世界的逻辑思维差异是俄汉互译中采用事理逻辑性减译的主要原因。某些原文反映的逻辑关系在译语读者看来无法理解，在这种情况下就不应该拘泥于原文形式逐字对译。译者应根据译语的逻辑规则省略某些语形，以符合译语读者的逻辑思维习惯，提高译文的可接受性。

1）词层

[6.95]Витамин В-6 ускоряет рост и развитие растений.
维生素 B-6 能加速植物的生长。（阎德胜用例）

[6.96]Аппарат новой модели имеет ряд существенных преимуществ.
新式仪器有很多优点。

[6.97]Но время прошло, проехала, пролетело, не стоит говорить про меня, и давайте вернёмся к моему отцу.

然而时间早已逝去，不必再谈我，现在回过头来谈我父亲吧。

[6.98]病毒打不倒人类，人类必将战胜疫情。至暗时刻终将过去，光明已在前方。

Вирус не разобьёт человечество, эпидемия будет побеждена. Тьма пройдёт, и свет впереди.

[6.99]在他的眼前晃动的是一些从"过去"里闪出来的淡淡的影子。

Перед его глазами проносились туманные образы прошлого.

[6.100]克定有些惊惶，但是他极力装出并不害怕的样子，回答道："那么我拿出二十块钱来就是了。"

Кэ-дин струсил, но изо всех сил стараясь скрыть это, спокойно ответил: — Я внесу двадцать юаней и дело с концом.（Петров 译）

例[6.95]中 рост 与 развитие 表同一概念"生长"，为避免译语读者出现逻辑混乱，译者省译 развитие。例[6.96]中按照汉语读者的逻辑思维习惯，"优点"指事物或人实用或好的方面，是事物或人本身所具有的，原文限定语 существенных 所表达的意义对译语读者来说不言而喻，可以减译。例[6.97]中 прошло、проехала、пролетело 三者同为运动动词，区别在于运动方式，对汉语读者来说，当行为主体为时间时，三个动词均表达概念"过去"，因此可省译两个动词。汉译俄时，同样会因事理逻辑差异造成减译，如例[6.98]中"至暗时刻"，"至暗"在此指一种阴沉的心理状态，常修饰限定时间概念，对俄语读者来说，"至暗"即存在于某一时刻的状态，时间概念包含其中，译者将"时刻"减译，译为 тьма。同理，另两例中分别减译动词"闪出来"与副词"有些"。

2）词组层

[6.101]Процесс познания объективной действительности средствами искусства имеет свою специфику, свои особенности.

用艺术手段认识客观现实的过程有自己的特点。

[6.102]Раньше чем выпустить сталь из печи, её раскисляют.

出钢前，要脱氧。（闫德胜用例）

[6.103]淑华姊妹走进房来，每个人都掉过头看她们，但是没有人对她们讲话。

Когда девушки вошли, все обернулись к ним, но никто не сказал ни слова.（Петров 译）

[6.104]"这不行，这不行！怎么连你也这样说！我不能做这种事！"觉新好像听见了什么不入耳的话，他摇着头拒绝地说。

Нет, нет, это невозможно! Я не могу поступить подобным образом, — покачал головой Цзюе-синь, словно услышал что-то непристойное. (Петров 译)

例[6.101]中 свою специфику 与 свои особенности 指同一概念，为使译文读者更好地理解原文意义，译者将表示同一概念的语形删减其一，译为"自己的特点"。根据汉语读者的逻辑思维习惯，炼钢在炼炉中进行，结束后，需将钢从炉中取出，若将例[6.102]原文中的 из печи 对译出，译文表述会出现逻辑冗余的现象，不利于译文规范。例[6.103]中"掉过头看"包含"掉头"与"看"，二者存在接续关系，译者并未将原文两个动作对译，而是将其所指概念合并用动词 обернуться 表达，符合俄语读者的逻辑思维习惯。例[6.104]中"摇着头"与"拒绝"所指概念存在交义，译者删减词组"拒绝地说"，直接将其译为 покачать головой，使译文简洁，逻辑顺畅。

3）简单句层

[6.105]Возможно, он обретет какой-то душевный покой, покой, свойственный пожилым людям, такой покой, который даёт приятное уединение.

可能他会获得某种心灵上的平静，上了年纪的人所特有的平静，幽居的平静。

[6.106]"八字是靠不住的，全是鬼话，不知道害过了多少人！"觉民忍耐不住终于吐出他的不满来。

— Гороскоп — вещь ненадежная. Все это враки. Скольких людей они погубили! — не выдержав, сказал Цзюе-минь.（Петров 译）

例[6.105]中，который 引导定语从句，限定 покой，汉语常将修饰限定成分置于被修饰成分前，且汉语前置修饰限定语不宜过长，为更符合汉语读者接受习惯，译者将简单句压缩，取其主要语义"幽居"用于修饰"平静"，从语形上看，简单句删减，但语义未失。例[6.106]，"八字是靠不住的"与"全是鬼话"所描述命题基本一致，即"不存在的事实不可相信"，译者将简单句"全是鬼话"减译，使译文表述简洁，更加符合俄语读者的逻辑思维规律。

（三）语用性减译

语用性减译，指译者出于译文语用需要将原文某些语言单位隐而不表的全译方法。语用性减译因修辞差异而减。有时原文含有重复部分，有时会同义词并用，有时表重复，有时是出于修辞需要使表达更为连贯、明晰。在语义明确的前提下，译文可删减原文重复的语形。此时，译者可将此类形式删减而不表达。形式删减，但意义未损，同时增强了译文的简洁性。

1. 避复性减译

避复性减译，指译文表达时将原文某些同义重复部分省而不译。有时，原文有些同义词或/和近义词连用，或强调，使意思更加明确，或表示同一名称的不同说法，或出于释义、修辞或以旧词带新词等修辞作用的考虑。在语义明确的前提下，可省略重复部分，择其一译出，被省略语言单位的意义已经在其同义词中保留。例如：

[6.107]Он надеется на коренные перемены и изменения в обществе.
他期望社会能发生根本的变革。

[6.108]Из-за чего только люди кровь себе портят, не понимаю и не понимаю.
人们到底为什么生气，真不明白。

例[6.107]中 перемены 与 изменения 为同义词，都表示"变革""改变"之意，为避免译文重复，减译其一。例[6.108]中减译重复动词 не понимаю。

汉语喜用重复结构，表强调，意在实现音节对称、韵律和谐的效果，如"经典作家的经典作品"，为实现译文简洁效果，俄译时可适当减译。汉语常用 AA 式或 AABB 式双音节重叠副词，如"慢慢、渐渐、永永远远"，或 ABAC 式四音节副词，如"彻头彻尾"，目的是起强调或语篇衔接连贯作用，此类副词俄译时可减译。例如：

[6.109]她的瘦小的身子里似乎装满千言万语，等着一个机会来倾吐。
Казалось, её переполняли тысячи мыслей, которые рвались наружу.（Петров 译）

[6.110]他的眼光又触到了桌上的信笺，他提起笔想写下去。但是电灯光开始变了颜色，纸上的字迹渐渐地模糊起来。
Взгляд его снова упал на письмо, лежавшее на столе. Он взял кисточку, собираясь продолжать письмо, но свет электрической лампочки становился все более тусклым и строчки сливались перед его глазами.（Петров 译）

例[6.109]中"千言万语"中的数词"千"与"万"形容非常多，并不是确指，"言"与"语"同义反复，俄译省略其一，直接译为 тысячи мыслей，避免译文表述反复。例[6.110]中，副词"渐渐地"表示程度或数量逐步缓慢增减，俄译用未完成体动词 сливать 的过去式形式表过去发生或进行的动作，包含"逐步"意义，汉语副词"渐渐地"减译。

当原文用几个词表达同一概念、出现重复表达时，译文可省译其一，减译某一词组。例如：

[6.111]……应该本着对人类负责、对历史负责、对人民负责的态度，认真对待和妥善处理两国关系。

Нам следует с чувством долга перед человечеством, историей и своим народом, взвешенно подходить к двусторонним отношениям.

[6.112]在新冠肺炎疫情面前，中非继续患难与共、同心协力。

Теперь Китай и Африка вновь объединяются перед атакой COVID-19.

例[6.111]中"认真对待"和"妥善处理"为重复结构，意在强调，俄译过程中提取二者共同义素译为 взвешенно подходить，形式简洁，意义未失。例[6.112]中，"患难与共"与"同心协力"连用是汉语的常规表达，意在强调凸显，但二者为同义反复，俄译时需省略其一，直接译为 объединяться。

2. 简洁性减译

简洁性减译，指译文表达时将原文某些不利于译文简洁的形式省而不译。有时原文某些形式旨在突出强调，对译语读者来说则好似虚设形式，若对译，会有啰唆之感。此时，可将此类形式删减。形式删减，但意义未损，同时增强了译文的简洁性。例如：

[6.113]Мой прадедушка родился в селе Ивановке, а тогда был обычай давать фамилию по названию города, деревни или местечка, откуда ты родом.

我的曾祖父生于伊万诺夫卡村，那时习惯以出生地为姓氏。

[6.114]她强调，中国政府一贯高度重视医疗物资质量安全，在疫情防控特殊时期，加强质量监管尤其重要。

Она подчеркнула, что китайское правительство постоянно придаёт большое значение качеству и безопасности изделий медицинского назначения, в период эпидемии усиливает контроль над качеством.

[6.115]你没有读过一篇叫作《吃人的礼教》的文章？你高兴，我可以给你送几本书去。

Ты не читала статью «Людоедская мораль»？Если хочешь, могу дать тебе несколько книг.（Петров 译）

[6.116]丁钧儿耳朵里有嗡嗡的响声，他想到蜜蜂。

В ухе жужжало. «Пчела», — мелькнула мысль.（朴哲浩用例）

例[6.113]汉译将 города、деревни、местечка 统称为"出生地"，充分再现

了汉语的简洁性。例[6.114]"在疫情防控特殊时期"的"特殊"意义可由"疫情防控"提示得出,直接译为 в период эпидемии,译文简洁,但意义未失。例[6.115]为口语性的提位-复指结构,说话人往往是即兴地、无准备地先说出某种事物名称,之后用代词指代,加以叙述,这种起指代作用的代词汉译时可减译。汉语动词"叫作"表"是、称为"意义,俄语表"是、称为"意义可用名词第五格,因此"叫作《吃人的礼教》"可俄译为 статью «Людоедская мораль»,"叫作"可根据语法结构的转化而减译。例[6.116]中,俄语动词 жужжать 意为"作嗡嗡声、发出蜂音",正好表达嗡嗡的响声,从语形上看,"嗡嗡的"在汉俄转化过程中因词类转换而减译。又如:

[6.117]Известны также случаи вовлечения текстов литературного произведения в устное бытование.
原译:把文学作品的原文引入口头流传的现象也是大家知道的。
试译:文学作品的口头流传也是人所共知的。

例[6.117]原文含复合词组 случаи вовлечения текстов,其中 случаи 为虚义名词,指"情况、现象"等,可省略,其修饰限定词组 вовлечения текстов 指"将文本引入、吸入",与后文语境 в устное бытование 结合,具体指"文学作品通过口头流传",为使汉语译文简洁,将"将文本引入口语语境"减译为"口头流传"。再如:

[6.118]Если бы я боялась смерти, я не вступила бы в партию.
怕死不当共产党。
[6.119]这幅作品不同凡响,可谓独树一帜。
Это полотно выделяется среди других своей своеобразностью。(邱榆若用例)
[6.120]她爱这个地方,在这里她有过那么多的美丽的回忆,她的一部分的幸福的童年也是在这里度过的。
Она любила это место, с которым у неё было связано столько чудесных воспоминаний и где прошла часть её счастливого детства.

例[6.118]含让步从句 если бы я боялась смерти,体现为半独立简单句,为再现汉语意合特点,译者减译 если бы,同时减译指代主句主语的代词 я,将动词词组 бояться смерти 译为状语,与主句合并,最终译为"怕死不当共产党"。另两例译者充分利用俄语形合性,省译"可谓独树一帜""也是在这里度过的"。

第七章　俄汉双向全译移换论

俄汉双向全译移换论，指俄汉双向全译过程中的移译策略及换译策略。移译，即移位式全译，是将某一原文单位移动位置后进行表达；换译，即替代式全译，是将原文的语言单位替换为另一语言单位。移换策略，二者同源，相伴而生，相互区别，又相互联系。

第一节　移　换　论

全译移换论，指全译过程中移换方法的内在机制及其相互关系，移了语言表达结构，换了语言单位。移换机制与全译对应机制、增减机制和分合机制并列，统筹移位机制与替代机制。移译与换译是通常结合使用但又根本不同的两种全译策略。

一、移换机制

移换机制是全译方法体系的中枢，与对应机制、增减机制和分合机制（后二者可进一步提炼为扩缩机制）并列，是全译转化的支撑概念。移换机制统筹移译和换译，表现为移位机制和替代机制。

（一）移位机制

移位机制即双语翻译过程中译者思维转化形式的具体化。因语义的宽窄和虚实，译语成分发生位置移动，包括宽窄移位和虚实移位。

1. 宽窄移位

宽窄移位，指因语义信息量范围大小导致译语成分的移位。特定语境中，译者框定入句的词义有明确的外延。通常情况下，宽化指普通化引申，窄化即专业化引申。"引申法指的是在翻译过程中用在逻辑上与该词相关联的语境对应词来取代词典对应词，包括在交叉范畴基础上产生的各种比喻、换喻替代。"（吴克礼，2006：271）翻译过程中每一个范畴内部、不同范畴之间都存在着交叉现象，伴随着概念义素的扩展与收缩。双语都有由专有名词演化而来的普通名词，最初用来指称独一无二的人物、事件等，但在长期使用过程中，特称意义逐渐泛化成普通意义，母语读者熟悉，但译语读者不懂。此时，译者基于读者的认知水平，对某些词义恰当地普通化引申，以确保译文顺畅可读，即宽化。同时，原文某些专业词语，本来属于共核词汇，但在特定上下文语境中获得了专业性语义。全译时应该结合具体的学科专业，由其本义引申出特定的含义，以符合相应的文体要求和表达规范，即窄化。

2. 虚实移位

虚实移位，指因词义的虚化和实化而发生的移位。虚化，即抽象化引申。实化，即具体化引申。虚化指对具体词义的概括，将原文具体或详细的文字用概括的译语词表达，一般操作方式是寻找上位概念。实化是将概括性强且语义笼统宽泛的词义范围缩小，使之具体化，一般是寻找下位概念。虚化是因为原语具体的形象词语往往表达人或事物的属性、特征、状态，直译令人费解，因而译者透过字面义引申出抽象概念，挖掘原语词汇的本质内涵，使其符合译语的表达习惯。实化是因为原语某些词语的含义比较笼统抽象，原语读者因为具备共享知识所以能够见形知义，但若按字面直译，译文读者会费解，因而需要结合特定语境，将其确切含义进行具体、形象的引申，避免译文晦涩，以便为译语读者所接受。

（二）替代机制

替代机制，指模拟译者思维流的逻辑推演假设程序。抽象的概念、形象的意象，共同描述译者思维认知过程。替代机制基于换喻的相关性和隐喻的相似性，通过一系列复杂的思维映射，完成双语间非对应概念和意象的替代过程，分为有形替代和无形替代。

1. 有形替代

有形替代以双语形式为突破口，从语表形式和词汇差异出发，通过更换语形来破解。有形重在语言形式的明显变化，以静态发展的眼光剥离译者的隐藏认知过程，以概念和意象为替代操手。概念替代程序有语言符号能指替代、所指替代和实指替代，分为同层概念和跨层概念两种替代方式。意象替代程序可基于时间顺序，也可基于空间认知，分为换意替代和换象替代。有形换译涵盖单位换译、标点换译和形象换译，在双语对比中差异明显，易于操作。

2. 无形替代

无形替代从思维操作程序入手，一步步揭示换译可能的思维流。无形替代有两种考量：第一，（语义→语形）+语用思维操作；第二，语用→语义→语形思维操作。两种思维逐步推演，层层关联，以双语语义和语用为突破口，重在语义连贯，采用替换、互换、变换等手段来化解形义矛盾。无形替代涵盖词类换译、语气换译、语态换译、动静换译和肯否换译等。词类换译通过对比双语词性归属获得，位居词层，靠近语义。语气换译则居于句层，与交际目的直接相关，倾向于语用，涉及标点符号，考量陈述、疑问、祈使与感叹四种语气在双语之间的相互替代。语态换译处于句层，与句子焦点直接相关。语态换不换，取决于译语语言规范和使用习惯，语态换译跟思维差异密切相关。动静换译和肯否换译基于哲学二分法视域，非此即彼，相互替代。

二、移换关系论

"翻译转换"可作为一种理论，以卡特福德的"翻译转换理论"为代表；也可作为过程与机制，以黄忠廉的"翻译转换机制"为代表；还可作为模式等进行研究。1975年，巴尔胡达罗夫提出的 перестановка（移位法）和 замена（替代法）成为"移译"与"换译"方法的基石。"移译"最初称为"转译"，且与换译不加区分，统称"转换"。2002年，黄忠廉提出变译理论后，明确了全译理论系统的层级概念，"转换"区分已成必然。2005年，黄忠廉将翻译术语进一步凝练，正式确定 перестановка 为移译，замена 为换译。2009年，其《翻译方法论》出版，标志着"转译"与"换译"正式单立门户。随着全译理论的完善，"转译"更新为"移译"。

（一）联系

移译与换译通常结合使用，以确保译文准确传义。移译（перестановка，移位法）重在调整语言单位的空间位置，具体指在译语中变动原语成分的排位。换译（замена，替代法）旨在交换语言单位的表达方式和手段，可细化为词形替代、词类替代、句子成分替代、复句中的句法替代、词汇替代、反面着笔以及补偿法等技巧。

1. 同源

移译与换译均来自"转换"。"转""换"义素有重合，将二者视为一种方法有其道理。全译分直译、意译两大策略，对应、增减、移换、分合四种模式，对译、增译、减译、移译、换译、分译、合译七种具体方法。全译微观过程的轴心是转化，转原语内容，化原语形式，破解双语内容与形式的一义多言式矛盾。出于"轴心—模式—方法—技巧"用字考虑，"转化"与"转换模式"及"转译"同用一个"转"字，但三者内涵却不完全相同。为避免概念的混淆，将"转换模式"改成"移换模式"，将"转译"改为"移译"。并进一步浓缩术语概念，将表示具体方式的动名词复数形式 перестановки/замены 对应于具体的"移译法/换译法",对应英语术语 transfer/substitution；将其单数形式 перестановка/замена 对应于抽象概念"移译/换译",对应英语术语 transfer/substitution。

2. 共生

移译与换译相伴而生。基于静态的双语对比,从方向角度来看,换译包括移译,移译是单向行为,是发生在译语中的移位,重在调整语言单位的空间位置,具体按照译语的思维方式和表达习惯,适当调整语序。语序是句子成分的排列顺序,包含自然语序(常态)和倒装语序(变态)。换译是双向行为,思维映射从原语到译语,意象替代后折回原语验证。换译操作,是指在语表形式上更替原作的语言单位,调换表达方式,语表形式发生变更,用非译语对应单位来替代,意义力求不变。移译调整某些搭配关系,移动语法成分位置改变语序；换译先对原语结构和语义进行整合,整个过程或变换视角或调整思维方式。

(二)区别

1. 方法类型

分类是根据事物的本质属性或显著特征,将事物化为具有稳定性和系统性兼具从属关系的小类。从不同角度研究事物得到的小类就是类型。随着译学本体研究的深入,"转"与"换"进入译学术语范畴,内涵变大,外延缩小,普通词汇在使用过程中获得了专业化特点,成为关键词,逐步变成术语。"转换法"分离为"移(转)译"和"换译"是大势所趋。2009 年,黄忠廉将"移(转)译"和"换译"提升为翻译方法并给出定义。转译是转移式全译,指照顾译语结构和表达习惯转移原文语言手段的全译活动,分为移位、转化和词义引申三大具体技巧。换译即交换式全译,指相对或相应的语言表达手段相互交换的全译活动,可细分为肯否换译、主被换译、动静换译、语序换译、句型换译、虚实换译和词类换译。2013 年,黄忠廉将"词序换译"归为移译中的有形移译即移位(或换序),"虚实换译"归为移译中的无形移译(即词义引申)。据此,移译分为原形移译、有形移译和无形移译；换译分为词类换译、句类换译、主被换译、动静换译、正反换译。余承法(2014：127-173)进一步指出移译遵循信息质量守恒定律,原文某些语表形式或原封不动或空间移动,或对信息内涵加以引申。换译是双语语表形式的互相交换,根据语言单位互换的不同角度和层面,可分为词类换译、成分换译、句类换译、动静换译、肯否换译、主被换译等。据此,移译类型目前有：三分法——移位、转化和词义引申,原形移译、有形移译和无形移译,语形性移译、语义性移译和语用性移译；六分法——词素移译、词移译、词组移译、简单句移译、复句移译和句群移译。换译类型目前有以下几种。二分法：有形换译和无形换译。三分法：语法替代(грамматические замены)、词汇替代(лексические замены)和词汇-语法替代；语形性换译、语义性换译和语用性换译。五分法：词类换译、句类换译、主被换译、动静换译、正反换译。六分法：词类换译、成分换译、句类换译、动静换译、肯否换译、主被换译。七分法：肯否换译、主被换译、动静换译、语序换译、句型换译、虚实换译和词类换译；音位换译、词素换译、词的换译、词组换译、简单句换译、复句换译和句群换译。这种"移（转）""换"的区分基于事实的归纳，并无严格逻辑界限。事实上，正反转换、主被转换、动静转换、词类转换等技巧均可归属于换译方法，而成分转换、语序转换、词义引申、虚实换译等技巧可归属为移译方法。

2. 三角标准

移译和换译要区分，必须有明确的区分标准。移译和换译难舍难分，本质上在于没有找到兼具规定性和操作性的分类标准，比如"虚实换译"是"换译"，然而其本质是词义引申，可以归入"移译"。传统研究无法明确归类的零翻译和词义引申，人为规定为移译，对应语形，即原形移译和无形移译，从而对"转换"进行了更为明确的切割。"转"即单向转移，属于移译；"换"即双向交换，属于换译。基于语义三角的分类"避免了以往翻译研究中策略、方法、技巧的混淆、乱用、缺乏体系……对全译七法的详细论证形成了一个清晰、连贯的逻辑思维线条，真正实现了两个基本用途：向下旨在解决全译实践的具体问题，向上旨在构建全译的理论体系"（黄忠廉，2015）。

因而，本书在语义三角"表—里—值"的基础上，提出语形、语义和语用三分标准。具言之，语表形式上，随着双语语言形式的外在变化，移译时语言单位位置发生移动，语义和语用保持不变。换译着重解决双语"表—里—值"不对应的矛盾，移译则不然，使用移译时"表—里—值"是对应的。语里意义上，移译调整原语某些搭配关系，移动语法成分位置，改变语序以符合译语思维表达习惯或达到译语修辞效果。换译表现为先对原语结构和语义进行整合，然后外显于译语语表，整个过程或变换视角或调整思维方式，或选择原语之外的语法成分填充译语语表，转化语境交际价值和文化意义。具体落实到词汇语义上，移译时双语语言单位呈现语义组合关系。以词或语等表达为例，若词 A 有义项 $A_1, A_2, \cdots, A_n$，在跨语转化时，词 A 发生义项上的位移，表现为普通词汇专业化引申、抽象词汇具体化引申。

换译则不然，跨语转化时变化的是词的聚合关系。若词 A 换译，则跨语后不是词 A 的对应形式 A'，而是用词 B 代替 A'，A 与 B 的关系可以是语义场中上下位关系、同级关系，或者是根本没有任何对应关系。语用价值上，移译移形不易意，根据译语语法与表达的需要，对原语进行语法层面上的位置变动。换译换形不换意，旨在追求译文通顺流畅，不仅符合汉语语法规范和表达习惯，且同原文达到最大限度的相似，是应语用价值和语里意义的需要而进行的语表形式变化。

第二节 移译论

移译论，包含移译的界定、理据、过程的论述及移译方法体系的建构。移译，即移位式全译，主要特征为语形位置的变动，与其他全译方法共同组成了全译方法论系统。俄汉双语的语法结构差异和句子实际切分的不同是移译方法使用的理据，思维学、文化学也可对其做出阐释。移译遵循全译的阶段划分原则，分原文理解转移、语际转化移植、译文表达换位三个阶段。根据不同的目的和需要，移译可具体化为语形性移译、语义性移译和语用性移译。

一、移译界定

移译现象由来已久。通过名称溯源，框定移译的内涵和外延，明确移译的概念。

（一）移译的由来

"移译"在某些词典中解释为"迻译"，是"翻译"的书面表达。方法层面上，移译最初表现为语序变换或调整，但学界对移位和换序的认识不尽相同，二者内涵不明确，外延不具体。翻译教材也涉及如何处理翻译中语序差异的论述，如"倒译法"（钱歌川，1980：87-89）、"名词从句、定语从句、状语从句、长句的译法"（张培基等，1980：121-149，152-154）、"语序的变换"（吕瑞昌等，1983：26-30，47-80，165-175）等。董宗杰（1985：29-35）论述了变序译法，认为变序的范围从单词、词组到句子成分和句子，并指出两种情况需要变序，"一是不变序不合汉语习惯，文理不通；二是不变序会产生歧义，造成错误"。阎德胜（1990，1991）指出了翻译中的偏正结构、并列结构和名词修饰语的语序调整，并归纳了逆序翻译法、变序翻译法和局部换位法。陈洁（1996）按照语言单位由小到大的顺序，简述了词的移位、词组的移位、复句中从句及某些语句的移位、话语中独立句子的移位，乃至超句统一体的移位问题。杨承淑（2002）根据乔姆斯基经济性原则对"移位"的明确规定，提出同传的"顺译"操作，强调"移位"的五个原则：能不移位就不移位，能拖延移位就尽量拖延，能减少移位就尽量减少，移位的数量能少则少，移位的距离能短则短。以黄忠廉、余承法为代表的学者，全面系统地研究了移译。他们最初也不严格划分"移（转）译"和"换译"，认同"转与换往往相伴而生"，将"语序转换"（黄忠廉和李亚舒，2004：41-48）归入转换策略中的移，后来区分"转译"和"换译"，认为"转译包括句子成分的单纯位移和位移时相伴而生的句子成分的变化，转译是方向或情况的改变，是单向的行为，包括移位、转化和语义引申"（黄忠廉等，2009：56），"换译是双向行为，包括肯否换译、主被换译、动静换译、语序换译、句型换译、虚实换译、词类换译等"（黄忠廉等，2009：68）。为了使全译系统的术语更加科学和明晰，将"转译"的"转"字用同义字"移"来替代。因为全译微观过程三阶段"语际转化"中的"转化"概念内涵比"转译"的大，转译中的"语序换译"实质上是移位或换序，是单向而非双向行为。因而，急需采用统一标准来区分移译和换译。

（二）移译的定义

定义是用已知概念对一个概念作综合的语言描述。一般采用"种差"加"邻近的属概念"的逻辑定义方式。移译俄语术语为 перестановка，意思是改变位置。综合前文研究成果可概述为：移译，即转移式全译，指照顾译语结构和表达习惯而转移原文语言单位的全译方法。移译包括句子成分的单纯位移和位移时相伴而生的句子成分的变化。移是原语语表形式空间位置的移动，原文的语里意义和语用价值并不发生改变，移译包括移位、转化和词义引申。移译主要是指语法上的移位，即原语句法成分由于译语表达的需要而移动其位置。移译原则是：移形不易义不变值，即形式上发生转移，而语义力求不改变，语值力求不变动。

二、移译理据

移译的理据由翻译的"一体两翼"学科支撑，即本体语言学，两翼——思维学和文化学。语言学主要涉及语法学中的双语语法结构差异和句子实际切分理论。思维学则表现为双语综合思维与分析思维、后馈思维与超前思维、归纳思维与演绎思维、主体思维和客体思维的博弈。文化学则重在分析习惯性和民族性对移译的影响。

（一）语言学理据

移译的语言学理据主要在于俄汉双语语法结构差异和句子实际切分所限两大方面。

1. 双语语法结构相异

语序有常态和变态之分。能照顾原语语序的多半是直译，常见于口译，顺语流而译，以对译为主。语序变化多见于笔译，属于意译，涉及移译。俄语句子多以谓语动词为核心，句子骨干突出，其他各成分通过语法、词汇手段围绕中心，由主到次，递相叠加，形成"由一到多"的散射性"树式"结构。而汉语无发达形态，句子以时间先后、逻辑事理为顺序，横向铺叙，形成"由多归一"的流水型"竹式"结构。俄汉双语互译中，俄语有词形变化，而汉语缺少词形变化，语法借助词序和虚词表达。译者按译语组词成句之法重组排列，使用移译法，该顺则顺，该逆则逆，避免出现逻辑杂乱的译文，如 стол 的指小形式 столик，因其是后缀-ик 构词,所以汉译是"小桌子",而非"桌子小",这是构词层面的移译。再如,定语位置上,俄汉双语排序也有区别。俄语定语,除了常规前置定语外,还有后置定语和定语从句,汉译时一般应遵守汉语定语从句在前的基本情况。在翻译实践中,语法转换通常和词汇转换结合使用,许多情况下,句子结构的变化是由词汇而非语法引起的。即使在译文中找到了最佳的句子结构,但句子成分的排列顺序问题依然是关键。必要时,转移原文的语言手段的位置以达到最佳语序。

2. 句子实际切分所限

俄语语句意义相对完整,可以进行实际切分,即句子的交际结构切分。俄语语句可切分为主位(тема)和述位(рема):前者是句子传达的实际信息的出发点,一般由上文设定,通常是已给信息部分;后者是句子实际要表达的交际中心,是对主位的叙述,一般是新知的信息部分。主位常常不是句子必需的成分,但述位是句子交际结构不可或缺的。一般而言,语体和修辞中立的句子遵循客观词序,即从已知到新知的思维逻辑顺序,主位在前,述位在后。俄语词序相对自由,句子成分排列一般遵循客观词序或者自然焦点,自然焦点一般在句尾,是句子自然重音的所在,是句子强调的信息焦点。但汉语却不像俄语那样可以任意把焦点(即述位)从动词前移到句尾,如一般不说"鲜花盛开在花园里""来了安娜"这样的句子,而是要排列成"鲜花在花园里盛开""安娜来了",充当句子焦点的"在花园里""安娜"不能用词序手段表达,而是要用逻辑重音,即重读或停顿来明示听者。词序是执行交际功能、表达主述位的重要手段。因为汉语表达实际切分的手段不是词序,而是重音,所以,俄汉互译时,根据上下文语境信息和焦点需要,适当调整主位和述位的句法位置,形成移译,是强调信息焦点的一个重要方面。

(二)思维学理据

1. 综合思维与分析思维

汉语章法决定句法,句法决定词法。语序安排通常遵循时空、因果等自然顺序;空间描述一般由面及点,在逻辑上先因后果、先条件后结论、先叙事后表态;描写事物一般按照从大到小、由重到轻、从整体到部分的顺序。俄语思维偏向分析性,善于利用形合,遵循变换时空和因果的逻辑顺序,追求语义的主次轻重,先空间再时间;空间描述通常由点及面,逻辑上由因至果或由果至因均可,先结论后条件,先观点后论证;描写事物按照从小到大、从轻到重、从部分到整体的顺序。这些思维差异促生了移译法的运用,如俄语句子"Откуда Солнце берёт свою энернию?"一般译成"太阳能从何而来?",而非"太阳从何处生发自己的能量?",汉译将"太阳"的位置从原文的主语转作了译文的定语,分析性思维方式在逻辑上补足了整个句子的语义。再如：

[7.1]Болезнь отца не выходит у меня из головы.
试译1：父亲的病无法从我的脑海中挥去。
试译2：我老是惦记着父亲的病。

试译1遵循了俄语词序，体现了分析性思维方式，略显文学性。试译2则将否定成分 не 融入句意，以综合性思维方式建构译语，符合汉语表达习惯。

2. 后馈思维与超前思维

中国人空间意识较弱，构词造句谋篇时表现得非常突出，思维方式一般是先时间后地点。汉语句式的安排大多以时间为线索，顺流而下，娓娓道来，少有插入语，长篇小说采取章回叙事方法，从古到今。俄语体现了一定的超前思维模式，在词句构造和语篇构建中，句子前瞻后顾，左右逢源，多插入语，修饰语可前可后，从句一般出现在主句之前，看似混乱无序的语句，似乎时空错位的语篇，因有严密的语法逻辑和显性的衔接手段而自成一体。多个限定语修饰一个中心词时，俄语、汉语、英语三语表达方式不同。例如：

[7.2]一把锋利的西班牙钢刀
俄译：испанский стальной острый клинок
英译：a sharp steel Spanish blade

原文遵循了"大小长短—感觉—国别—材料—中心词"顺序，俄译遵循"国别—材料—感觉—大小长短—中心词"顺序，英译则遵循了"大小长短—感觉—材料—国别—中心词"的顺序。

3. 归纳思维与演绎思维

中国传统思维方式注重直观经验和直觉体悟，缺乏逻辑严密的演绎推理，表现在语言上，就是句子犹如波浪层层推进，形成语表形式的外"散"和语里意义的内"聚"，形散一目了然，神聚需要体会感悟。汉语是语序相对固定、偏重意合的分析型语言。俄语是综合性语言，重演绎，俄语句子结构犹如参天大树，枝叶繁茂，语法关联使得整个句子条分缕析，层次分明。俄语的语序相对固定，但又表现出一定的灵活性，偏重形合。例如：

[7.3]В прохладе ещё по-весеннему синего неба летели слабые обрывки тающего от солнца облака.
一片片溶化在阳光里的零零落落的云朵，在春天凉飕飕、蓝幽幽的天空中浮动。（王秉钦、李霞用例）
俄语原文逻辑结构为地点补语—谓语动词—主语，即"В прохладе …

летели ... облака（凉爽里漂着云彩）"，是一种归纳式思维，用来描写大自然神奇的景象。汉译时，译者基于自身体验，使用演绎式思维方式，将句中词汇语义打散重组，将"凉爽"移译作"天空"的定语，与"蓝色"同位，构成"凉飕飕、蓝幽幽"的ABB式词语，意境全出。

4. 主体思维与客体思维

中国传统思维方式是以主体自身为对象，以人为中心来思考世界，"天人合一"的整体思维模式，把人看作是万物的尺度。俄罗斯传统思维方式是以自然为对象，这种思维差异普遍地反映在语言中。"当在印欧语系中以一些抽象概念作主语时，中国人则用一定概念的人作主语。"（王秉钦，2007：25）俄语 раздумье его берёт（沉思控制住他）译成"他陷入沉思"。翻译时通过移动主客体位置，使用移译法，调整句子成分的位置。俄语表示感情的词汇 радость、ужас、страх、тоска、досада、скука、отчаяние、зависть、раздумье 等与动词 овладеть、брать、найти、охватывать、закрыться、оказаться 等连用，这种客体性思维方式使言语表述将注意力聚焦于动作的结果或承受者，以此表现主体的状态。

此外，常采用移译法将俄语抽象名词作主语的结构译成以人为主语的汉语结构。中国自古以来的传统礼仪，养成了人们"宁可饿着肚子也不要衣不蔽体"的观念，"衣"在"食"前。"衣食住行"英译"food, clothing, shelter and transportation"，俄译可以对应译为"одежда, пища, жилище и средства передвижения"，还可用上位概念换译为 необходимое для жизни（生活必备品）。华夏五千年，历朝历代，形成了以"我"为核心的方位观，"东西南北"的英译是"north and south, east and west"（北和南、东和西），俄译为"север, юг, восток, запад"（北、南、东、西），因为英语、俄语文化无汉语以东和南为"尊"的观念，没有尊卑、阴阳、生死、兴衰的文化蕴含。再如：

[7.4]Она вырвалась из его рук, хотела было кричать, но чувство стыда, но боязнь гласности остановили её; без памяти бросилась она в свою комнату и тут в первый раз вымерила всю длину, ширину и глубину своего двусмысленного положения.

她竭力挣脱他的拥抱，想大声叫喊，但是怕羞和怕声张的心理，使她终于忍住了。她拼命地跑进自己的屋子里，第一次开始左右前后地思量自己所处的暧昧地位。（王秉钦、李霞用例）

此例"вымерила всю длину, ширину и глубину"（以长、宽、深丈量一切）中 длина（长度）、ширина（宽度）、и глубина（深度）组合而成的时空范畴显而易见，但汉语并不这样表达，而是从主观思维出发，以自己所处空间位置来阐释，抽象化为"左右前后"。

（三）文化学理据

1. 文化习惯性

思维反映现实要素的顺序，因民族而异。俄民族的思维顺序通常是"主体—行为—行为客体—行为标志"，汉民族的思维顺序则往往是"主体—行为标志—行为—行为客体"。俄汉双语在语序配列上主要是定语、状语的差异很大。翻译时必须按两个民族的思维顺序进行排列，移译因此派上了用场。王秉钦（2007：24）总结了多重前置状语语序配列和多重定语语序配列的惯例。俄语多重状语语序配列时，按照一般惯例，较短者在较长者之前，方式状语在地点状语之前，地点状语在时间状语之前，而汉语则相反：俄语——主语+谓语（+补语）+方式状语+地点状语+时间状语；汉语——主语+时间状语+地点状语+方式状语+谓语。

俄、英、汉三者定语的语序是不同的，多重前置定语语序配列时，按离中心词远近为序大致是：俄语"国别—材料—颜色—感觉—大小长短—中心词"；英语"大小长短—感觉—颜色—材料—国别—中心词"；汉语"大小长短—感觉—颜色—国别—材料—中心词"。比如俄语词组"cepoe, холодное, большое небо"英译为"the vast, cold, grey sky"，汉译则为"辽阔寒森的灰色的天空"。

2. 文化民族性

文化民族性体现在精神气质、民族性格和思维方式等方面。文化能够传承和流变的重要因素就在于文化本身具有自我发展和扬弃的本领，并逐渐形成独特的民族性。中国"人本文化"沉积形成"以人为中心"的思维理念。西方习惯于以物为主体，往往从客观事物出发看待问题。俄罗斯横跨欧亚大陆，思维理念"本体和客体"兼具。思维差异反映到语言上，汉语习惯以人或物为主语，英语习惯以物为主语，俄语则二者皆有。在对抽象名词的使用上，俄语更倾向于使用无主语句。文化民族性本质在于思维的差异性。译者在传达文化民族性的同时，既要考虑民族性文化信息传达的正确性，又要考虑如何将文化民族性的排异反应降至最低，避免文化定型论。为此，只有适当调整译语的词序，才能避免思维刻板固化。

三、移译过程

思维是人类对客观事物间接的、概括的反映，它产生于人类的感知，又高于感知。张今（1987）将文学翻译实践过程分为理解和表达两个阶段，此后又有三阶段说"理解—转换—表达"。"全译的轴心：转换"，"转换的精髓：化"，"变译的轴心：摄取"，"摄取的精髓：变"（黄忠廉等，2009：17，20，94，96），据此，三阶段可完善为"理解—变化—表达"。"变化"替代了"转换"，提升至哲学变化观，加深了对翻译本质的认识。全译是传统的整段整句的翻译，求信息量极似。全译过程为"理解—转化—表达"。移译过程遵从全译过程，分为原文理解转移、语际转化移植和译文表达换位三步。三步绝非按部就班的机械过程，而是相伴而生，偶有交叉的动态过程。

（一）原文理解转移

原文理解转移主要是零翻译植入，即原语单位在译语中没有对应物，只能将其声音和拼写形式原封不动地植入译语，在向译语世界引介原语表达新生事物的初期运用较多，或者为了某种特定的表达需要，必须保留原语的语表形式。原形移译多用于亲属语言之间的互译。从语言单位上对比双语，可以零翻译的单位主要是某些新词、缩略语和部分熟语简单句。俄汉互译中绝无仅有，主要见于英俄互译或英译汉，如 OK、thank you 等。

无论零翻译与否，原文理解时一般基于原语词序，顺序不变，例如：Малые, средние и крупные предприятия чем-то своеобразным отличаются. 原文词序是"小、中、大"共同修饰"企业"，遵循从微观到宏观、从小到大的思维模式。

（二）语际转化移植

转化是转移的更进一步，除了其静态位置的移动外，句子成分本身也发生变化。转化在词组、简单句和复句三层都可能发生。转化的是形式，通过形移而达至意义的极似。

1. 搭配关系转化

俄汉互译实践中，词语修饰关系调整是为了使译语的铺叙既合乎译语表达习惯，又合乎原语语句的表意内涵。第一，不同民族对同一事物的思维方式和选取角度有所不同，俄汉双语的修饰关系和被修饰关系有时恰好相反，汉译时就需要对调，这就构成了修饰语和被修饰语对调。第二，修饰语转化。俄汉互译时，本来修饰说明某一词语的修饰语有时要转向修饰说明另一词语，甚至是全句，或者相反。第三，并列关系与主次关系转化。原文词语之间是并列关系或主从关系，深层结构却是主次关系或并列关系，互译时需作转化处理。"小、中、大企业"按照汉语搭配，一般从宏观到微观，转化为"大、中、小企业"，同时"大中小"是指"企业"的规模，可转化为"大中小型企业"。第四，疏状、限定关系与并列关系转化。原文词语之间疏状、限定关系的深层结构是并列关系，互译时需作转化处理。第五，同位关系与限定关系转化。俄语形式上是同位关系，如所属二格，语义上却是甲词对乙词的限定与修饰，汉译时要将同位关系转为限定关系。第六，并列关系与种属关系转化。原文词语之间并列关系的深层结构是种属关系，互译时需作转化处理。

2. 句子成分转化

不同语言的语法体系中句子成分各居其位，一旦发生语际转换，句子成分多半会随之而变。俄汉双语句子成分发生转化时,成分转化和词类转化有部分重合,涉及作为句子成分的词或词组。第一,主语的转化。原文主语转化为译语的其他成分。第二,谓语的转化。为照顾译语表达习惯,原作的谓语有时也可转化为译文的主语、宾语、定语和状语,如"Малые, средние и крупные предприятия чем-то своеобразным отличаются."的谓语是 отличаются(以某种方式显示出区别和差异)。第三,宾语(补语)的转化。原文的宾语,包括表语,也可转为译文的主语、谓语、定语、状语等成分,отличаются 的补语是名词词组第五格 чем-то своеобразным(某种独特的东西),表示方式意义。第四,定语的转化。定语可以转化为主语、谓语、宾语、状语等,чем-то своеобразным 中的形容词在后作修饰定语,可以前移其位置。第五,状语的转化。表示地点、方位、范围、处所等的介词词组用作状语,翻译时可转为主语、谓语、宾语和定语等。综上,可将 чем-то своеобразным отличаются 引申成"各有特色"。

(三)译文表达换位

译文表达换位,是指从原语词语的概念义或字面义出发得出的符合原文语义的译语对应词语,放入译文语境,并调整语序,使其分布在契合译语语境的恰当位置,涉及词义引申现象。翻译过程中,词典里找不到与原语对应的词语,或者有对应词语,但不符合汉语习惯,或者出于修辞等原因的考量,需要引申词义。于是,综合搭配关系和句子成分转化,"Малые, средние и крупные предприятия чем-то своеобразным отличаются."就译成了"大中小型企业各有其特色"。加入代词"其"呼应前文,构成译文表达的最终站位。

四、移译方法体系

语言学是翻译的母源学科。根据语义三角,移译方法分为语形性移译、语义性移译和语用性移译三种。语形性移译指原形移译,语义性移译指有形移译,语用性移译指无形移译。

(一)语形性移译

语形性移译是从语表形式角度出发审视移译的方式。原形移译即零翻译,指将原语的字母或文字原封不动地移入译语,实践中涉及较多的是词和词组,句子次之,语篇最少,常见词的原形移译、缩略语的原形移译和简单句的原形移译三种类型。

1. 词的原形移译

词的原形移译,指将原语词的拼写形式(有时连同发音)直接移入译语,以名词居多,尤其是科技领域的名词。例如,日语利用汉字构造新词,发生语义变化后又被借回汉语。初次引介专有名词时，因为没有表达该事物的对应词，且意译一时难以接受，音译又略显混乱，所以此时可原形移译。在海量信息急速传播的当下，各种不为人知的人名、地名、机构名层出不穷，译者（尤其是口译员）难以在很短时间内确定恰当译名，在不妨碍语际交流的前提下，直接原装引进，省时省力省心，且异国情调浓郁。原形移译有诸多限制，汉语和俄语在对待外来名词时更应慎重，不能滥用。译者的首要职责是翻译而非简单借用。俄语是拼音文字，汉语不是，目前，方块汉字中较多地夹杂英语单词，俄语单词极少。从汉语发展的趋势看，原形移译的词难以彻底退出，虽说风靡一时的纯音译词"德律风、康拜因、因士披里纯"曾被"电话、联合收割机、灵感"等意译词替代，但对译者而言，普通名词的原形移译只是一种权宜之计，或是一种修辞需要，较为妥当的方式还是将原词的内涵或所指传达出来。目前接受较多的一般是英语词汇，如 OK、thank you 等。科学技术领域，英文字母作为代号，翻译时也属于原形移译。

[7.5]Если обозначить работу буквой A, силу — буквой E и путь — через S, то можно написать: $A = ES$.

如果用字母 A 表示功，E 表示力，S 表示路程，则得如下公式：$A=ES$。

俄语中英文字母 A、E、S 必须原形移译，才能使语义显豁，不出现理解偏差。同时俄语 можно написать 虽然译作"可以写成"也通顺，但数学思维高度抽象，特别严密严谨，不喜概括，必须一是一，二是二。

2. 缩略语的原形移译

缩略语原形移译，指将原文缩略语的文字形式连同发音原封不动地直接移入译语。缩略语即术语性专有名词的简略用语，汉语类表意文字一般由长词组中的单音节语素缩减而成，如航空母舰→航母，数学、物理、化学→数理化，等等。俄语类拼音文字通常选取各个单词的首字母组合而成，如 ООН（Организация Объединённых Наций，联合国）、МИД（Министерство иностранных дел，外交部）。余承法（2014：136）指出：缩略语原形移译，理论上符合合作原则中的数量准则（提供足量的、不多不少的信息）和方式准则（简明扼要地传递信息）以及语言的经济性原则（尽可能言简意赅），实践中遵循行业惯例，为业内人士喜闻乐见。近年来，汉语在吸收外来缩略语时，也开始采用原形移译，即直接采用原语的字母词，特别是英语词汇，如 MP3、GPS 等，若按照原意逐一译成"一种常用的数字音频压缩格式，或采用这种格式的音频文件及播放这种格式音频文件的袖珍型电子产品""全球定位系统"，既费时费力费事，不易读写，不便记忆，也不利于同行之间的对话交流。

缩略语原形移译不能泛用，否则会导致外来词语的泛滥，影响汉语的纯洁性。适度引进一些，如 COVID-2019、NBA、GDP、WTO 等通用外语和缩略词，利于科学普及。但官方报道中仍然需遵循《中华人民共和国国家通用语言文字法》的相关规定："汉语文出版物中需要使用外国语言文字的，应当用国家通用语言文字作必要的注释。"译者在翻译过程中，需遵循权威的规定，遵循外国人名、地名、科技术语等的翻译规范。总之，对字母词的使用需持谨慎态度，吸收外来语的原则是必要性，特别是在理工科领域。俄罗斯国家标准的缩写形式为 ГОСТ，一般汉译为 GOST，75MW 光伏一般俄译为 75 МВт，这属于俄语字母与英语字母之间的换形移译。翻译时更常见的是原形移译，尤其是英语书就的一些专业性和技术性都很强的术语。例如：

[7.6]黑龙江对俄电力合作联盟探索出了投资+融资+EPC 建设服务的对俄能源领域投资新模式。

КОО Энергооборудование «Амур-Сириус» разработала новую схему инвестиций в энергетику России: инвестиции + финансирование + EPC контракт.

汉语中 EPC 是英语 Engineering Procurement Construction 的缩写，指公司受业主委托，按照合同约定对工程建设项目的设计、采购、施工、试运行等实行全过程或若干阶段的承包。因是建筑工程领域专业术语，俄译时便直接原形移译，干脆利落，不会造成误解。在企业宣传册里若出现"发挥国际化 EPC 管理能力"等字样，均可原形移译为 в целях реализации и управления проекта по модели EPC。

3. 简单句的原形移译

简单句的原形移译，常见于口语，主要是一些用得烂熟且富有一定幽默感的答句，如"Хорошо！""Спасибо！""Досвидания！"等。在中国执教的俄国教师喜欢用汉语称呼中国籍老师，用俄语音调发出"Лаоши！"等。简单句的原形移译较少，主要流传在双语或多语学习者之间。例如：

[7.7]可是我有 hunch；看见一件东西，忽然 what do you call 灵机一动，买来准 OK。

Но у меня бывает hunch: иной раз поглядишь на вещи и вдруг — what do you call — возникает необъяснимый порыв. Купишь, выясняется, что о'кей.（Сорокин 译）

汉语句中夹杂英语简单句 what do you call，俄译时直接原形移译，以讽刺说话人"假洋鬼子"的故弄玄虚。

（二）语义性移译

语义性移译，即有形移译，指根据译文句法结构和修辞表达之需对原语单位进行显而易见的转移。从局部上看，移动原语单位的空间位置即移位；从整体上看，调整原文句子的语序即调序。语序跟语言类型密切相关：汉语作为分析型语言，缺少屈折变化，语序比较固定，语序变动会导致意义不同，如"我见过他"和"他见过我"；俄语作为综合型语言，体现为名词、动词、形容词、副词、代词等实词的屈折变化，语序相对灵活。汉俄语序的差异决定了互译中移位的必要性，包括定语移位、状语移位、分句移位和否定性移位等。汉俄句子中主语、谓语、宾语（俄语称"补语"）的排列顺序基本一致，但定语、状语、补语（俄语则无此成分）则不尽相同，俄汉互译时不仅涉及移位，还涉及转化。

1. 语素移译

语素移译是指在译语中对原语词的构成语素进行位序调整。俄汉双语词汇系统发展演变不同，词汇结构、构词规则、构词语素的位序不同。复合构词是汉语中占主导地位的构词法，尤其是联合式复合构词，其构成语素都是自由语素，单用时是词，组合成词时是语素，而且这些语素可以移位，移位后有时意义不变，如互相—相互、代替—替代，有时意义发生改变构成新词，如人情—情人、语法—法语，有时还构成词组，如上山—山上。因此，汉语中语素顺序非常重要。俄语语素不是一个自足体，通常指词素。词素分析是进一步分析词汇意义和词素意义关系的前提，是掌握构词法的基础。

构词法中占主导地位的是派生构词，构词手段包括词缀、词尾等。词缀包括后缀、前缀、尾缀和间缀。某些后缀具有独立的意义，如-ница 表女性，与名词 учитель（教师、男教师）组合构成 учительница，一般作为区别性特征，译成"女教师"，而不是"教师女"，后缀汉译时发生移位，类似的还有преподавательница（大学女教师）、переводчица（女译员）等。俄语中主观评价后缀，指小表爱，指大表卑，汉译后后缀需要转移位置，从词末移动到词根前，如 тетрадка（小练习本）、книжка（小书）、ножик（小刀）等。俄语运动动词加上不同的前缀，汉译时位于词根前的前缀转移到词根后，如 войти（走进）、выйти（走出）、уйти（走开）、перейти（走过）等。词缀移译不能胡乱移动，而是要受制于词义，归根结底，在于构词思维。再如：

[7.8]Так, набор предметов. Книжонка-детектив, солнцезащитные очки, полотенце, бутылка колы, фотоаппарат-мыльница.

没什么，一堆东西。侦探小说，遮阳镜，毛巾，可乐瓶，傻瓜相机。（孟宏宏译）

俄语 книжонка-детектив 和 фотоаппарат-мыльница 是同位语，从构词上看，前者语素都为中心词，后者语素均为修饰或限定成分，汉译时移动位置，才符合表述习惯。

2. 词的移译

词的移译，是指在译文中对原文词组的词进行语序调整。汉语词组与俄语词组可视为对比单位。汉语词组中词的排序主要遵循语义和语音原则，俄语词组中词的排序主要受到语义和结构的制约。例如，俄语同位语 царь-пушка、царь-колокол 汉译时发生移位，分别译成"炮王""钟王"，而非"王炮""王钟"。此外，俄语二格所属结构，如 книга мамы 汉译时也发生移位，译成"妈妈的书"。汉语中词组分为主谓、动宾、定心、状心和心补等成分配对式词组和联合与同位等依次排列式词组两大类。汉语词组俄译时，不同类型有不同的处理方式。总体来说，俄语形态丰富，语法关系的主要表达手段是词的形态，而不是词序。"摆脱语法功能束缚的俄语词序，因而较之汉语拥有广阔得多的表达交际结构的自由空间。在很多情况下，调整语句的交际结构时，无须变更句子的语法结构，只调换相关词序就足以达到目的。就这个意义而言，词序是俄语语句实际切分的主要表达手段。句子的几乎所有成分都可以移到句尾充当述位，这在汉语里往往是无法办到的事情。"（张家骅，2006a：286）需要强调的是，"短语入句或带上语气独立成句，都会充当句子成分，所以有些短语中词的移位跟简单句成分移位是一致的，涉及同一语言单位：从短语层面看，涉及词的移位，即词序调整；从简单句层面看，涉及句子成分的移位，即句序调整"（余承法，2014：140）。俄汉互译词组移译较多地涉及词组内部的词序调整，伴随着词组减译、增译、换译等情形。

1）联合式名词词组互译时词的移位

语用认知心理影响联合词组的语序，且在不同语言中会呈现出一定的共性规律。廖秋忠（1992：209-233）全面考察了汉语联合式名词词组中并列成分的地位不平等或不对称时的情况，提出了 11 种常见的排序原则：重要性原则、时间先后原则、熟悉程度原则、显著性原则、积极态度原则、立足点原则、单一方向原则、同类原则、对应原则、礼貌原则、由简至繁原则。余承法（2014：141）总结了这些原则之间存在的三种可能的关系，即彼此和谐、彼此不相干、彼此冲突，或以心理认知为基础，或以社会文化为基础，或以语言或语境为基础。共性之余是个性，俄语天气预报习惯说"дождь или солнце, тепло или холодно"（雨或晴，暖或冷），汉语习惯说"晴雨""冷暖"，是因为感知者人类喜欢"冷暖自知"。中国人的自身体验认为"冷"不好，先说，"暖"好，后说，符合先苦后甜的惯习。由于俄汉思维认知及文化观念的差异，俄汉双语联合名词词组的内部顺序不一致。比如，汉语有"男女""夫妻""父母子女""兄弟姐妹"等，相应俄译为 мужчина и женщина、муж и жена、родители и дети、братья и сёстры，总体上排序一致，但细节上略有差异。汉语"父母子女"之间按照由长到幼的等级顺序排列。"父"与"母"、"子"与"女"之间按照先男后女的性别顺序排列，而俄语用两个词 родители（双亲）和 дети（孩子）忽略了男女顺序，但汉译习惯用"父母子女"来翻译。再如：

[7.9]Мимо шли курортники, женщины, мужчины, в одиночку, парами, с детьми.

度假的人络绎不绝地从旁边走过，男男女女，有的形单影只，有的成双结对，有的携家带口。（孟宏宏译）

俄语顺序是女人们在前，男人们在后，最后陈述孩子们。汉译时移位置，构成汉语习惯性表述"男男女女"，且采用叠字，突出俄语复数第一格的语法意义，伴随而来的是换译，将"带着孩子"换译为上位概念"携家带口"。

2）时间词组互译时词的移位

汉语整体性思维模式和俄语分析性思维模式的不同，决定了俄汉双语在时间词组的顺序安排上正好相反：汉语按从大到小的顺序排序，如世代、年月/岁月、时刻/时分、分秒，俄语则从小到大进行排序。例如：汉语 2021 年 6 月 24 日，排列顺序为年—月—日，俄译排序则遵循日—月—年，为 24 июня 2021 г.。又如：

[7.10]Перемирие вступает в силу в ночь с 11 на 12 сентября. И оно должно позволить облегчить гуманитарную ситуацию во многих районах Сирии, в первую очередь в провинции Алеппо.

停火协议将于 9 月 12 日凌晨生效。该项协议有助于改善以阿勒颇省为主的叙利亚境内很多地区的人道主义状况。

俄语时间词组 в ночь с 11 на 12 сентября 字面意思为自 9 月 11 日至 12 日之间的夜晚，即"9 月 12 日凌晨"，按照汉语习惯"月—日"移译。同时，空间词组中，俄语先陈述大空间 Сирия（叙利亚），再重点提出小空间 Алеппо（阿勒颇），先"国家"后"省会"，符合汉语空间认知顺序。可见，由于中俄地理环境与空间的认知方式不同，俄汉双语方所词组的排序和用法也不相同。

汉语 16 个典型方位词为"东、西、南、北、前、后、左、右、上、下、里、外、内、中、间、底"，都可在俄语中找到对应，但俄语还有由这些方位词派生而来的形容词和副词，汉语有些准方位词如"旁、面、处"等在俄语中无对应，而是使用前置词词组。以典型的"东、西、南、北"及其组合为例，俄汉双语虽然都以"东西"作为基础方位词,"东"前"西"后,"南北"作为参照点,但汉语反映的是参照点先于目标的认知过程,俄语反映的是目标先于参照点的认知过程。方位组合时,汉语是"东、西"在前,"南、北"在后,即"东南、东北、西南、西北",俄语则正好相反,分别是юго-восток(字面顺译:南东)、северо-восток(北东)、юго-запад(南西)、северо-запад(北西)。因此,方位词互译时应根据译语的顺序进行移位。另外,俄汉双语处所词组的安排顺序也不相同。汉语表达定域处所的专名按照从大到小、从高到低、从抽象到具体的顺序排列。俄语类似,但习惯将邮政编码前移至国家名称后,如"中国北京市东城区花园街160号,邮政编码:100000",俄译为"КНР, 100000, г. Пекин, р-н Дунчэн, пр. Хуаюаньцзе, д.160."。当然,地址翻译采用对译比较好,这样信息内容不至于走形。但需注意邮编的翻译,俄语习惯将邮政编码放入地址的文字叙述中,汉语习惯单独空出一栏,以示凸显。

3. 成分移译

成分移译,指原语句法成分由于译语表达的需要而移动其位的移译方法,主要包括主谓搭配调位、定语移位、状语移位、否定成分移位、倒装成分移位等。

1)主谓搭配调位

句法结构上,俄汉双语都属于 S(主语)-V(谓语)-O(宾语、补语)型语言,作为句子主干的主语、谓语、宾语(俄语称之为补语)的常态顺序完全一致,但作为句子枝干的定语、状语、补语的顺序不尽相同。汉语"我读书"译成俄语排列组合,可得六种:

Я читаю книгу.(我读书,SVO——按字面顺译,下同)

Я книгу читаю.(我书读,SOV)

Читаю я книгу.(读我书,VSO)

Читаю книгу я.(读书我,VOS)

Книгу я читаю.(书我读,OSV)

Книгу читаю я.(书读我,OVS)

俄译六种排列,因词形有明显的标记,逻辑上不会混乱,因此均成立。第一种字面回译成立,是标准词序。第五种"书,我读"成立,但中间要加标点或停顿,以示强调或者转变成把字句"我把书读了"。其他回译均不成立,因为词所处的位置一经改动,便主谓颠倒,逻辑不通。可见,俄语主语、谓语甚至是补语,可以位于句首、句中甚至句末,汉译通常要根据逻辑顺序,调整主语的位置至句首。汉语宾语是动词性成分后边表示人物、事件的成分,回答"谁/什么"之类的问题,与动词的语义关系有的是表示对象(如"她买铅笔")、结果(如"她做铅笔")、工具(如"她写铅笔"),有的则表示施事(如"天空飞过大雁"）、处所（如"她住三楼"）等。汉语的宾语一般对应俄语的补语。俄语补语表示动作的对象，是动作的承受者，有直接补语和间接补语之分。当然，汉语也有补语，是动形性词语后边起补充作用的成分，表示"怎么样/多久/多少次"等，或表示程度，由"得"字引出。俄语补语和汉语补语不是同一个概念，所指不同，不具有可比性。俄汉双向全译主要按照语义逻辑排列译语句子成分，补语位置也是随句义该移则移。总之，俄语形态丰富，句子成分之间在名词、代词和形容词等修饰语的性、数、格以及动词的时、体、态、式等方面需保持一致，整个句子以谓语为核心，其他成分通过语法、词汇手段围绕中心，由主到次依次表达，形成"一主多从"的散射性结构。汉语形态不如俄语形态发达，句子成分之间的顺序要求相对严格，一般以时间先后、逻辑事理为顺序，形成层层推进、众多归一的流水句。例如：

[7.11]О развитии квалифицированных медицинских услуг говорили сегодня в Крыму. Там с рабочей поездкой находится министр здравоохранения Вероника Скворцова.

今天卫生部部长瓦伦尼卡·斯科沃尔左娃在克里米亚地区进行工作考察，她同当地医务工作者们探讨了关于高水平医疗服务的发展问题。（2016-09-19，俄语之家官微）

汉译按照"时间—人物—地点—事件"的逻辑重新排兵布阵，将句群主语，即人物名字从最后向前移译，符合新闻报道原则。又如：

[7.12]Сжимающие усилия в отличие от растягивающих обычно обозначаются буквой S.

原译：压力与拉力不同，通常用字母 S 表示。

试译：压力通常用字母 S 表示，以区别于拉力。

原译符合俄语语序。试译根据句子成分排列，调整了语序，先陈述俄语主谓结构，即主语第一格加动词谓语的语义，突出重点，然后交代词组 в отличие от（与……不同）的指称关系意义。

2）定语移位

俄汉双语的定语都表示事物的性质或特征。汉语根据其与中心词的意义关系，将定语分为修饰性定语和限制性定语，大多置于中心词之前。俄语有一致定语和非一致定语之分，一致定语常用形容词、物主代词、指示代词、序数词等表示，一般位于名词之前。非一致定语主要通过名词所属二格、前置词结构等表示，通常在名词之后。翻译时定语前置、后置的情况都很普遍，俄语"名词+名词第二格"结构，二格名词通常放在所说明事物的后面，作非一致定语，翻译时一般位置前移，如词组 человек ума 中词序在前的 человек 是被说明的对象，词序在后的 ума 是名词第二格，修饰前一名词。汉语中，这种说明功能由形容词来实现，且依照汉语语法规范，通常将说明语放在被说明语的前面，所以移译为"聪明人/智者"。再如：

[7.13] Комната слева больше, чем комната справа.
试译1：左边的房间比右边的大些。
试译2：左边的房间大于右边的。

地点副词 слева（左边）和 справа（右边）修饰名词 комната（房间），俄语副词位于名词之后，作非一致定语，汉译时移动位置，处理成一致定语。由不定式、前置词、形容词等结构组成的词组作定语时，常放在被修饰成分之后，翻译时通常要将这些定语移位。例如，"Мы полны твёрдой веры в правоту нашего дела."中主语是人称代词 мы（我们），谓语是形容词短尾 полны（充满）；补语是由抽象名词第二格形成的词组结构 твёрдой веры в правоту нашего дела，其中，形容词 твёртая（坚定的）修饰名词 вера（信心），作一致定语，而前置词词组 в правоту нашего дела（胜利）作非一致定语。汉译时根据汉语组词造句规范及语义逻辑关系，调整词序，将非一致定语位置提前，译为"我们对我们事业的正义性满怀坚定的信心"，同时将抽象名词译成形容词，译成"我们对我们正义的事业满怀信心"。

由俄语多重二格结构形成的后置定语，借助第二格领属和所有关系可以无限地向右扩展。俄语二格形态标志明显，不会影响阅读。但是汉语修饰语一般前置，且通过语序确定各个修饰语之间的逻辑关系，因而汉译常会出现"的的不休"现象。据陶源（2019：100）通过语料库进行的统计，通常三层以内的"的的"是可以被汉语接受的，例如：

[7.14] Кроме того, понимание феномена холодной войны и её составляющих позволяет контрастнее выявить новизну современного состояния международной безопасности.
此外，对冷战这一特殊现象及其内容的认识，导致对当前国际安全状况的新现象产生不同的理解。（陶源用例）

"的的不休"的主要原因是俄汉双语成句规范不同。俄语能借助语法"格"范畴来确定中心词与修饰语之间的关系，汉语则通过语序来确定各修饰语之间的逻辑顺序，修饰语多数只能前置。

3）状语移位

俄语状语是表示动作或状态发生的地点、时间、方式等，分为时间状语、地点状语、原因状语、目的状语、行为方式、程度状语等类型。汉语状语是动词性词语前边起修饰作用的成分，表示"怎么样/几时/哪里/多么"等，或表示肯定或否定，可前置可后置，主要看与中心词的语义亲疏关系。俄汉双向翻译主要按照语义逻辑排列译语句子成分，状语位置该移则移，没有硬性规定。如 студенты начнут заниматься первого сентября 汉译为"大学生将在9月1日开始上课"，其中时间状语 первого сентября（9月1日）从句尾移至句中，遵循先时间后事件的逻辑顺序。俄语词序相对自由，表程度和方式的副词修饰动词时，由于俄语词的形态标记关联，置于动词前后均可，不会导致语义混乱。由前置词、分词、不定式等结构充当的状语，汉译时也常置于谓语动词之前，可用简单句表示。例如：

[7.15] ... густо плыл мимо открытых окон зелёный дым самовара ...
原译：茶炊冒出的浓烟从敞开的窗外飘过……（陈馥译）
试译：茶炊冒出的浓浓青烟从敞开的窗户飘过……

例中 плыть 与前词 густо、后词 дым 的关系汉译时作了调整，按照语义关系组织语言。"浓的"（густо）和"烟"（дым）可以建立语义一致关系，而与"飘"（плыть）不能直接搭配，不能构成"烟……浓浓地飘过"，所以移译为"浓……烟……飘过"。又如：

[7.16] В турбине сжатый пар подаётся на колесо не отдельными порциями, а непрерывно.
试译1：涡轮机里的压缩蒸汽，不是一股股地传送到涡轮上，而是连续不断地传送。
试译2：涡轮机里的压缩蒸汽，不是间断地，而是连续不断地传送到涡轮上。

句中 порция 单讲是阴性名词，表示数量意义"一份、一批或一部分"，第五格词组 отдельными порциями（一批一批地）作为方式状语，与副词 непрерывно（不间断地）搭配使用，构成语义上的对比，汉译时调整语序。порция 进入科技语境，尽管作为修饰语，但也经历了普通化引申过程，从而作为"连续不断"的区别词"间断地、一股股地"。

4）否定成分移位

否定成分移位指根据需要在译文中移动原文否定成分的位置，这是因为汉俄表达否定概念的手段及位置不尽相同。表达否定概念的手段因语言逻辑而显差异。就否定范围而言，否定分为全称否定和部分否定。汉语的否定对象一般置于否定词之后。俄语通常借助语气词 не 表示否定，не 放在谓语之前的是完全否定，не 放在其他诸如主语、宾语等成分之前的则为部分否定。意义和逻辑所否定的对象因句而异。汉译时必须准确判断原文的语用否定对象,将否定词移位到其语用否定对象前,如"Уж не больны ли вы?"(您不是病了吧?=您生病了吧?)。根据实际翻译需要,俄汉互译时,否定可从主语转向谓语,从谓语转向状语,从谓语转向补语,从宾语转向谓语,从介词宾语转向谓语,从主句转向从句,等等。例如,张会森(2003:297)解释俄语是非问句"Не … ли …"句型,所引之例"Не читали ли вы эту книгу?"的意思不是"您没读过这本书吗?",而是"您读过这本书没有?",因此回答"读过"时,要按照汉语习惯说成"Нет, читал."(不,读过)就错了,这样表示"没有读过",正确的回答是"Да, читал."(是的,读过),因为"Не … ли …"带有推测意味,не 在该句中无否定义,其否定义素被 ли 冲淡,否定成分"没有"淡化,并移到句尾。又如:

[7.17] Я не думаю, чтобы эту работу трудно было выполнить.
我认为这项工作不难完成。

按照俄语语序译文是"我不认为这项工作难以完成",但是汉语成句习惯却是把否定成分后移。再如:

[7.18] 女人不必学政治,而现在的政治家要成功,都得学女人。政治舞台上的戏剧全是反串。

Не женщинам надобно изучать политику, а нынешним политикам следует учиться у женщин. В теперешнем политическом спектакле все актёры играют не свои роли.(Сорокин 译)

汉语"反串"的意思就是 играют не свои роли(扮演的不是自己的角色),用否定成分来阐释。

5)倒装成分移位

倒装是由语言性质决定的。汉语是典型的分析型语言,缺乏形态,词与词之间的关系主要是意合,词序起十分重要的作用。例如"读死书"—"死读书"—"读书死"(陶行知语)词序不同,意义不同。词序的变动导致句子语义的变化。俄语是典型的综合型语言,词语富于屈折变化,词序可多种变异,语义基本不受太大影响,某些为突出句子交际重心而进行的词序调整另当别论。且如果考虑到句子的交际重心,则俄汉双语句子重心各有侧重。例如:

[7.19] Тем больше силы притяжения между телами, чем больше массы этих тел.
物体的质量越大,物体之间的引力就越大。

俄民族习惯于重心句先说,再补叙其他条件。汉民族则习惯于从侧面说,阐述外围，最后点出重心。反映在语表上，俄语句子结构多为重心前置，头短尾长，汉语句式结构多重心后置，头长尾短。俄语词序倒装的可能性大大超过汉语，汉译时常将原文句首重心后置。又如：

  [7.20]Ртуть замерзает примерно при сорока градусах мороза по цельсию.
  原译：水银约在摄氏零下40℃的时候，就会结冻。
  试译：约在摄氏零下40℃时，水银就会结冻。（杨静译）

原译逻辑是"在什么时候，就会如何"，显得啰唆。既然逻辑是条件与结果，则按试译处理，先陈述条件，故将表示条件关系的副词结构 при сорока градусах мороза по цельсию 前置，紧接着放置出现的结果，构成"条件—结果"句式。

4. 分句移译

分句移译是指根据需要在译语中移动原语复句中分句的空间位置，这是由俄汉双语复句的类型、结构及分句位置存在差异导致的。汉语复句按照分句之间的意义关系，分为因果复句、并列复句、转折复句（邢福义，2001：38）。按照分句所占的不同地位，汉语复句分为联合复句（即并列复句）和偏正复句（包括因果复句和转折复句），部分偏正复句相当于俄语复句。汉语复句的常态顺序是次要分句（即从句或偏句）在前、主要分句（即主句或正句）在后，即因果复句通常按照先因后果、先理据（假设）后判断、先条件后结果的顺序排列，转折复句大多采取先让步（假设）后转折的顺序。有时为了强调，也采取主句在前、从句在后的异态顺序，但基本上都是有标复句。俄汉互译实践中，需将原语某些词组增译为译语分句，或将原语分句减译为译语词组，或将原语分句换译为译语的另一种功能类型的从句，并根据译语从句的常态位置将其前移或后移。为封闭范围，仅将俄汉简单句限定为独立简单句和非独立简单句（分句）。

1) 汉语复句俄译时的分句移位

汉语复句有因果句、目的句、假设句、条件句、并列句、连贯句、递进句、选择句、转折句、让步句、假言逆转句等。不同类型的汉语复句俄译时，应该结合原文的衔接连贯、语义重心及其复句构成诸多因素，保留前置从句的原位或进行后移。俄译的主句前已有一个从句时，另一个从句必须移位；俄译的主句太短、从句太长时，从句一般后置。例如：

  [7.21]黑龙江对俄电力合作联盟，分别与俄罗斯统一电力系统国际电力股份公司、联邦电网公司、俄气电力控股公司、俄罗斯水电股份公司、东方电力系统公司、西伯利亚煤电公司、哈萨克斯坦萨姆鲁克电力公司等建立起紧密的境外合作关系。

«Амур Энерго-строй Альянс» выстроил тесные отношения сотрудничества с такими иностранными партнёрами как ОАО «ИНТЕР РАО ЕЭС», ООО «Газпром Энергохолдинг», ОАО «РусГидро», ОАО «ФСК ЕЭС», ОАО «РАО ЭС Востока», ООО «Сибирская ТЭК», АО «Самрук-Энерго» Казахстан.

这是一个典型的汉语并列复句。句子结构抽象为"主语A与B、C、D等外企建立了关系",俄译时移译为"主语A与如下外企建立起联系",并列举具体企业名称。

汉语复句后置从句,通常是为强调或修辞需要,俄译时也常后置。例如:

[7.22]面向俄罗斯及独联体国家电力建设市场,黑龙江对俄电力合作联盟致力于对俄电力领域投资与合作,贸易与服务并举,为中国—俄罗斯之间搭建起了共同的"电力之桥",是引领和牵动中国对俄经贸投资合作的重要力量。

Хэйлунцзянский «Амур Энерго-строй Альянс» (Энергоальянс) создан в целях развития инвестиционного сотрудничества в электроэнергетической области с РФ и странами СНГ. Ориентируясь на рынки электроэнергетического строительства в РФ и других стран СНГ, Энергоальянс прилагает большие усилия для развития торговли и оказания сервисных услуг. Построив несколько линий электропередачи между КНР и РФ, своеобразный «Мост сотрудничества в области электроэнергии», Энергоальянс стал основной ведущей силой, которая лидирует в торгово-экономическом и инвестиционном сотрудничестве Китая с Росией.

俄译按照俄语表述习惯调整语序,因第二分句的主语"黑龙江对俄电力合作联盟"是全段整个复句的论述重点,故移动至句首,单独成句。第一、第三分句内容相似,合译为一个副动词词组结构,形成逻辑链条清晰的复句。将第四、第五分句合译为逻辑顺畅的句群,仍然用副动词结构表示时间先后的因果关系,即"搭建了桥之后,联盟成了重要力量",将长定语"引领和牵动中国对俄经贸投资合作的"后移,是为了强调,也是出于修辞需要。

2)俄语复句汉译时的从句移位

俄语复句,指由两个或以上述谓单位组成的具有完整语调、表达相对完整思想的句子,分为无连接词复句和连接词复句,后者又可分为并列复句和主从复句。并列复句又包括带联合连接词(и、да、тоже、также、и...и...、ни...ни...等)、对别连接词(а、но、однако、зато 等)以及区分连接词(или、либо、то...то...、не то...не то、то ли...то ли 等)等三类复句。主从复句包括限定从属句、说明从属句、疏状从属句、接续从属句、对比确切关系从属句和熟语性从属句等。带连接词 как 的比较从句和原因从句，从句经常位于主句后，而汉语的常见语序为从句位于主句前，因而 как 从句汉译时应尽量移动从句和主句的位置，改变俄语语序，顺应汉语逻辑性和顺承性语义。还有的俄语复句可采用"得"字结构换译为简单句，从句移动位置进入主句之中，成为主句的补足结构成分。例如：

[7.23] Но он всё ещё слишком занят, чтобы уделять ей больше времени.
试译1：然而他忙得抽不出更多时间去看她。
试译2：然而他忙得根本顾不上她。

口语有一种表评价的结构，主要用带说明从句的主从复句来表示。主句中含褒贬意义的名词，如 молодец、умница、счастье、беда、позор、досада、правда、чудо、горе、вина、вздор 等，在主句中做谓语，从句表示被评价的内容。汉译时按照汉语表达习惯，先陈述再评价，分句随之移译。例如：

[7.24] Только ты умница, что приехал.
你来了，你真聪明。

类似的译例还有：Я дурак, что согласился.（我同意了，我真蠢。）；Я причина, что ты ранен!（你受伤，都怪我！）；Это просто чудо, что мы сегодня отдыхаем.（咱们今天休息，这可太好了。）。又如：

[7.25] Она колебалась, пока сама себя не понимала.
在她尚未了解自己之前，她一直拿不定主意。

用 пока 连接时间状语从属句，表示行为同时进行。汉语两个简单句为"她拿不定主意""她不了解自己"。组合时，内部就含有逻辑关系，因为她不了解自己，所以她拿不定主意，因此汉译时需按照内部逻辑进行句序移译。同理，"Человек ценит здоровье только тогда, когда его уже нет."可译作："人只有在他失去健康的时候，才会珍惜它。"

句群分句也可根据逻辑顺序移译，尤其对于翻译文学作品的人物肖像叙事或者风景叙事，译者需要根据宏观情景调整视角，切不可顾及句序死译硬译。例如：

[7.26] Роста он небольшого, сложён щеголевато, собою весьма недурен, руки и ногти в большой опрятности содержит; с его румяных губ и щёк так и пишет здоровием. Смеётся он звучно и беззаботно, приветливо щурит светлые, карие глаза.
他身材不高，风度翩翩，一表人才。他那红润的嘴唇和面颊上透露

着健康之色,他的笑声响亮而又畅怀,常常亲切地眯起一双褐色明亮的眼睛。他的手和指甲都修饰得干干净净。

该例是描写人物仪表的句子,仿佛人物肖像画,按先后主次顺序表达。整体上,目光先聚焦身材,再逐步到面部、手、指甲,从整体到局部,从上到下,从主要到次要,故译成汉语后将其移后进行句序移译。

(三)语用性移译

语用性移译,即无形移译,主要是语义引申,指摆脱原语表层形式的束缚,根据语用价值取向,引申出特定语境中的新含义,并用恰当的译语表达。无形移译时,"原语单位主要是词和短语在具体语境中获得新义,沿着两条途径发生语义变迁:一种是辐射式,以词语的本义为中心向四周辐射,即词义由 A 引申为 A1、A2、A3……,所有这些引申义跟其本义密切相关;另一种是连锁式,即由词语的本义逐渐引申产生新的词义,即由词义 A 引申为 B,由 B 引申为 C,……,直到其本义在最后的引申义上消失"(余承法,2014:163)。无形移译与换译难舍难分。尽管从方向上看,无形移译为一次单向的从原语到译语的行为,换译则为双向的两次无形移译。

原文某些词语进入译语新的、具体的语境之后,临时获得了原作所没有的新义,但恰巧在译语中暂无与之对应的现成表达方式;或者有语表对应方式,但语义差别较大,不符合当下语境;或者即使能表达字面义,但无法准确、完整再现其深层义,甚至可能导致译语表达不地道。这时必须从原语的表—里—值三个角度出发,引申出原语词语特定的语境意义,包括三个阶段:原语的语内引申、语际的概念转移、译语的选择和表达。具体步骤如下:语表考察(原语词语的语法意义)→语里考察(原语词语的概念意义)→表里印证(原语词语的语法意义和语里意义之间的相互关系)→语值考察(原语词语特定的文化值、修辞值、语境值)→表里值结合考察(引申出原语词语在特定语境中的功能和意义)→转换译为简单/复杂意象→换译为译语概念→外化为译语语表→选择恰当的译语词语。

无形移译可摆脱原文语形的束缚,从其本义引申出特定语境中的新语义。这一语义从原语单位(主要是词和词组,也包括句子)的本义派生而来,并用恰当的译语单位表达出来,以便准确传达原语单位的实质和内涵,满足修辞达意的需要,同时符合译语语境和表达习惯。原语有些词语在译语中没有对应物,有时即使形式对应,也意义差别很大,不符合译语表达习惯,必须结合语用价值,根据上下文语境,对其字面意义进行引申,包括以下四种类型:专业化引申、普通化引申、具体化引申和抽象化引申。

1. 专业化引申

原文有些科技词语本来属于共核词汇，即日常词汇进入科技和工程领域，获得专业化特点，由普通名词变成了专业术语，在特定上下文语境中获得了专业性语义，全译时应该结合学科专业，由其本义引申出特定含义，以符合相应的文体要求和表达规范。比如，很多人体器官名词、动物名称和日常事物词汇，一旦进入科技领域，情感色彩和形象感均淡化，且一般用指小表爱形式"摇身变成"专业术语。例如，人体器官类词汇，ушко 是 ухо（耳朵）的指小表爱形式，ручка 是 рука（手臂）的指小表爱形式，головка 是 голова（头）的指小表爱形式，ношка 是 нога（腿脚）的指小表爱形式，在工程技术领域中分别表示"耳座"、"手柄、旋钮"、零件的"头部"、"细丝、细弹簧"。动物类词汇 собачка 是 собака（狗）的指小表爱形式，在工程领域指"制动爪、滑动块、销、夹头"等；мышка 是 мышь（老鼠）的指小表爱形式，在计算机领域指"鼠标"；змейка 和 змеевик 是 змея（蛇）的指小表爱形式，змейка 在航空领域指"蛇形战斗队形"，змеевик 在工程技术领域则指"蛇形管、蛇形钻、螺旋管线圈"等。又如：

[7.27]Корпус вспомогательных цехов уже кончен, другие цехи ещё окружены лесами.

试译：辅助车间已经竣工，其他车间还在建设中。

汉译把"其他车间的周围还是脚手架林立"进行专业化，引申为"还在建设中"，符合专业用语要求。再如：

[7.28]云贵高原分布着广泛的喀斯特地貌，它是石灰岩在高温多雨的条件下，经过漫长的岁月，被水溶解和侵蚀而逐渐形成的。

На протяжении долгих лет, под влиянием обильных осадков, тёплого климата Юньнань-Гуйчжоуского нагорья, известняковые породы выветривались, трансформировались, принимая вычурные очертания.

俄译调整语序，将第三句"经过漫长的岁月"移译至句首，先交代时间，随后交代条件"石灰岩在高温多雨"，最后陈述地点"云贵高原"，指出主语 известняковые породы（石灰岩），继而用两个动词 выветривались（风化）和 трансформировались（变形）解释"溶解和侵蚀"，最后辅以副动词结构 принимая вычурные очертания（展现出奇异的轮廓）引申出汉语专业术语"喀斯特地貌"，当然这一术语有俄语对应词汇 карст，但因下文会有介绍，并未使用这一含义笼统的术语。

2. 普通化引申

普通化引申一般涉及具有特殊的文化含义的词汇，特别是含有宗教或历史文化意蕴的成语或谚语。翻译时，译者通过触及文化渊源，体认并揭示文化蕴含，再依循其意义流变的轨迹进行适度引申，只译出引申义，将其普通化处理，而文化义素消融于句义。如"Катись колбаской по Малой Спасской."的字面意思是"香肠滚去小斯帕斯卡亚街"，汉译时直接采用普通化方式，引申为"走开！"，才能确保意义忠实，成为与俄语信息最贴切的相似语义表达。因此，考虑译语读者的认知水平，对某些词义进行恰当的普通化引申，以确保译文简洁明了，顺畅可读，如成语 не в своей тарелке，根据字面直译为"不在自己的盘子里"，却要引申为"心绪不佳，心不在焉"。俄罗斯实行分餐制，一人一托盘，吃着吃着就吃到别人的盘子里去了，说明吃饭者早已心不在焉了。若语境允许，更可进一步引申为"不是我的菜"，当然某种程度上后者属于搞笑误译，却误得有趣。又如：

[7.29] Я. Брат, очень даже хотел жить, пока было антиресно, и жил, смерти не подавался. А твою-то силу мы ещё не знаем. Молода, в Саксоне не была ...

伙计，只要活着有意思，我真乐意活下去，不答应死。你到底有多壮，咱不知道。还嫩嘛，没经受过考验……（陈馥译）

俄语词汇 Саксон 是罪犯俚语，指一种芬兰匕首。作为蕴含特定文化义素的表达，取句子整体语义，普通化引申为匕首的危险性即可，所以可以移译为"没经受过考验"。再如：

[7.30] 榴莲——"闻着臭，吃着香"，这是对马来西亚这一民族特色水果的经典描述。

Дуриан — «Он пахнет как ад, но на вкус — рай». Классическое описание дуриана, национального малайзийского фрукта.（陈国亭、吴亚男用例）

汉语"闻着臭，吃着香"是一种对比方式排列的形象性表达。俄译没有用"臭"和"香"对应的俄语形容词，而是普通化为比拟形式 как ад（像是地狱）与 как рай（像是天堂）。

3. 具体化引申

具体化引申指将概括性强且语义笼统宽泛的词义范围缩小，使之具体化。具体化引申也称作"形象化引申"，俄汉双语不少词语的字面含义颇为笼统或抽象，只译出字面含义，难以明确地转达原文的语义和语用。因此，译者常根据特定的语境以原文的字面语义为基础，用比较具体或形象化的译语予以引申。

俄语颜色形容词 голубой（天蓝色的）具有独特的社会文化意义，象征赏心悦目、欢愉美好，汉译断不可局限于原义"蓝色的"，应据搭配将词义具体化为比喻、引申、象征或联想义，如 голубые года 具体引申为"岁月静好"，绝非"蓝色的岁月"。其他搭配亦是如此，如 голубая тишина（恬适的宁静）、голубые мысли и слова（美好的思绪和言语）、сирени шелест голубой（丁香树清婉的沙沙响）、голубая приветливая страна（温馨可爱的故土）。可见，美好的文化意象通过语言符号表现客观世界的本质特征和规律，体现了俄语民族的认知方式。例如：

[7.31] Отец Андрея, как и всякий рабочий человек, страстно любил зелень.

安德烈的父亲像所有做工的人那样热爱花草树木。

俄语词汇 зелень 是抽象概念，词根源自 зелёный（绿色的），指含有"绿意"，该例则具体化为"花草树木"。又如：

[7.32] 开展全民环保教育，提高全民环保意识，推行绿色消费方式。

Будет развернута воспитательная работа по всей стране с целью повышения экологического сознания масс и пропаганды за экологические способы потребительства.

"绿色"消费在生态话语体系中，按照实际理念，具体化为 экологические способы（环保）。

4. 抽象化引申

抽象化引申即将具体词义进行概括。将原文具体或详细的表达人或事物的属性、特征、状态的文字，用更概括的译语词表达。俄汉双语有些词语的字面语义比较具体或形象，若直接译出，在特定语境下显得牵强，则可用译语中含义较为概括或抽象的习惯用语引申。例如，"Я его, кажется, сто лет не видел"译作"我，好像，一百年没有见过他了"，显然"一百年"是夸张，字面语义比较具体或形象，但直译出来与当下语境不符，且不符合译语表达习惯，令人费解。用译语中含义较为概括或抽象的习惯用语对原语进行转换，透过字面意义引申出抽象概念，译成"我似乎好多年没见到他了"，或者挖掘原词表达的本质内涵，以符合译语的表达习惯。又如：

[7.33] Нет лучшей музыки, чем тишина, тишина в горах, тишина в лесу. Нет лучшей «музыки» в человеке, чем скромность и умение помолчать, не выдвигаться на первое место. Нет ничего более неприятного и глупого в облике и поведении человека, чем важность и шумливость.

世上没有比宁静——山间的宁静、林中的静谧更美好的音乐；在人身上没有比虚怀若谷、善于沉默、不显山露水更美妙的音符；个人言行中没有比骄傲自大、咋咋呼呼更愚蠢更令人厌恶的东西。

此例第二句和最后一句都是简单句语序换译，换译后更能突出汉语的美感。排比句式"没有比……没有比……没有比……"使整个句群中句子的排列犹如方队，士气大升，节奏感极强。同时，抽象意义后缀-ость 构成的词语 скромность（谦虚）和动名词 умение（会）搭配，与 важность（重要性）和 шумливость（吵闹性）构成对比成分，前者采用文学性更强的四字格"虚怀若谷、善于沉默"，后者"骄傲自大、咋咋呼呼"自然伴随。再如：

[7.34] 中国游客使用移动客户端预订旅行的比例位居世界第一，达 12%，超越全球平均水平 6 个百分点。

Китайские туристы занимают лидирующее место в мире по бронированию туров с помощью мобильных телефонов, их доля достигает 12%, что существенно превышает средний мировой уровень — 6%.

汉语"客户端"，对应英语为 client，是指与服务器相对应，为客户提供本地服务的程序，其对象是手机用户。俄语没用 клиент（客户），而是换了视角——с помощью мобильных телефонов（借助手机），从不同角度阐释术语，达到意似。

第三节　换　译　论

换译论包含换译的界定、理据、过程的论述及方法体系的建构。换译，即替换式全译，重在语形的更换，与其他全译方法共同组成了全译方法论系统。语言的差异性必然要求译者使用换译方法。此外，还可从思维学和文化学找到支撑理据，从美学找到或然原理，从哲学寻觅本质的必然缘由。换译遵循全译的阶段划分原则，分原文理解调换、语际转化更替、译文表达取代三个阶段。根据不同的目的和需要，换译可具体化为语形性换译、语义性换译和语用性换译。

一、换译界定

换译现象早就存在。国外学者的翻译理论研究涉及换译法，研究重点在宏观理论构建上。国内长期不分翻译技巧与方法，"转"与"换"作为一种翻译操作方法，统而言之。

（一）换译的由来

"翻译"俄语为 перевод，英语为 translation 和 interpretation。interpretation 着重于"口译"，其词源是俄语 интерпретация，即注解、解释、阐释。但俄语"口译"术语没有定为 интерпретация，而是用词组 устный перевод 表达。词素 пере-和 trans-以及 inter-都含"跨"义素，即从一种语言跨到另一种语言，这种跨语言跨时空的行为传统称为"转换"，翻译也随之称为转换行为。巴尔胡达罗夫（Бархударов，1975：11）认为，"翻译是将某一语言的言语产品在保持内容（意义）不变的情况下转换成另一种语言的言语产品的过程"。"跨"义素的关键在于转换（преобразования）、改变、代替。"换译"历经了"换转—转换—互换—换译—更换—换—换译"的发展过程。换译的英语术语 conversion、transposition、shift、change、interchange 和 substitution 等，多指技巧中的词性、语序和语态转换，突出语言形式层面的转换，较少涉及对应形式差异后再次的替代与更换。interchange 为合成词，其动词性词义更为普遍，侧重"互换"，词素 inter-可对应俄语词素 взаимо-（相互的），change 可对应俄语 замена（替换），侧重二者的互换、信息的交换，然而俄语术语并非 взаимозамена（互换）。substitution 倾向于"替代"义，是具体操作层面的替代，即行为，同时也是意义层面的转换、改变，即行为产生的结果。替代是行为，替=代=换，进入译学完成术语化过程。考虑到习非成是，substitution 最先进入《中国译学大辞典》，本书仍采用 substitution 这一术语。综上所述，译学方法论中"换译"对应的英语术语为 substitution，俄语术语为 замена。

（二）换译的定义

综合"属+种差"经典定义法与义素分析定义法，可得换译定义。

1. "属+种差"法定义

换译定义较晚。黄忠廉等（2009：67）认为换译即交换式全译，指相对或相应的语言表达手段相互交换的全译活动。余承法（2014：171）认为，"换译是交换式全译，是指译者根据原文语用价值和语里意义以及译文语表形式的需要，交换双语表达手段和方式的全译方法"。根据"被定义项=属+种差"，可见换译最邻近的属概念是全译，"种差"重点在于"行为"（交换）。更深入地说，"种差"应体现为与同级概念"对译、增译、减译、移译、分译、合译"的差别，即"换"的下位概念"替代"。

2. 义素分析法定义

词义的义素分析就是要弄清组合规律，并通过词义与词义的相互比较来确定每个具体词的义素构成，从而对词义的解释更清楚。换译的上位概念是全译，种差是"替代"。经典义素分析通过纵向与上下位词和横向与同位词的比较,确定具体名词的属、种义素,以给出词典定义。莫斯科语义学派义素分析的"释文直接针对的不是孤立的词汇单位,而是置于特定题元框架结构中的词汇单位"(张家骅,2006b),即将词汇单位的释文直接置于特定题元框架结构中分析,因而对具体名词和抽象词汇单位都有效。"换译"既可作名词,表方法,也可作动词,表行为。其"客观意义由自身的概念语义和反映情景参与者的配价语义两个方面组成"(Уфимцева,1986:139),在词汇系统成员的组合关系中得以确定。其行为主体是译者——人和/或机器;客体是原语文化信息;行为是转化,具体为替代;工具是译语;原因是双语语形、语义、语用的矛盾;目的是符合译语思维方式和表达习惯;属性是全译方法下的次级范畴。这些因素的意义都是词义的有机构成。换译的题元框架因此可表述为:{换译}=[主体+客体+行为+工具+原因+目的+类属]。

于是可得:换译指译者(人和/或机器)将原语文化信息转化为译语时,替代原语对应单位或表达方式,以化解双语语形、语义、语用矛盾,符合译语思维方式和表达习惯的一种全译方法。换译的原则是换形不换义不换值,即形式交换,语义和语值都力求不改换。

二、换译理据

换译方法从语言学找到本体原因,从思维学和文化学找到支撑理据,从美学找到或然原理,从哲学寻觅本质的必然缘由。

(一)语言学理据

换译与语言学的关系最密切,以语形为依附,靠语义传递才能替代,同时受制于语用而表现出多样的译文。换译本质属性为换形保义显值、换形舍义融值和换形增义升值。语义和语用从价值论角度看,体现为持平、减少和增加,语形只体现为"换"。

1. 语形理据

语形标准,即采用换译克服语言形式上的矛盾,该视角比较直观,对比双语语表形式即可观察到,直接构成了有形换译,即单位换译和符号换译等类型。符号学分类标准很清晰,但翻译实践中语用和语义总是相伴关联,不具操作性。因此,采用形态分类标准,即将换译分为有形换译和无形换译。

2. 语义理据

语义标准,即主要矛盾点在语义上。前文已经论述过语义至少包括词义和句义,可细化为词汇义、语法义和逻辑义,这些在翻译单位上也就构成了无形换译,包括词类换译和视角换译,视角换译又可细分为肯否互换、动静互换等类型。

3. 语用理据

语用标准，即双语语形和语义都对应，但受语境、文化等其他因素制约，语用价值出现矛盾，为此采用换译法更换"时空"。时空=时间+空间，是抽象概念，时间表示事物的生灭排列，空间表示事物的生灭范围。词汇的意义空间，即配价关系，构成语言的空间形态。思想即处于这一空间形态之中。双语表达同一思想的两个时间和空间的差异，构成了四维交错空间，主要体现在思维逻辑关系的差异上，进而产生了不同的表达方式，换译法于是派上用场。

（二）思维学理据

双语语形的差异源于双语思维的差异，从其同一性与矛盾性入手，可以考察换译何以能行。

1. 思维同一性

同一律指在同一思维的过程中保持自身思维的同一性，在特定的语境中保持与他人思维的一致性。思维与语言的"一致性"要求同一时间、同一对象，对象的同一方面应该一致。同一语篇遵循同一逻辑，即便出现上下位概念，但断定其表述同一思想时，也可通过换译保证概念的前后一致。科技翻译中术语概念、普通词汇概念、习语等均应遵循思维同一性，这与文学翻译避免重复的修辞考量有绝对性的差异。基于思维同一性，换译主要体现于认知关联性和认知范畴论。

1）思维认知关联性

语言本身是一个能思能想的思维活动类型，有自我运行系统，骨架是语法，血肉是词汇，精髓是神韵，神经是语义，基础是逻辑。语言思维落实到语言单位，涉及语音、词素、词、词组、简单句、复句、句群、篇章。思维形式有概念、判断、推理等。翻译可以用一种概念替换另一种概念，比如表示因与果、局部与整体、工具与使用者的概念都可以相互替代。双语间词汇语义的形成、理解与转化涉及符号与指称、符号与译者思维的关系，涉及词汇语义随语言规范和语境的变化。"词义扩大、缩小、扬升、贬降和转移"（王寅，2007：251）等词义变化方式均与思维密切相关。

2）思维认知范畴论

人类习惯于用熟悉的、有形的、具体的概念认识不熟悉的、无形的、抽象的概念，形成由表入里、由此及彼的隐喻化思维过程。隐喻化思维在换译中能够促使译者达成新的认知范畴。译者视角的变化即思维在认知范畴中的移动，当译者思维由此物转向彼物、由主体转向对象、由事物转向场景、由时间转向空间等的时候都能成为换译法使用的思维原因。

2. 思维矛盾性

思维具有共性，更显其个性。即便是抽象缜密、程式化高的科学语言，其思维逻辑也并非一目了然，千篇一律。

1）汉民族主体性思维与俄民族客体性思维

汉语重意合。"中国传统哲学的整体观、汉民族的综合思维和模糊思维是汉语意合趋向的能动的理性根源；形合特征则是西方民族依照原子观哲学观念和形式逻辑思维法则对其语言的发展走向做出的自然选择。"（张思洁和张柏然，2001）俄民族重自然观，在语言中注重客体，常以物作主语。俄语物称多于人称，以示客观性。而汉语习惯了主体性思维模式，描述客观世界常以"我"为中心，人称句明显多于俄语。即便不必强调人称时，也经常用"大家、人们等"人称来泛指。俄语无人称句、不定人称句、泛指句汉译时常常换译为人称句。

2）汉民族模糊性思维与俄民族精确性思维

汉语科学语体语义虚松，"提高""加强"往往表达成"得到提高""得到加强"，其中"得到"是分析型谓语，其语义可融入其后的词语。俄语语法要求指代关系明确、逻辑清晰、删减合并，汉译时其可替换之处大量存在，所以换译派上用场。一般认为科学翻译需多一些抽象思维，倾向于思维结构重组。文学翻译多一些形象思维，思维多是直观模拟式。

（三）文化学理据

文化同质性与异质性展现出的文化渗透性、兼容性、民族性和干扰性，制约着换译的选取，侧面说明换译绝非天马行空。

1. 文化同质性理据

语言具有同质性。翻译作为跨文化交际的一种形式，进入"文化转向"时代，摆脱了狭窄的语言束缚，研究范式倾向于多学科交融。同质语言观关注语言的一般特性、共性、语言要素、系统、功能和结构等。心理文化则涉及审美情趣、宗教信仰、价值观念等。

1）文化渗透性

各民族文化呈现出渗透交融的趋势，文化对译者意识的引导作用明显。双语知识引导着译者的思维，潜在地引导译者建立非母语思维模式。译者的双语国情知识和民俗习惯等"杂学"功底意义重大。译者就地取材、就近取譬，选择其最熟悉的情景或事物以借景抒情或托物言志，以此替代原语表达。

2）文化兼容性

文化兼容性指不同民族的文化在交际过程中表现出的相互渗透、影响和促进的状态。多元文化在彼此交流中不断适应与融合。翻译吸收各民族优秀的语言表达形式，促使语言出现变体，"混杂语"一度成为时髦语；随着岁月淘沙，优胜劣汰，翻译生态更具活力。

2. 文化异质性理据

异质语言观关注语种间要素、系统、结构和功能等方面的差异。独特的民族性因思维形式差异而独具风采。全球化加速了文化走向多元的步伐。文化要沟通就要跨越语言障碍，翻译只是手段之一。换译破解不同文化障碍，尤其涉及文化的民族性和干扰性等方面。

1）文化民族性

越是民族的就越是世界的。翻译在吸收异域优秀文化的同时，彰显自我民族意识。"翻译时传达了民族特点中最本质、最典型的东西，才能正确地反映原作的艺术现实。"（加切奇拉泽，1987：72）翻译无论内外都应根据信息重点，兼容并蓄。传达民族性文化的主要信息时异化，而次要信息可归化。对不同民族的风俗习惯、宗教信仰等独具特色的文化信息，要采取辩证态度，分清不同时代的主要矛盾和次要矛盾，译法因时而异。

2）文化干扰性

思维模式的不同，导致俄汉双语对同一事物的概念表述产生差异，或者概念表述相同但文化联想意义不同，如"龙"在中国是褒义，而在俄罗斯倾向于贬义。翻译时为避免"审美干涉"，可以适当采用换译法。

（四）美学理据

美学的形美、意美和神美制约着换译，也发展着换译。换译法在欣赏与转化"美"的过程中往往无意识地水到渠成。

1. 形美

形式美即语言形式上体现的美，是直接感知的。"形美"体现于语音和语表形式上，通过"形式"表现"形象"，因而"形美"可从形式和形象上挖掘。

1）形式美

语音美借助发音器官和听觉系统，直观可感。声韵、平仄、音响、节奏等可反映语言节奏美。节奏是人类感知的事件在时间上的组织方式，以音步为基本单位，汉语遵循"语素必单，音步必双"（冯胜利，1997：145）的原则，一般由两个汉字构成，平仄交错。俄语节奏重在韵律交替，如抑扬格、重音、语音变异，以及各种辞格营造的语音效果。俄译汉巧用汉语四字格、叠词、成语等表达语义，借助语言形式和辞格营造"均齐美""回环美""错综美"。形式美具有时代性，在全民普通话的今天，重拾先秦散文、汉赋、唐诗、宋词、元曲、明清小说的文风，总有一种优雅精致的传统味道，散发着磅礴深厚的民族之魂。

2）形象美

翻译审美旨在用美的译语展现原语风姿，既要形式美，又要形象美。文学翻译注重"陌生美"，又要"精神资致依然故我"。形象翻译方法除了直译、音译加注等，也有换译，换一形象，格外传神。让译作读起来像译作，就要在整体上和局部上都有别于创作。李智和王子春（2006）阐释鲁迅"异化"美学观时强调"译者，异也"，以美学思想为逻辑起点，既"移情"又"益智"，拉近译者和读者的审美诉求。"异国情调"经换译生发"审美距离"，距离产生美。

2. 意美

语言意美是指语言形式之外语表形式营造的意义美和字里行间蕴含的意境美。

1）意义美

意义美是通过词汇搭配、语法构造、语篇制约而形成的，可以跨越时空、地域和心理界限。当双语语音与语义无法两全时，舍"音"取"义"被奉为第一要旨。"音"的意义虽失落，但可以使用换译法通过书写手段、标点符号、遣词造句或修辞手段等来补偿。思果（2001：XXI）总结的翻译要点其二即"切不可译字，要译意，译情，译气势，译作者用心处"，佳译像盐融入水，不着痕迹，却有了味道。当"形"与"义"不可兼顾时，"形"也要让着"义"，退居次位。

2）意境美

意境是指通过形象情景交融，"把读者引入到一个想象空间的艺术境界"（赵则诚，1985：640）。意境在于情景交融。"意"是译者所体验的原作情感理想，即译者与作者视域融合。"境"包含的形象，一是译者感到的作者描写的物象之境，二是译者体验的作者心绪之境。这两种"境"均以语言作为媒介，领略"境"后忘却语言。"艺术翻译的真谛就在于译者的创造才能，体现于对原语文本语义的阐释过程之中，体现于双语文化的和谐融合之中，体现于艺术形象的再度创造之中。"（Модестов，2006：26）原语艺术形象最终转入译文，发生译者与作者以及译者与读者的二次视域融合。

3. 神美

"神似"以"形式"为基础，与高度的"意似"关联。"神"对"形"有主宰作用。神美即神韵美，在于修辞和思辨。语言表达的逻辑顺畅、干脆练达铸就逻辑美。形式上音律和谐、节奏顿挫、形象丰沛与内容上意义精炼、意境交融共生，构成了思辨美。译本"神似"对译者文化修养要求甚高。换译审美过程中，译者追求通过换译法以意驭形，传达出"意在言外隐秀之美、以虚孕实含蓄之美、以形写神气韵之美、动静互涵和谐之美以及神与物化境界之美"（张思洁，2007），诉求于换译能够创造性地守"本"求"信"，通过"神似"达到"化境"。译者判断美、认知美、鉴定美、品味美、享受美的过程是内化的精神创造过程，使用换译法展现内化的思维，造就"神似"，形成了"无声胜有声"。

（五）哲学理据

哲学乃人文科学的母学科，哲学的矛盾论和辩证法适用于换译。

1. 矛盾论

矛盾普遍存在，是事物发展的内因，而不矛盾律可使思维保持一惯性、无矛盾性。"不矛盾律的逻辑要求是有条件的，即在同一时间，从同一方面，对同一对象不能作出两个相反或相矛盾的论断，以保持思维的首尾一贯性，避免自相矛盾。"（瞿麦生，1989：117）双语形式和意义有时并不完全一致，互译时要保证逻辑连贯，根据类比推理，避免自相矛盾。"矛盾"可理解为不相类似的现象，表现在逻辑上就是对立性，表现在语义上就是语义成分不兼容、句法联系与语义关系不对应。译者采用换译法破解矛盾，至少应针对语义前提不协调、基点不同、角度不同等现实，改变译语对应结构，如原语主动句换译为译语被动句等，语义的矛盾由于句子结构的变化而消解。此外，换译的矛盾论在宏观层面上还表现在可译性与不可译性的对立、归化与异化的对立。

1）可译性与不可译性之矛盾

可译性与不可译性是相对双语而言的一对矛盾。可译性指"在使用两种语言进行交际的条件下，客观存在着可以传达内容的可能性"（Нелюбин，1999：148），而"由于人的逻辑方式基本相同，再加上不同民族语言中存在着语义共相，便构成了可译性的基础"（蔡毅和段京华，2000：25）。不可译性大都体现在独特的语言形式上，如俄语名词有阴性、阳性、中性之分，汉语无。不可译性是有条件的，一旦跳出文本，不可译性便向着可译性渐变。对文化空缺词汇而言，形式上不可译，经过"替代"却能在意义上可译。例如，"Кто же, ребята (жеребята), пойдёт с ним?"利用发音相连，制造幽默。же 和 ребята 落实于文本，因有逗号，不会产生歧义。但发音时两个单词中间不停顿，就会误听为жеребята（小马驹）。汉语很难用一个词同时表达这两种语义，但可用阐释法补充，用加注的方式可部分化解矛盾。"翻译策略的制定，要有的放矢，对症下药，同时也要权衡得失，有时还需要做出迫不得已的决定。"（孙艺风，2012）翻译行为只是让译语无限地接近原语，符号意义随情景的变化而不断变化。因为"不可译"，所以要"换译"，这就是换译的哲学矛盾论观点。

2）归化与异化之矛盾

归化与异化早有探讨。"归化和异化可看作直译和意译的概念延伸……直译和意译之争的靶心是意义和形式的得失问题，而归化和异化之争的靶心则是处在意义和形式得失旋涡中的文化身份、文学性乃至话语权力的得失问题。"（王东风，2002）归化与异化是针对译语文化而言的一对矛盾。"本体决定理据、客体制约理据和主体选择理据，三类理据共同构成归化与异化策略的哲学依据。"（谭华和熊兵，2016）译者应使译文符合文化规范，符合表达习惯，使用换译法来更替陌生文化因素。

2. 辩证法

换译涉及双语、双文化，牵连思维转换，必须跳出"二元对立"思维，实现多元互补，以批判性辩证眼光识解换译标准和规范。

1）换译标准之辩证

换译标准遵从翻译标准。信、达、雅、形式对等、功能对等、交际等值、功能等值、等效/对等、对应、等价、等同等术语，形成了"等值—等效—似"的逻辑链，说明翻译的伦理标准在与时俱进。换译标准基于语言学，核心是译语的形式和内容与原作在语言节奏、音效、信息、思想、形象、情调、语言风格与意境等方面是否对应的问题。事实上，用译语完全替代原语且让译语受众认为译语完全等同于原语是根本做不到的，原因"不仅在于很难转换某些具有诗意的形式特点、文学或历史联想、民俗特征和文学作品的细腻特征等，而且就连话语最基本元素在翻译中也很难做到完全相符"（Комиссаров，2004：116）。变译理论提出后，译者对比双语文本，以"似"为动态阈值标准，以动态眼光识别译本在形式、意义和功能三个层面上接近原文的程度。

2）换译规范之辩证

客观世界中事物现象是对立统一的，即"均一事之殊观或一物之两柄也"（钱锺书，1979：54-55）。语言有"反训"，即用一组反义词来解释同一个词，还有"正话反说、反话正说"等。译者视域直接导致文本语义解读、转化、重构等步骤上的差异，译法差异又会导致最终译本的差异。译法观念决定了具体翻译操作行为。同一译者不同时空的视域差与译法存在辩证关系，这会间接促进译本翻译质量的提高，外国名著的修订版、增订版便是例证。不同译者的视域差与译法之间也存在辩证关系，同一名著的不同译本可作为例证。因此，换译规范由换译行为规定，并由使用换译法的译者所遵循。如将译者抽象为一个集合体，换译规范即是所有译者都应遵循的翻译行为规范。换译规范因而是社会性的，是不以某个人的意志为转移的。

三、换译过程

换译过程就是译者操控换译单位历经原文理解调换、语际转化更替和译文表达取代三步建构译文的过程。语表形式——分解，语里意义逐项重构，语用价值步步彰显。三步骤大致依次进行，伴有交叉，主要取决于译者思维。译语表达后对标原语语表形式，发现语际替代过程不仅有语言形式外壳的变化，更有翻译单位非对应表达或形象的替代。

（一）原文理解调换

原语语形到原语语义的过程就是换译的理解过程，大致包括"语义表层转为深层，逻辑义析出"和"思维调换，衍生命题产出中间语"两步。

1. 语义表层转为深层，逻辑义析出

"语言与思维互为表里，语言是思维的外化，思维是语言的内化。"（赵德远，2001）语义由表层的词语转为深层的命题，逻辑义析出。译者大脑接收信息即收码，信息被思维系统整理、归类乃至概念化即解码。收码依靠生理，解码侧重心理，后者常用策略是索词策略，即根据语表、语义和语境，经验丰富的译者因有大量的词汇知识储备，能在头脑中迅速进行检索。译者根据原语语表特有形式，如俄语的前置词，连接词等功能词标志，动词配价理论和时、体、态、势，名词的性、数、格，形容词的长、短尾，熟语性复句的构句模式等，采用顺句驱动或预测组合等手段达到理解后形成认知对应，完成索词。透过原语语形，通过概念、判断、推理等，对语言单位反映的客观事物或现象的本质特征和内在联系形成抽象的认识。这是语言的思维内化过程。原语理解，理解的是原语语形表意因素，尽管原语理解并不完全等于词义加句法结构，但却能以此为"抓手"，通过显见的词汇形态和语法形式，向内探求语义、句法意义和语气，向外拓展至交际对象、背景、场合以及主体风格等。

2. 思维调换，衍生命题产出中间语

翻译思维因双语性不同于单语思维，"以原语思维与译语思维的互交、互渗、互化、互变为其显著特色，说到底是一种变化思维"（黄忠廉，2012）。抽象思维基于概念系统，包括简单概念、复杂概念、简单判断、复合判断和推理。形象思维基于意象系统，包括简单意象、复杂意象、简单组象、复合组象和意象群。原语理解过程自下而上、由小到大、由部分到整体，其程序可能是"简单概念/意象→复杂概念/意象→简单判断/组象→复合判断/组象→推理/意象群"（黄忠廉等，2013：200），按照语言单位呈现为：词→词组→简单句→复句→句群。译者初识原语，将头脑中抽象的原语语义用命题来表达，以概念和/或意象为认知单位，将原语语义信息调换成概念和/或意象，预备语际转化过程。理解过程中时常伴随着部分转化和少数的表达，这种表达是头脑中的"中间语"。

（二）语际转化更替

换译是全译的下级范畴，其思维机制在遵循"转化"机制的同时又表现出独特的一面。全译思维重在转化，换译思维核心在替代。

1. 概念替代方式

概念按层级分为同层概念和跨层概念。

1）同层概念替代

同层概念替代即同义手段彼此替代。根据深层结构决定句子的意义、表层结构决定句子的形式，同一概念就可以用不同形式表达，同义手段应运而生。同义手段包括语体、修辞、语境等层面的同义表达方式。语体同义表达替代，指由于上下文和情景及双语文化的配合限制，而临时地、有条件地表达了相同意义的表达方式。语体同义词意义相近，但在词汇语义特征、语义涵盖范围等方面有差别。科学语体喜欢抽象性和准确性双高的述谓性结构。俄语中同样表示关系的物主形容词，一般只用于口译和文艺作品，科技、政论作品不用。在内容比较严密的公文事务语体，特别是外宣或法律领域中，指称类名词因逻辑同一律而换译的现象比较常见。修辞同义表达替代则是为了增加语言表现力。单语内部为了避免重复单调，可用同义词，译文表达更是如此，为加强语气或凸显所描述现象的细微特征，译者常使用同义词换译法。汉语文言优雅，雅俗共赏也可视为同义表达方式。例如，"我在那里度过了十八个春秋"，用"春秋"代替"春夏秋冬"，即部分代整体，表示年。俄语习用"冬夏"代年，如"Там жил постоянно, и зиму и лето."（我整年住在那里。）和"Сколько лет, сколько зим!"（好多年不见啦！）。

语境同义表达替代是因为受语境所限，某些表达临时用作同义结构。佛教用语"阿弥陀佛"根据语境适当换译。当宝玉大叫头痛，黛玉正在羞赧之时，黛玉道："该，阿弥陀佛！"（《红楼梦》第二十五回），处理成"И поделом!"；当因宝玉一句"理他呢，过一会子就好了"，惹得黛玉生了气，宝玉来看而不理，宝玉未及解释就被叫出后，黛玉向外头说道：

[7.35]"阿弥陀佛，赶你回来，我死了也罢了！"

— Наконец-то! — крикнула ему вслед Дайюй. — Я, пожалуй, умру, если он вернётся!（Панасюк 译）

可见，黛玉念佛皆因爱生恨，因爱而羞，念佛所指为罪有应得，与语气词"该"合译，用俄语口语词 и поделом（活该，本该如此）替代。而后念佛实为抱怨，用口语词 наконец-то（好不容易；总算）替代。

2）跨层概念替代

跨层概念替代主要是指用上位概念加以概括或用下位概念加以阐释，发生在转换与重组阶段，目的是使语义明确清晰。上位概念替代主要涉及文化差异因素，为正确传达原语语义，避免认知纠结，不识"儿子"，可上寻"老子"。《红楼梦》第十三回有句子："……以及'恭请诸伽兰、揭谛、功曹等神，圣恩普锡,神威远镇,四十九日消灾洗业平安水陆道场'等语,亦不消烦记。"其中"伽兰、揭谛、功曹"等神均为佛教守护神将。对于信奉东正教的大多数俄罗斯人来说,三位守护神实属"文化空缺"。原语中"以及……等神"字眼表明该信息是文化次信息。译者从俄语受众的兴趣出发,忽略文化次信息,选择其上位概念 духи-хранители учения Будды(佛教保护神们)来换译即可,凸显主要信息。

下位概念替代则往往出自感情考量。具体语境下,受某种感情驱使,原语词表达的意义聚焦到某一点上,如褒义、贬义和中性。译者应根据上下文语境推断出潜在褒贬意义,再现原语语用价值。例如:

[7.36]— Вчера из Васютина целую бычью тушу привезли, а сегодня её на части для солонины разрубают! Пожирее — нам, а жилы да кости — людям.

昨天从瓦秀金诺买来了一整只宰好的小牛犊,今天把它剁成块儿,做腌牛肉!肥的归我们,筋和骨头给下人吃。(王秉钦用例)

2. 意象替代方式

译语词汇意象的选取标准是借助隐喻或换喻进行认知联想,有两种方式:第一,意异象同时,换意;第二,意同象异时,换象。"意"有两解:一为意义,归属语义;二为意图,跨向语用。换意译象,是译者在认知推理过程中,根据双语文本内外相关信息,激活认知语境,大脑信息处理机制通过空间认知映射寻找最佳关联,追求以最小的投入获得最大的认知效果。第一次认知映射不当,改用推理,双语之间仍然没有对应形象。第二次认知映射启动,在译语中寻找与原语形象最佳关联的形象,即相似度最多的形象。解读作者的交际意图,从深层词汇语义入手,调动换喻和隐喻机制,尝试匹配。如认知映射仍然难以完成,则靠译者的经验,以译语文化形象为主,创造新形象进行第三次映射。该过程反复进行,直至完成替代过程。

"象"指形象。以形象换形象常见于一些固定表达。例如,术语"硬骨头"是我国传统文化习语,指坚强不屈的人,英译为 tough issue(硬骨头),俄译为 крепкие орешки(坚果)。"硬骨头"在英语、俄语中都有对应形象,但翻译后三语对比,即显示了冲突型文化形象。象异意同,英译的"问题"、俄译的"榛子"替代汉语形象"骨头",三者语义却同时指向引申义"难办、棘手的事件"。替代形象便于读者理解接受。在语表上汉英俄都采用了"形容词+名词"结构,但用词显然不同,换象保意。为迎合译语读者需求,替换原文形象,代之以译语读者易于接受的语言形象,既保留了原文作者的意图和美学效果,又展现了译者阐释原文意义的创造性才能,下意识地对艺术形象进行了二度创造。一般而言,对意义泛化的熟语性结构常替代形象,而其他新奇的形象应尽量"异化",为突出文学作品的"陌生美",应吸收异域文化,达到取其精华去其糟粕的目的。

(三)译文表达取代

从语义信息的视角审视,译文表达取代主要是语义深层的命题转为译语的语表形式,吸收原语的逻辑义,跨语替代后建构译语语形,并为语用价值赋码的过程。

1. 逻辑义跨语吸收后建构译语语形

思维差异来自语言逻辑。要解翻译问题,需从逻辑和思维活动找论据、原则和方法。换译不仅是语言活动,还是译者对原文进行判断、选择的逻辑活动。译者识别出小到音素、义素,大到作品的题材、人物的个性等各种语言与非语言的逻辑素,吸收原文理解了的逻辑意义,完成语法意义替代,包括更替实词和调整语序两步。虚词只起连接作用,较少出现换译情况,即便偶尔换译,也大都是伴随实词而换译,更替实词、调整语序即可形成多种译语表达。

2. 语用价值赋码以实现语境适应性

语境调节是指因受语境制约而选择词语。译者通过语境明确词义,排除多义现象,理解言外之意,消除歧义,确定一种最终译语表达。语码指向现实世界时,根据具体语境,选择关联度最大的"中间语"。语用是选择的艺术,修辞是同义择优的艺术。"翻译中译者可以而且必须依赖修辞辨识,才能更加透彻地理解原文的各种意义,正确把握情感,进而调动自身审美情趣,进入翻译最佳状态。"(赵红,2011)修辞直接影响着翻译后各种译本的选取。同时,换译的语用价值赋码过程中,译者的文化调节行为通常是无意识的。译本的用词用句具有特殊性,首先表现在对作品的重新理解的思维方式不同。译者解读译本时,带有个人独特的观念、审美、伦理等特性,其注意力会集中于某些特定的元素。而作者自译时其思维解读是为自己,而非别人。因而,译者兼作者就可自行改变原文。更何况,不同译者处于不同的文化语境,会选择不同的语言表达手段。

四、换译方法体系

换译方法体系主要从语形性、语义性和语用性三个维度构建。

(一)语形性换译

语形性换译主要指语法形式上一目了然的换译,主要是标点换译和语气换译。标点符号使用时要符合逻辑、句法结构和语调的要求,标点换译是因句子语义要求而伴生的换译行为。

1. 标点换译

标点符号使用时要符合逻辑、句法结构和语调的要求。标点换译主要是指标点与标点，以及标点和语言单位之间的相互替代，分为标点内部换译和标点外部换译两种。

1）标点内部换译

俄汉双语标点符号大致类似，都有逗号、分号、句号、问号、叹号及冒号等表示停顿的点号，以及破折号、括号、省略号、书名号、引号、连接号、间隔号、着重号、专名号等标明词语或句子的性质和作用的标号。所不同的是，俄语没有顿号，用逗号表示。

逗号把句子切分为意群。逗号是使用频率最高的标点符号。俄语同等成分一般用逗号隔开，汉译时可用逗号或顿号。同时，俄语用破折号表示总括，汉译时换为逗号。例如：

[7.37]Лицо, походка, взгляд, голос — всё вдруг изменилось в Наташе.
相貌、走路的姿势、目光、声音，娜塔莎身上的一切都忽然发生了变化。（黄颖用例）（俄语逗号→汉译顿号；俄语破折号→汉译逗号）

当总括词位于同等成分之后时，总括词前用破折号。汉译时可译为破折号，也可换译为逗号。例如：

[7.38]В шкафах, на полках, на столах — всюду лежат книги.
无论是柜子里、书架上，还是书桌上，到处堆满了书。（黄颖用例）（俄语破折号→汉译逗号）

冒号具有解释阐述作用，用来揭示概念的具体内容、原因、理由等，在无连接词复句中运用较多，多见于新闻报道语体。例如，网络上 2016 年 11 月 14 日有篇报道如例[7.39]所示。

[7.39]В Москве начала работу конференция «Вперёд в будущее: роль и место России»
"向未来迈进——俄罗斯角色与地位"的研讨会在莫斯科召开。
（俄语冒号→汉译破折号）

俄语的省略号是为了传达未尽之言。汉译时未尽之言的语义，可用词汇弥补，省略号可根据语义要求用其他符号替代。如例[7.40]"比治疗脚伤更糟糕的是我内心……"调整视角换译为"我心灵的创伤要更为严重"，原语省略号用句号替代。例如：

[7.40]Гораздо хуже залечивались раны в моей душе …
我心灵的创伤要更为严重。（刘小满译）（俄语省略号→汉译句号）

汉语有顿号，俄语没有，一般采用减译、语义连接词或逗号换译。汉语间接引语一般可用逗号，表示承启关系，俄译时可用逗号或破折号来彰显。例如：

[7.41]老话说，要齐家而后能治国平天下。

Издревле говорили — научись поддерживать порядок в семье, а уж потом управляй страной и вселенной.（汉语逗号→俄译破折号）

引号具有引用、特定称谓、特殊含义、讽刺嘲笑、突出强调等作用，有双引号（""）和单引号（''）两种形式。直接引语与间接引语翻译时，要注意汉语直接引语，语表形式上用冒号加双引号。俄语习惯用法是冒号加俄语状态的书名号。例如：

[7.42]子曰："学而时习之，不亦说乎？有朋自远方来，不亦乐乎？人不知而不愠，不亦君子乎？"

Учитель сказал: «Учиться и своевременно претворять в жизнь — разве не в этом радость? Вот друг пришёл издалека — разве это не удовольствие? Люди его не знают, а он не хмурится, — это ли не благородный муж?»（乔平译）（汉语引号→俄译书名号）

该例每一简单句的关联手段，俄译都采用破折号换译汉语逗号。思维流过程为：古汉语→现代汉语→俄语。信息外在形式膨化，由两个简单句变化为三个简单句。考虑到前两个简单句的句义联系紧密，所以俄译时将其译为并列结构或转折结构，再与第三个简单句构成因果联系，语言与符号之间替换，是标点换译。

2）标点外部换译

黄忠廉（2006）在研究规律描写时指出有"标点替代律"，即"标点符号有时也可以替代'的'，从内容的角度起不同的功能"。当同等成分插在总括词和句子其他成分之间时，总括词后面用冒号，同等成分后用破折号，汉译时冒号一般译为冒号。但若总括词与同等成分之外的其他成分合译时，冒号则减译。例如：

[7.43]В любое время: утром, днём, вечером или даже поздно вечером — одним словом, приходи и всё.

早晨、白天、晚上甚至更晚些，总之，你随便什么时候来就是了。（黄颖用例）（俄语冒号→汉译省略）

破折号有载蓄结构、意义功能、语调作用，可以表示结构中词语的省略、语调上的停顿，可以分隔各种句法单位。俄汉互译中切忌机械搬用原文标点。俄语破折号汉译时可减译，形成空位，或者译成"是"或"即"等。带有总括词的句子中，破折号经常被减译。例如：

[7.44]Сегодня и взрослые, и дети — все пошли на собрание.

今天大人和孩子都去开会了。（黄颖用例）（俄语破折号→汉译省略）

同理，汉译俄时可增译破折号。例如：

[7.45]岛屿海岸线长 14 000 千米。

Общая протяжённость береговой линии островов — 14,000 км.

2012年2月8日，《共青团真理报》（«Комсомольская правда»）有一条报道 "Белый дом: Полагаться на Башара Асада — это «путь к провалу»"，刘丽芬（2015）论述了该标题，译成 "白宫：依靠巴沙尔·阿萨德是一条末路"。先导词 Белый дом 先陈述事实对象，作为报道主体，引出其言论思想。后面的简单句具体阐释白宫的评价性思想，由两部分构成。破折号前陈述事实，破折号后是对前面的评价性总结，而破折号本身没有实义，只起连接作用，用总括词 это 进行语义关联，形成 "Что — это что." 的结构模式。это "复指 А 项 Полагаться на Башара Асада 这一行为，突出交际焦点，凸显结构的句法成分，具有表情修辞色彩，符合受众的最大限度表达和最易接受的言语需求"（刘丽芬，2015），因此换译为 "是"。再如：

[7.46]Таким образом, вес тела — это не что иное, как сила притяжения между Землёй и телом.

因此，物体的重量，就是物体所受地球引力的大小。（俄语破折号→汉译 "就是"）

[7.47]Манекен на витрине магазина поразительно походил на Лизу — первую любовь Виктора.

商店橱窗的这个人体模特像极了丽莎，即维克多的初恋女友。（孟宏宏译）（俄语破折号→汉译 "即"）

俄语限定关联词连接的定语从句，汉译时如果仅仅借助于 "的" 字构成偏正结构，往往造成 "的的不休" 的翻译腔现象。借助于具有解释说明作用的标点符号，如破折号、冒号，可以巧妙地形成定中或偏正等修饰关系。俄语关联词可换译为汉语空位、冒号或逗号。例如：

[7.48]Мопассану совершенствовал новую форму короткого рассказа, основе которого не лежало ничего исключительного.

原译：莫泊桑使短篇小说不以描写任何特殊事物为主题这一新的形式更加完善。

试译1：莫泊桑完善了短篇小说的新形式：不以特殊事物为主题。

试译2：莫泊桑完善了短篇小说新的形式，即不以特殊事物为主题。

试译 1 在"形式"后用了冒号，试译 2 在"形式"后用了"，即"，将原文的限定从句理解为"形式"的内涵，译句意思清晰易懂。"即"正是冒号的功能，从另一侧面证明了俄语关联词替代为冒号的合理性。

汉语连接词表示句中实词之间或简单句之间的关联。俄译时只用破折号就可表示时，就没必要寻找词汇手段了，直接采用标点换译即可。如例[7.49]中，汉语语气词"真是"与连接词"要算得"表示一种因果的逻辑关系，俄译则直接用破折号显化这种语义关联。例如：

[7.49]真是金榜挂名，洞房花烛，要算得双喜临门了。

Стало быть, у вас двойное счастье — и ученая слава, и красивая жена.（Сорокин 译）（汉语连接词→俄译破折号）

汉语冒号除了解释说明之外，还可以表示原因，在文学作品中特别常见，俄译时这种原因需强调以揭示时，就需使用一些词汇手段。如例[7.50]冒号后面的内容是对前面文字的解释说明。俄译时为了顾全句群特点，用分号将解释项与被解释项分开，且用口语词 стало быть（那么，所以，因而，可见）来替代，从而保证语义衔接顺畅。例如：

[7.50]麻将当然是国技，又听说在美国风行：打牌不但有故乡风味，并且适合世界潮流。

Будучи китайским национальным развлечением, игра эта, говорят, широко распространилась в Америке; стало быть, занявшись ею, можно не только выразить свою любовь к отчему краю, но и встать вровень со вкусами эпохи.（Сорокин 译）（汉语冒号→俄译解释性词语）

省略号表示谈话被对方打断、纠正、追问、补充、申辩等，虽然语表结构上未完结，但从交际功能看语义不言自明或留有想象空间。俄语省略号表示话语中断、没有完结或列举成分，经常与 так это、это просто、так、такое 等组合使用，表示一言难尽、难以启齿、颇费口舌等补充意义。汉语语义联想可换译为俄语省略号。如例[7.51]中，汉语是复句，焦点是"好牙齿"引发的一系列联想。俄译则整合语气，用感叹先传达出语气。再用长复句描述联想，语义关联用破折号替代，同时汉语用句号表示语义完结，俄译则用省略号彰显俄语表达所言之不尽的语义。例如：

[7.51]古典学者看她说笑时露出的好牙齿，会诧异为什么古今中外诗人，都甘心变成女人头插的钗，腰束的带，身体睡的席，甚至脚下践踏的鞋，可是从没想到化作她的牙刷。

А её ровные, белые зубы! Вот где удивиться были тературоведам —

почему это лирики всех времён мечтали стать шпилькой в причёске любимой, поясом, стягивающим её талию, её циновкой и даже туфелькой, но никому не хотелось стать зубной щёткой ...（Сорокин 译）

汉语"是"表示关系时，俄译可用冒号或破折号来替代。当然也可用 быть、стать、являться 等系动词或词组 представить собой、то есть 等词汇手段，但语言有经济性原则，特别是口译中经常不译。落实在思维中就是使用了冒号或破折号来替代、换译，笔译时只需将标点符号写出即可，如此最省力。综上所述，标点换译是基于双语语表形式上的归纳总结。标点与词汇手段共同作用，促进换译。这种直观的替代方式成为换译类型的基础。

2. 语气换译

1）陈述语气⇌疑问语气

陈述句表达陈述语气，典型标志是句号。陈述句传达消息、描述情景、告知想法和意向。疑问句表达疑问语气，典型标志是问号。二者可互换。熟人见面时交际寒暄用语"好久不见"是不带感情色彩的套话，只需译成表达同样场景的套话"Какими судьбами?"即可，语气也因而转变。语表上有问、语义上无疑、语用上无须回答的疑问语气可以换译为陈述语气。疑问句用于叙述，可使叙述具有对话的性质。例如：

[7.52]况且人家是真正的博士，自己算什么？

А ведь Су настоящий доктор, не то что он.（Сорокин 译）

2）陈述语气⇌祈使语气

祈使句表达祈使语气，典型标志是感叹号，偶用句号。"凡表示命令、劝告、请求、告诫者，叫做祈使语气。"（王利众和孙晓薇，2006）陈述语气和祈使语气可互换。例如：

[7.53] Ты что форточку открыл — ребёнка ведь простудишь!

原译：你干嘛开窗，孩子会着凉的！（王永用例）

试译：关窗！孩子会着凉的！

语气词 ведь 管辖信息"孩子着凉"为真，且"你开了窗户"是直接诱因。原译将简单句陈述语气译为感叹语气，试译换译为祈使语气，且直接伴随标点符号的换译现象，都彰显话语隐含的语用价值。

祈使语气在特定的语境制约下，请求语气可减弱，弱到用陈述语气表达。例如：

[7.54]为亚洲和世界冰雪体育运动发展做贡献!

Внесём вклад в развитие зимних видов спорта в Азии и мире.（赵

第七章 俄汉双向全译移换论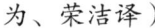

为、荣洁译）

汉语标语中"做贡献"是动宾词组。俄译调整虚实，将语义重点放在"贡献"上。为了符合汉语语义虚化习惯，用动词 внести（投入）修饰 вклад，共筑一体。同时，汉语感叹句替代成了俄语语表的陈述句、语义的祈使句，符合俄汉标语以句子形式体现的规约。

3）陈述语气⇌感叹语气

感叹句表达感叹语气，典型标志是感叹号。陈述语气换译为感叹语气的条件是句子语气本身中包含感叹的意味。例如：

[7.55]Ты молодец, что не куришь.
你不抽烟，你真棒！

4）疑问语气⇌祈使语气

疑问句主要表达疑问语气，兼可表达诸如请求、劝告、邀请和建议等祈使语气，或加强祈使效果，或缓和祈使语气。例如，"Скажи, куда ты идёшь?"可译成"请问，你去哪儿？"或"你去哪儿？快说！"。汉语祈使句常用副词"赶紧、赶快、趁早、马上、立刻、立即"与动词连用，表示催促意义，句末常用语气词有"吧、了、啊、呀、哇、哪"。当语气表达被赋予动词命令式额外情感态度时，用疑问语气加强祈使义，经常使用问号叹号叠加（？！）来表达更为强烈的不容置疑的语气。例如：

[7.56]Всё время шумят. Вот отдохни!
原译：老是吵闹不休。叫人怎么休息呀？（张会森用例）
试译：一直这么闹，叫人咋睡觉？！

5）疑问语气⇌感叹语气

用疑问形式表达肯定或否定的句子为"修辞问句"，即并不表示疑问，而是通过疑问的形式表达某种感叹或事实，特别是句中有评价色彩的词语时，要进行语气换译。例如：

[7.57]Шляпа ты, как ты мог пропустить такой случай?
原译：这种机会还放过去了，真不中用！（谢云才用例）
试译：傻帽儿一个！错失良机！

俄语口语第二人称命令式形式与任何人称的单、复数主语连用，用于非命令式意义，转而表示泛指人称行为，动作的不得已、不可能性，以及虚拟条件等，汉译时涉及语气转换。例如：

[7.58]自己何苦空做冤家，让赵辛楣去爱苏小姐得了！

Но ему-то зачем страдать понапрасну? Не проще ли пустить лодку по течению и предоставить Чжао полную свободу действий?（Сорокин 译）

汉语"何苦"是词汇手段，语气偏向疑问语气，俄译直接用疑问语气来传达。汉语句式"让……得了！"形式上是感叹，含有无可奈何的意味，俄译也用疑问语气来替代。

6）祈使语气⇌感叹语气

俄语经常用两个第二人称命令式，表示催促对方赶快进行已知的行为。如例[7.59]因为上文已经数次出现同样的表达，汉译减译命令语句，只译出行为"去"，外加语气词和叹号"吧！"共同表达说话人颇有些不耐烦的情绪，语表从祈使到了译语的感叹。例如：

[7.59]Я дам тебе свою шапку и шубу. Иди в лес и наруби дров.
我的帽子和皮大衣借给你，去吧！（张如奎用例）

表示不相信、反对的情态意义也涉及语气更换。例如：

[7.60]Ой, ведь ты компьютер не выключил!
原译：哎呀！你怎么没关电脑啊！（王永用例）
试译1：哎呀！快把电脑关了！
试译2：哎呀！你怎么没关机？

例中语气词 ведь 导入"你没关电脑"这一事实，说话人认为"你不关电脑是不应该的，抱怨你的粗心"，暗含"你该关电脑/快点把电脑关了"等情态，因此完全可以换译语气。同时，句中有感叹词 ой（哎呀！）已经表达感叹，试译1换译为祈使句式，语气强硬，态度明确。试译2换译为疑问句式，使语气略显委婉，降低抱怨情愫，充分站在听话人的立场，维护其面子，显示对其关怀，避免造成听话人心理逆反情绪。

（二）语义性换译

语义性换译包含单位换译、词类换译、语态换译、动静换译和肯否换译五大类。

1. 单位换译

根据"音位（字位）层翻译、词素层翻译、词层翻译、词组层翻译、句子层翻译和文本层翻译"（Бархударов，1975：175-176），全译单位从小到大依次为音位、词素、词、词组、简单句、复句和句群，换译单位遵循全译。音位换译、复句换译和句群换译实践中较少，不再赘述。单位换译，重在论述词素换译、词的换译、词组换译和简单句换译四类。

1）词素换译

词素也有人称之为语素，语素是最小的音义结合体，既表音又表义，词素仅表义，二者的功能均是构词。据吴克礼（2006：358），词素层翻译即原文词的每个词素在译语对应词中都有相应的词素，如 заднескамеечник（后座议员）一词中 задне 对应"后"，скамееч-对应"座"，-ник 对应"议员"。对比语言学是为了满足对比研究的需要，"俄汉语的词（语素），以至俄语的词素与汉语的'字'，是可以作为对应（但绝不是完全相等）的语言单位进行对比的"（林春泽和郑述谱，2003：16）。词素换译是指双语语言单位在词素层不对应时，用非原语对应词素或其他语言单位替代原语词素的全译方法。词素换译只在特定的场合为达到特定的效果才使用。

A. 拟声词素换译

俄语拟声与汉语摹状相似，通过人的感觉把事物或动物的声音、状态等临摹出来。如猫叫"喵喵-мяукать"，对译即可。但也有很多不同的拟声，俄罗斯人民对家禽的呼唤与驱赶经常使用如下表达：кис-кис=кыс-кыс 咪咪（唤猫声），брысь 去（赶猫声），чух=чух-чух 勒勒（唤猪声），гуль-гуль=гуля-гуля 咕咕（唤鸽子声），цып-цып 咕咕（唤鸡声），гусь-гусь 鹅鹅（唤鹅声），уть-уть=ути-ути 鸭鸭（唤鸭子声），но 喔（车夫催马走的喊声），тпру-тпрр 吁（车夫止马的呼声）等。还有一些拟声根本无法音译，如 кш-киш、кыш（驱赶鸽子、鸡、鹅、鸭等家禽声），выть（驱赶猪声），пте-пте-пте（唤牛声）等。汉译这些呼唤用语，应采用汉语读者熟悉的呼唤方式。例如：

[7.61] Киш! Киш! Пошли, гуси, с крыльца!
试译：去！去！下去！大鹅，从台阶上下去！

其中 киш 只求发音，表示驱赶鹅的声音之外，没有任何实际意义。汉译赶鹅有很多种发音，因人而异。试译从整个句义出发，后关联 пошли（离开）表达命令式，用实义动词"去"替代，从而构成四个"去"字，语流顺畅，语势蹦出，情绪彰显。

B. 仿拟词素换译

仿拟是运用已知的概念或概念系统感知新信息，表现为模仿旧构式拟创新构式，形成半合语法半超语法的新奇表达方式。"尽量以仿译仿，等效译出原仿拟仿点在音形义上与本体的关联，努力使译文与原文的语用标记值等效。不能以仿译仿时，弥补以其他辞格。"（吴春容和侯国金，2015）这种翻译观其实质就是换译。语用学理论认为任何偏离常规的语言现象都有特殊的语用价值、特殊的文字符号，即便是错误的文字符号，在特定语言环境中也能产生特定的意义。单语尚且如此，双语更是。如汉语地址"哈尔滨市香坊区油坊街副 4 号"俄译为

"Адрес: Китай, г. Харбин, район Сянфан, ул. Юфан, № доп. 4"。地址翻译需要细心，汉语"副"本质上是俄语的 дополнительный номер 的简称，故用形容词取前三字母的缩写形式来仿拟。又如：

[7.62]Я сама подполковничья дочь, а не какая-нибудь-с.
原译：我是中校的千金，而不是什么等闲之辈。（王秉钦、李霞用例）
试译：我乃中校千金，而非无名小卒。

какая-нибудь-с（随便什么样的）中尾缀-с 没有词汇意义，但有语法意义，为说话人的口头禅或故意拉长音，与词组 подполковничья дочь（中校的女儿）构成对比，汉译时与"中校千金"对应的是"等闲之辈"，原译将口语词汇换译为词组。试译用汉语古文体展现这种文绉绉的"卖弄"，充分仿拟词素语法意义。

C. 避讳词素换译

避讳是特有文化，总原则是"为尊者讳，为亲者讳，为贤者讳"，大致分为国讳、家讳、圣讳、宪讳、个人讳等。中国人名中"慧、辉"等字表达美好的希望，慧寓意智慧，辉寓意光辉，但俄译时应尽量避开音译 xyй（男性生殖器），可采用其他音节 вуэй 或 хуэй 等代替，如中国原驻俄罗斯联邦特命全权大使李辉先生，官方俄译名为 Ли Хуэй。避讳结构往往涉及委婉表达，作为语言现象在汉俄双语中大量存在，反映了民族心理特点和文化特征。

2）词的换译

词层翻译指原语词与译语词相对应。词的换译是指双语语言单位在词层不对应时用非原语对应词或其他语言单位替代原语词的全译方法。"其他语言单位"主要指词组、简单句和复句。"非原语对应词"是指全译单位中的词。换词由句义统摄，词义虽发生变化，但句义整体不变。词的换译使用很多，如称呼词。俄罗斯姓名系统庞大，基本构成为名字+父称+姓，此外还有指小表爱的不同乳名、爱称，可分用可合用。《安娜·卡列尼娜》中 Алексей Александрович 草婴译本和力冈译本，都将这种"名字+父称"的尊称形式换译为姓"卡列宁"。这种处理符合语义，利于汉语读者接受，但蕴含的"父权"文化伴随意义丧失了。所以，一般译者在翻译长篇文学作品时，会额外加一个俄语姓名对照表，并标明名字、父称、姓、各类爱称都指同一个人，还可在文中加注。如果文学性要求不强，可根据语境采用换译法。例如：

[7.63]— Пропился, что ли? — Окончательно пропился, мать!
"喝酒喝得没钱花了，是不是？""老嫂子，全喝光了！"（刘伦振译）

该例是高尔基的文学作品《一个人的诞生》中的口语交谈。汉译将мать（母亲）译成"老嫂子"，直接指代，避免译为"老妈""妈妈"等，造成文化附加冗余。译者避开俄语 мать（妈）的字面意义，换译为真实所指"嫂子"，加"老"字传达出 мать 加叹号的语义本质。又如：

[7.64]贾母笑道："老神仙，你好？"

— А ты как себя чувствуешь, святой отец? — с улыбкой осведомилась матушка Цзя.（Панасюк 译）

用"老神仙"称呼，显示出一种友好亲昵且尊敬的感情色彩，换译为字面意思 святой отец 是"圣父"。这是基于读者接受的归化策略，文化理据上获得多元阐释，展示了译者在忠实原语文化与读者认知接受之间做出的折中选择。同理，还有刘姥姥口中的"我的佛祖"换译为 Бог ты мой。

日常交际的称呼语具有指称功能和角色定位功能。骂人词语、脏话口头禅等冒犯称谓因含有饱满的情感因素，互译时当谨慎。例如，汉语"窝囊废"俄译是 шляпа（帽子），符合 шляпа 俗语所携带的隐含文化内涵。还有，某些称呼语因为亲疏、权势等不同而发生变异，用词或词化的词组表达，且多携带不同的情感。称呼语变化了，说话人想表达的或赞誉拔高、或羞辱贬斥、或幽默滑稽的情感态度也随之变化。

3）词组换译

词组是"语法上能够搭配的词组合起来没有句调的语言单位"（吕叔湘，1979：24）。词组"同词一起作为建筑成分进入到句子中，同时实施着对事物和现象复合称谓的词汇—语义功能"（转引自张家骅，2006a：177）。词组换译指双语语言单位在词组层不对应时用非原语对应词组或其他语言单位替代原语词组的全译方法。"其他语言单位"主要指词、简单句和复句。很多词组有词化现象，使用频率极高，词组包括自由词组和固定词组。自由词组是指组成词组的两个或两个以上的词关系比较自由，可分可合，换译关注的重点是双语翻译单位词与义的不对应，用其他译语词组替代原语词组。如例[7.65]，以前在俄罗斯人眼中，中国人是神秘的东方存在，不信仰基督教，不相信存在天使，因而"中国的天使"实为"怪事"代名词。

[7.65]Не слыхали? Про лесного товарища не слыхали? Ангелы в Китае, тады на что Москве уши?

译文1："没听说过？没听说过列斯内赫同志？中国的天使啊，那莫斯科人长耳朵是干什么用的？"（孙岚、牛丽红用例）

译文2："没听说过？没听说过列斯内赫同志？怪事，那莫斯科人长耳朵是干什么用的？"（力冈译）

不仅文学翻译，理工类文件也常涉及换译。如果说前者为修辞，后者则多半是因为规范。笔者曾做过火电站技术笔译，翻译工程文件时，曾遇到过如下表述。例如：

[7.66] 槽钢是截面为凹槽形的长条钢材。

试译：Швеллер стальной — это фасонное изделие с сечением, напоминающим по форме букву "П".

汉译"凹槽形"涉及汉字"凹"的视觉效果。俄语字母 П 的倒置，恰好与其形状类似。所以征得了俄罗斯技术专家的意见，译成如上解释性词组。

换译是因为文化差异，涉及词汇空缺现象。词汇空缺是指一种语言能用单个词语明确标记，但另一种语言无明确标记的单个词语，只有借助词组或其他表示方式才能揭示其内涵。专名类词组翻译时因文本类型不同会采取不同策略。"文学作品中专名不能按译语对应语音自动选择词汇"（Нуриев，2013），而是要求译者和出版者根据一系列不同因素整体考虑，根据不同具体情况要有针对性地区别对待。《红楼梦》（第五十回）诗歌《访妙玉乞红梅》中有句"不求大士瓶中露，为乞嫦娥槛外梅"，"大士"是指佛教中的观世音菩萨，俄罗斯汉学界通用译法为 богиня милосердия Гуань-инь，但是，此处是以观世音比妙玉，所以Паначюк 译成了 Дева Великая，且添加注释。

4）简单句换译

简单句的类似概念有小句、单句、子句、分句、从句、从属句等。简单句具有兼容性和趋简性，便于互译操作，是全译的中枢单位。简单句换译是指双语语言单位在简单句层不对应时用非原语对应简单句或其他语言单位替代原语简单句的全译方法。"其他语言单位"主要指词组、复句和句群。

成语类简单句则指各组成部分在语义上完整，是不可分割的整体概念，汉译时套用汉语读者习惯的熟语，其中包括谚语、俗语、成语、歇后语、典故、诗词曲赋等，文化层面是归化，是为迎合读者的文化心态和阅读习惯。熟语久经沿用，基本定型，常以口语色彩较浓的固定词组表达一个完整的意思，多用比喻意义。有些汉俄熟语虽然意象不同，但喻义类似，这种文化内核相似性是换译的主要原因。熟语翻译往往采用直译、意译、直译加注、套译等方法。套译是指用译语中同义的成语对应翻译，而不会产生歧义。因为套译译文符合译语规范和文化价值取向，从而更加贴切自然。俄语熟语"какова березка, такова и отростка"（小桦树怎样，幼芽就怎样）中 березка（小桦树）的文化内涵往往是思念亲人的象征，因此可以换译为汉语俗语"有其父必有其子"。

2. 词类换译

词类换译即由于原语和译语中词类不对应而用其他词类替代的全译方法。综合俄语和汉语词类，得到名词、形容词、数词、代词、副词、动词、连接词、介词、语气词和叹词十类。俄语词类换译分为实词换译为实词、虚词换译为虚词和实词与虚词互换三大类。于是，理论上十种词类之间相互换译得到 90 种技巧。实词换译为实词的情况较多，实词换译为虚词的情况偶见，虚词换译为虚词的情况较少。

1）实词⇌实词

为研究方便，将俄汉语中名词、形容词、数词、代词、动词五小类归为实词。俄语靠形式，汉语靠词义、功能或词序来判断词性归属。

A. 名词⇌形容词

在俄语"名词+名词第二格"结构中，前面的名词若是表示色彩的抽象名词，汉译时可以将其换译为相应的形容词，位置不移动，如 темнота облака（黑云）。若是入句，受制于语境或修辞，也可译为"云的黑"，是变体，另当别论。俄语某些形容词中性，既可以用作形容词，表修饰意义，也可以单独使用，做名词，如 новое、хорошее、плохое 等，汉译时自然换译为名词。汉语论文名称对应的俄译是"形容词+名词词组"形式，指称具体，大多只保留形容词，如休息日（выходной）、考试（котрольная）、博士论文（докторская）、急救车（скорая）等，互译可视为名词换译为形容词。

B. 名词⇌数词

俄语数字表达还经常使用数词+名词结构，如 половина（一半）、сотня（百）、дюжина（一打）、десяток（十个），类似于汉语量词，表定量意义。表示大量意义的 масса（大量）、тьма（极多）、уйма（很多）和表示少量意义的 капелька（一点点）是不定量名词，进入名词所属二格结构，汉译时一般也换译为数词，也可称作广义的形容词，如 масса сырого материала（众多原材料）。这类结构从语义角度来看，前面的名词较为抽象，通常表示人或事物的性质、数量等特征，而名词第二格则表示具体事物。名词所属二格的语形，蕴含着修辞语义特征。俄语集合数词 двое（两个）、трое（三个）、четверо（四个）、пятеро（五个）、шестеро（六个）、семеро（七个）等，在句中单独做主语时一般指人，汉译时换译为名词。例如，俄语谚语"Семеро одного не ждут."（少数服从多数。）放弃了字面意思"七个人不等一个人"，换为引申义。

C. 名词⇌代词

名词和代词的互译，主要涉及指称，因上下文语境得以实现。《钢铁是怎样炼成的》中有句名言"Самое дорогое у человека — это жизнь. Она даётся ему один раз."，汉译为"人最宝贵的是生命，生命对每个人来说只有一次"。译文将 она 换译为实际所指代名词"生命"，与逗号前的句子首尾呼应，修辞效果上译文熠熠生辉；同时，ему（он 的第三格）指代上文的 человек，破折号换译为系词"是"属于语言与非语言手段换译。俄语因上下文语境，不会有指代不明的现象出现，汉译时却极其容易"他她它"不分，因而建议换译为所指代名词。又如：

[7.67] Уж больно девушка похожа на одну мою знакомую.
原译：它很像我的一个熟人。（孟宏宏译）
试译：它和我的一个熟人像极了！

例中 девушка 实指女人模型，因此原译与试译都用人称代词"它"。俄语副词 больно 本意"疼"的俗语义是"很、太、极"，属于副词义素偏移现象，义素偏移至 похожа 上，翻译时应重视。

另外，指示代词词组汉译时，一般也涉及换译。例如：

[7.68] То, что увидел Ньютон, изменило все прежние представления о свете.
牛顿的发现改变了过去全部有关光的概念。

D. 名词⇌动词

在俄语"前置词+名词（动名词）"结构中，前置词在语义上常常虚化，可与名词（动名词）合译为汉语动词，也可认为承担主要语义的名词（动名词）换译为汉语动词，如 в память（纪念）、в зависимости（根据）、в сопровождении（陪同）、во главе（领导）、при помощи（借助）、с помощью（利用）和 с учётом（考虑）等。另外，俄语报刊口语多见"谁有"结构，如"У вас есть закурить?"译为"您有烟吗？"，正常表达方法应为"У вас есть папироса?"，说话人用动词的原形形式代替了名词，表达了一种想吸烟的强烈愿望。

俄语某些动词在科学、政论语体等书面用语中比较常见，如 обозначать（意思是……）、объясняться（原因是……）、основывать（以……为基础）、ориентироваться（以……为目标）、предназначаться（用途是……）、символизироваться（是……的象征）、функционировать（对……起作用）、характеризоваться（特征是……）等，表示"特点、原因、差别"等概念，倾向于性质或状态的名词，汉译后译为动词不符合汉语表达习惯，需换译为名词。同理，俄语动名词可换译为动词。例如：

[7.69] Самовольное оставление поля сражения во время боя или отказ во время боя действовать оружием наказывается смертной казнью или лишение свободы сроком на 15 лет.
作战时擅自撤离战场或拒绝使用武器，将被处以死刑或剥夺自由15年。

原句带有公文语体色彩，用了三个动名词 оставление（撤离）、отказ（拒绝）和 лишение（剥夺）表达动作概念，汉译时，换译为三个相应的动词。

E. 形容词⇌数词

俄语形容词，主要是复数形式，汉译时为了凸显"数量"特征，才换译为数词。汉语涉及"位置"意义的形容词俄译时也可换译为数词，突出排位意义。例如：

[7.70]Жизнь нам данана смелые дела!
我们活着是为了做一番事业！（王秉钦、李霞用例）

F. 形容词⇌代词

汉语形容词的构成比较宽泛，名词加结构助词"的"即可认为是形容词。俄语有关系形容词，俄汉互译时根据语义适时替代。例如：

[7.71] 周太太领他去看今晚睡的屋子，就是淑英生前的房。
Теща показала ему его комнату — когда-то в ней жила Шуин.（Сорокин 译）

汉语"今晚睡的"进入俄语，可用物主代词 его（他的）替代，表示关系，而"生前的"则用词组来替代。

G. 形容词⇌动词

形容词与动词互译，多见于俄语形容词短尾、形动词、副动词长短尾。如"Я уверенна в будущее."中形容词词组做谓语，汉译为"我相信未来"，构成动宾结构。俄语描写自然景物色彩时，经常用动词表达，如 голубеть（呈浅蓝色）、чернеть（变黑）、краснеть（变红）、желтеть（变黄）、побелеть（发白）、синеть（变蓝）、зеленеть（变绿）、светить（发亮）等，汉译时可换译为形容词，如"Вдали голубело море."可译为："远处是一片蔚蓝的大海。"

H. 数词⇌代词

不定代词 некоторый、некий 等具备形态变化，与名词连用，其义素发生偏移，按照名词搭配特点，进入名词义素。如"Некоторое время все молчали."（大家沉默了一会儿。）的不定代词 некоторое 修饰 время，二者合成汉语时间名词"一会儿"。此外，俄汉互译时，某些序数词可以用代词来替代，如顺序数词 первый、второй、тот、другой 等在句中指称具体的人或事时，根据上下文可换作回指词。例如：

[7.72]Один ученик решил подшутить над другим. Покрасил стул.
Второй заходит и прямо с порога говорит: — Колян, я ...
Первый ему: — Да ты сядь сначала, — и на стул показывает.
А этот опять: — Колян, я хотел тебе сказать ...

……
— Колян, я просто хотел сказать, что твои джинсы надел.
一个学生想要捉弄另一个学生，他在椅子上涂了漆。
第二个学生走进来，刚迈过门坎就说：
"科良，我……"
第一个学生指着椅子对他说："先坐下吧！"
第二个学生又说：
"科良，我想跟你说……"
……
"科良，我只不过想说，我穿着你的牛仔裤。"（陈国亭等用例）

例中序数词 первый 和 второй 与指示代词 этот 都指上文出现的人，指代关系复杂，其中 второй 和 этот 同指代上文的 другой，即"另一个学生"或"第二个学生"。理清这些关系才能理解对话内容，分清文中人物，从而选择合适的译词，将 второй 和 этот 同译为"第二个学生"。

2）实词⇌虚词

A. 名词⇌副词

俄语名词第五格形式表示行为工具意义，如 ехать поездом（乘火车去）、писать карандашом（用铅笔写字）等，汉译时换译为副词。表示行为方式及时空等疏状意义，如 идти быстрыми шагами（大步快走）、заниматься целыми днями（整天学习）等，汉译时也换译为副词。俄语有些表示学习成绩的副词，如 отлично（优秀）、хорошо（良好）、удовлетворительно（及格）、плохо（不及格）等用作名词，汉译时译成名词。俄语表示空间处所的副词，如 далеко（在远处）、впереди（在前面）、назад（在后边）、слева（在左边）、наверху（在上面）、внизу（在下面）等，汉译时可以根据语境译成名词。例如：

[7.73] Книга лежит внизу на полке.
试译：书放在书架底格。

一些以名词作词根派生而来的副词，具有"在……方面""在……上"等义，如 психически（精神方面）、численно（在人数上）。这类副词汉译时经常换为名词。汉语中用人称形式表达状态的句子含有谓语副词，俄译时可用无人称句传达，用抽象名词加动词不定式的形式替代，如需要（нужность）、必须（необходимость）、懒得（лень）等。又如"他懒得走路"可译为 ему лень ходить。再如：

[7.74]— Удобства есть?

— Нормально. Чистый дворик, виноградник. Тишина.

"环境怎么样？"

"还好。干干净净的小院，还有葡萄园，很安静。"（孟宏宏译）

俄语"Удобства есть?"（设备全吗？）换译为"环境怎么样？"，内在联系是人在好环境会感觉舒适，属于移情，名词换译为副词。

B. 动词⇌副词

俄语一些带前缀的动词有附加语义成分，有的以补语形式体现，如 наесться（吃饱）、заиграться（玩入迷）、запеть（唱起来）、наплакаться（哭够了），有的以状语形式体现，如 переругиваться（经常对骂）、переглотать（各个吞掉）、пооткрывать（逐个打开）等。汉译时，其副词成分需要译出。另外，两个动词以并列关系同时出现，主次分明或句中有副动词表状态时，可汉译成副词。汉译俄同理，如"Нина говорила, волнуясь."可译为："尼娜激动地说。"

另外，俄语谓语副词（предикативное наречие）表示必要、可能、应该等情态意义，如 нужно（需要）、надо（应该）、можно（可以）、возможно（可能）、необходимо（必须）、должно（应当）等。汉语和上述谓语副词具有相似语义的词汇被视为能愿动词。表示人的生理或心理状态的词，如 весело（高兴）、скучно（无聊）、стыдно（羞愧）、больно（疼痛）、обидно（委屈）、тяжело（难过）、страшно（可怕）、досадно（懊恼）等，对应汉译为心理行为动词，如"Мне тяжело."可译为："我难过。"

C. 形容词⇌副词

"形容词+名词"结构中，名词换译为动词，则相应的形容词换译为副词，以符合语法规范。如果形容词短尾做谓语，一般换译为动词，但如果整句发生语义流动，也可换译为副词。汉语形容词换译为俄语副词的情况相对较少，主要见于某些固定表达，如手工活（работа вручную）等结构。俄语副词 очень（很、非常）搭配名词时，强调名词的某一特征，起形容词的作用，自然译为形容词，如"Она очень женщина."字面直译为"她很女人"，也可译为"她是个典型的女子"、"她太女人了！""她太有女人味了！"。очень 可与 даже 组合使用，构成"副词+形容词"结构，如"А виноград очень даже."（葡萄甜极了！），此时，副词已换作形容词。

D. 副词⇌数词

俄语有一个特殊的副词 наполовину（不完全，一半），其语义进入汉语就偏向于数词，汉译后成为表示数量意义的数词，可视为副词换译为数词，如"Аллея вырублена уже наполовину."可译为："林荫路上的树已经被砍了一半。"语气词 уже 表示数量、程度、距离等有极差序列的词,隐含表达数量超过了说话人的预期。

E. 形容词→感叹词

形容词表示特征,感叹词表示评价,当特征与评价融为一体时,偶尔发生形容词换译为感叹词的情况,如"多好的蜂蜜呀!"译为"Ай да мёд!"。

F. 动词→前置词

俄语前置词,更明确地说,应为前置词结构,可换译为动词。如例[7.75]鲁迅的《祝福》中的"摆"是动词,俄译时却未用动词,而是使用前置词词组表达,汉语两个动词性简单句合译为俄译一个简单句,语义不损失。

[7.75]晚饭摆出来了,四叔俨然得陪着。

За ужином дядюшка сидел с суровым лицом.

G. 动词→语气词

有些动词语义虚化,在一定的上下文中行为动作语义退去,其携带的感情语义凸显。例如:

[7.76]没提防她同舱的鲍小姐抢了个先去。

Но, увы, её опередила спутница по каюте, барышня Бао.（Сорокин 译）

"提防"是动词,俄译却是语气词 увы,其换译的根本原因在于该动词可以表示语气。

H. 动词→感叹词

动词换译为感叹词的现象并不罕见。俄语有一类表示感叹意义的动词,在汉语中只作为感叹词。例如:

[7.77]Крестьянин ахнуть не успел, как на него медведь насел.
农夫都未及啊哈一声,熊就扑到他的身上了。（张会森用例）

这种翻译方法也可认为是动词 ахнуть 的语用性增译。

I. 副词→语气词

副词和语气词换译主要是因为句子中涉及语气。例如:

[7.78]Лично я терпеть не могу свинину.
试译:我根本不吃猪肉。

俄语 лично 与副词 совсем、чисто 等类似,表达语气,强调所关联的信息的重要性。

[7.79]鲍小姐脸飞红,大眼睛像要撑破眼眶。

Бао вспыхнула, большие глаза её, казалось, вот-вот выскочат из орбит.（Сорокин 译）

句中"像要"在动词"撑破"前面，可以看成是副词，俄译后用语气词 вот-вот 替代。

J. 数词⇌副词

俄语不定量数词，如 много、немного、мало、сколько、несколько、столько、столько-нибудь 等，按范畴意义和形式特点，既能作数词，也能作副词，所以可换为汉语副词。例如：

[7.80] Задание несколько отличается от предыдущего.
试译：任务与以前的稍有不同。

该例中俄语不定量数词 несколько 译为汉语副词"稍有"。

K. 代词⇌副词

俄汉语代词与副词也可以互换。例[7.81]是《围城》中鲍小姐生气掷发卡时说的气话。汉语疑问代词"谁"语形上换译为俄译副词 очень，此时在全句语气震慑下，очень 也可作语气词，语气上属于反话正说，而指代表达"那家伙"则换译为 тот тип（那一类型）。

[7.81]"谁还要这东西！经过了那家伙的脏手！"

—— Очень они мне нужны после того, как тот тип держал их в своих грязных лапах!（Сорокин 译）

L. 副词→感叹词

对拍手叫好类词语，互译时一般应遵循实际，对照场合选择双方真实的叫好词语，切不可看见字面"好"就直译为 хорошо。实际翻译中，译者若非亲身实践，往往易受母语文化元素的干扰。译者应重视社会文化的功能，从语用价值出发，实事求是地选择非对应词换译。《围城》有个情景：方鸿渐抢先第一个称"好"，其中"好"是叫好，不能对应译成形容词 хороший 等，不能译成副词 хорошо、превосходно、прекрастно 等，也不能译成感叹词 браво 或者 ура，而是处理成 бис。

M. 连接词→名词

连接词 но 在特定的语境里可用作名词，表示异议。例如：

[7.82] Есть маленькое но.
有一点不同的意见。（徐翁宇用例）

N. 连接词→形容词

俄语句子"Ох, и аппетит!"中 аппетит 本无任何褒贬意义，语义角度"由于受说话人感情支配，增添了'好大的'意义，语气词 и 起到加强意义"（王秉钦和李霞，1999：103），译成"哎哟，好大的胃口！"，类似汉语说某人"高烧"，俄译只用 у кого температура 即可，这是语义心理学上的"波里安娜假说"和"词汇语义偏移"，若从语形上看，则是连接词换译为形容词。

O. 前置词→名词

前置词换译为名词时，本身已经具备了名词的义素，如俄语表示赞成的 за 和表示反对的 против：

[7.83]В этом деле есть свои за и против.
这件事有利又有弊。（徐翁宇用例）

与间接格相比，徐翁宇（2000：170）认为，"前置词表达的关系要明确得多，而且区别分明"。正是由于词汇意义明确，前置词才可能用作名词。前置词 за、против 在特定的语境里可用作动词表述谓，如"Кто за? Кто против?"（谁赞成？谁反对？）。

P. 前置词→动词

俄语前置词虽然是虚词，本身不表示语义，但却表达其所修饰名词的语义。对这种语义关联的揭示，汉语惯用动词彰显关系。典型的俄语前置词 с+5 格表示状态时，汉译时通常都会用动词替代。例如：

[7.84]На улице уже было темно, когда к нему приблизильсь двое и спросили время вместе с часами.
街上很暗，有两个人走近他，戴着表却问时间。

Q. 语气词→名词

语气词用名词来替代。此时的语气词具备了名词的特点且多为惯用法。例如：

[7.85]Он научился ставить своё мнение между да и нет.
他学会了在"是"与"非"之间表达自己的见解。

句中语气词 да 与 нет 在全句中不表示语气，而是表示事实，代替前面已经提到的谓语，必须换译为名词。

R. 语气词→形容词

语气词赋予口语感情色彩，表达各种表情评价意义，甚至成为特定句式的结构要素。如"Люди как люди ..."汉译为"是些普普通通的人……"，可认为是语气词换译为形容词。

S. 语气词→动词

语气词换译为动词，是因为语气词本身含有动作义素。俄语第二人称命令式形式，如 смотри，在一定的句中不表示"看"的具体行为，而是提醒对方注意，此时动词语义偏向于语气词，可换译。例如：

[7.86]— Постой! — окликнул его продавец. — Айда, заходи, поговорим!

"等等！"售货员对他喊道，"来，进来吧，咱们说说话！"（孟宏宏译）

T. 语气词→副词

语气词可以表示情态或态度。特别是俄语感叹语气词，表达惊讶、好奇等感受，还可表达赞赏、鄙视等评价语气。当涉及评价时，就可以用副词或副词词组替代，如"Характер у неё ой-ой-ой!"可译成"她的性格真够呛！"。

U. 感叹词→名词

感叹词换译成名词，皆因上下文语境，且一般用标点符号强调。例如：

[7.87]Ого! — Что это за «ого»? Прошу вас взять назад это «ого».

啊呦！什么"啊呦"？请您收回这个"啊呦"。（徐翁宇用例）

V. 感叹词→动词

俄语"Чу!"（听！）、"На тебе!"（给你吧！）等一般感叹词借助于上下文语境或情景语境，表义功能很强。ах、неах、ай-яй-яй、ля-ля-ля 等在口语中可以用作述谓词，表示行为或动作。

[7.88]Я каждый вечер стираю! Пока мои в комнате ля-ля-ля, у меня все сделано!

我每天晚上洗衣服！当我爸妈还在房间里闲聊时，我什么都做好了！（徐翁宇用例）

W. 感叹词→副词

汉语拟声感叹词表示声响，类似于俄语的拟声词，既可独立充当谓语，也可配合实词造句。如《围城》中：

[7.89]小孩子不回答，睁大了眼，向苏小姐"波！波！"吹唾沫，学餐室里养的金鱼吹气泡。

Вместо ответа проказник широко раскрыл глаза и дважды плюнул в её сторону — он хотел пустить пузыри так, как это делают золотые рыбки в кают-компании.（Сорокин 译）

拟声感叹词"波！波！"协助了实词"吹"表达意义。俄译中没有用类似的拟声词，而是用拟声次数 дважды（两次）替代。

3）虚词⇌虚词

A. 前置词/介词→连接词

有些汉语介词只表示宾语提前，如"将、把"，或做被动式的标志，如

"被、给、让、叫"，俄译时要注意语序，且可以用连接词来替代。

B. 语气词→连接词

语气词 ещё 表"增加"意义，可与 и 连用，参与发挥语篇连接功能，"本质在于把语篇不同部分连接在一起，即把 ещё 所标记的部分同前文连在一起，构成一定的关系"（王永，2008：54）。

[7.90]Река была в белых клочьях, только у края темнела вода, глыбилась чёрная баржа, и ещё что-то чернело на берегу, может быть, лодки.

河面上波光粼粼，只有河沿的水发暗，有一艘驳船停着，岸上还有一团黑影，可能是几艘小船。

C. 语气词→感叹词

俄语和汉语模拟自然界的声音用词大体类似，都是从拟声角度。但仍有不少拟声词有差异，汉译时不能按音译，而应根据具体国别情况或修辞手法而换译。原因在于，"象声词是临摹词语。其他词语跟对象都没有事实的或因果的联系，它们都不是标志，而是符码，因为它们都因约定而起符号的作用"（束定芳，2004：247）。如俄罗斯童话中的"Зайчик сидит и слышит:«тууп-тууп-тууп!»"试译为："小兔子蹲着听雨声：'簌，簌，簌！'"事实上，模拟雨声还可以是"嘀、嘀、嘀""刷、刷、刷"或双音节拟声词"嘀嗒、嘀嗒、嘀嗒"等。

3. 语态换译

俄语动词有态范畴。主动态表示主体的主动行为，被动态表示行为结果产生的客体状态。汉语一般用"被"字表示被动式，带被动式的句子叫作被动句。功能语法中"如果说及物性是以交待各种过程及其有关的参加者和环境成分来反映语言的概念功能，语态则是以交待某一过程首先与哪一个参加者建立联系"（胡壮麟等，1989：91）。主动语态是指行为过程首先与行为发出者相联系。被动语态指行为过程与行为目标的关系，用被动句表示。"如果某个过程本身只与一个参加者有关，不涉及其它参加者，表示这个过程的小句就处于中动语态。"（胡壮麟等，1989：91）俄汉双语主动语态、被动语态和中动语态可以互换。

1) 主动语态⇌被动语态

A. 主动态→被动态

主动句一般都有一个及物动词或者一个相当于及物动词的词组。俄语被动句的谓语用被动反身动词或被动形动词表示。汉语典型被动句则一般带有"被、给、让、叫"等字眼。如果强调被动者所受到的行为主要是叙事说理，句中主语不指人，主语对其所受行为无痛苦或愉快感受，则可译成被动句，如"劳动创造世界"俄译为"Мир создаётся трудом."。

动词在句法上是主动或被动取决于其形式本身，但同一种思想有时可用主动形式表达，有时又可用被动形式表达，例如：

[7.91]这部小说深受读者欢迎。

主动态：Этот роман получит хорошую репутацию.

被动态：Этот роман пользуется большой популярностью.

B. 被动态→主动态

俄语被动句在科学语体如内容简介、产品说明书中占主导地位，语义上排除主观性，力争客观性，多用被动句表示。俄语带-ся动词、被动形动词短尾等被动语态，若被动动词的被动意义比较含蓄，只表示行为状态或行为结果，或者强调被动者所受到的行为对被动者是幸运、愉快的，经常译成主动语态，例如：

[7.92]Дом строится инженерами.

工程师建造房屋。

2）主动语态⇌中动语态

某些句子谓语动词所表示的动作或行为，语法上的主语是意义上的受动者，该种语态构成中动态。中动态可以和主动态互相换译。

A. 主动态→中动态

俄语态范畴主要体现于及物动词，而无主体、无人称动词一般可作为中动态处理。中动态表示主动的形式、被动的意义，却没有被动句的标志。如《围城》中：

[7.93]……所以这信文绉绉，没把之乎者也用错。

… так что письмо ему удалось написать отменное по стилю, без единой ошибки против правил классической грамматики.（Сорокин 译）

汉语出现主动态标志"把"，俄译用无人称结构 ему удалось 阐释，使汉语的主动态变成了俄译的中动态。

B. 中动态→主动态

俄语中动态一般用无人称句表示，说明不受主体控制的行为状态，汉译时可译为主动态。汉语中动态因为没有具体的形态标志，互译时应以语义为中心，调整语态。例如：

[7.94]她自信很能引诱人，所以极快、极容易地给人引诱了。

Она была так уверена в своей способности соблазнять мужчин, что сама довольно легко и быстро стала жертвой соблазна.（Сорокин 译）

该例换译视角：行为与结果。"引诱"是被动意义，但是"给人引诱了"就含有了主动态的意味，语态上是中动态，换译成主动态 стала жертвой соблазна。

— 191 —

3）被动语态⇌中动语态

书面语由于文本及微妙情感等而回避主动的情况，却又不表明强烈的被动意念时，就可以用中动语态。中动语态和被动语态可互换。

A. 被动态→中动态

俄语被动形动词在句中作谓语时，主体用第五格表示。当语义不强调被动行为，而是描述行为所构成的整体事件时，可用中动态来表达。例如：

[7.95] Задания выполнены всеми на «отлично».
大家的作业都得了个"优"。

例[7.95]强调的是被大家完成的作业的优异情况，此时汉译最好取中动态，不突出主体。可见行为主体（大家）退居其次，将行为涉及的客体（作业）提升为主语。俄语说"Письмо уже написано."，汉译不能是"信已经被写好了"，应该是"信已写好"。因为根据汉语语法和词汇搭配，"信已写好"自然是被人写好的。又如：

[7.96]这一事件被全世界谈论着。
Об этом событии говорит весь мир.

形式上"被……谈论着"表示被动，而俄译 говорить 却是不及物动词，俄译既不是主动态又不是被动态，可以归入中动态。

B. 中动态→被动态

俄语不定人称句、无人称句、泛指人称句等通常没有主语或无须出现主语，如"Его уважают."汉译时，为加强上下文联系而要把原文的补语移到谓语前面，译成"大家尊敬他"。如果去掉"大家"，译成"他受到尊敬"，就成了被动态。汉语被动句通常借助"被、为、受到"等词表示。汉语中动态换译为俄译被动态，与其说是语态替代，不如说是习惯要求，如公示语"禁止吸烟"，语义是禁止人类吸烟，禁止的受体应为人类，俄译后强调的是禁止的行为，译成"Курить запрещается."或"Не курить."。

4. 动静换译

动静换译是指双语语言反映出的运动状态与静止状态之间相互交换。对同一现象，原语作动态观察，译语作静态观察，反之亦然。

1）动→静

实词分为静词和动词。静词具有变格体系，包括名词、形容词、数词和部分代词（代名词、代形容词、代数词）。动词与静词相对，具有变位体系。动态主要由动词及动词词组表达。就表示人的能力、特征、职业等的不定向运动动词而言，动词发生转义，不再强调运动方向，转而表达静态特征，如"Ребёнок уже ходит."译成："小孩会走路了。"例如：

[7.97]Вдоль дороги по обе стороны шли густые ряды деревьев.
试译1：道路两旁延伸着茂密的树木。
试译2：道路两旁是一排排茂密的树木。

俄语用 шли 表示一种"人走树动"的动态画面。шли 是典型的运动动词 идти 的过去式复数形式，在该存在句中表示"树木在空间上的延伸"这一评价特征（区分义素），理解无障碍。但跨语转化时，译者认知上必须要联系客观事实与语用价值。试译1以人为认知主体，营造"人静树动"体验。根据客观自然标准来判断，"树"一般是静止不动的，即根据"树"固有的自然状态特征来评价，特征评价关系与该"树"的关联在人的思维，一般固化为无意识映射，译者视线从动词 шли 的"动态"特征评价上转移到 шли 的行为主体"人"上，再将语义重点转换到 шли 的语法主体"树"的自然属性"静止"义素上，从而反过来调整 шли 的概念语义，挖掘隐含的"静态"义素，将动态译成了静态的存现句，即试译2。

2）静→动

俄语科技文献中非谓语动词结构大量存在。主动形动词、被动形动词、动名词、副动词、前置词、名词词组等结构司空见惯。"具有称名功能的动词不定式可用与之词汇意义相同的名词（主要是动名词）替换，成为名词的等价物。"（周民权，1988）汉译时应符合汉语流水句特点，加之汉语动词没有形态变化，只能以动词本身语义来传达俄语动词的形态语义特征，因而活用汉语连动式、兼语式、包孕式等结构，活用把字句、被字句等句型就成为关键。俄语系表结构"是"字句通常表示静态，汉译时常换译为动态。俄语 быть（有、在、是）是半实体动词，表静态意义，汉译为动宾结构。例如：

[7.98] Вчера в институте был великолепный концерт.
昨天学院举办了一场精彩的音乐会。

存在句是称名句的一种，描述各种环境、摆设、日期、时间、现象或状态。句式"某处有某物"，汉语笼统使用"有"字，而"有"字表现的状态往往是静态。俄语中，视主语所指不同而使用不同的动词。例如，"山后有条小河。房前有棵大树。桌上有本词典"译成："За горой течёт речка. Перед домом растёт большое дерево. На столе лежит словарь."汉语"有"字结构，绝非仅仅对应俄语 у кого есть 领属结构，汉语"有小河"在俄语中实指"小河流淌"，相应地"有棵大树"指"长着棵大树"，"有本词典"实指"放着一本词典"。

5. 肯否换译

肯定句表示对现实具有肯定关系的句子，否定句表达对现实的否定关系。科米萨诺夫（2006：193）把原文的肯定形式换为否定形式或把原文的否定形式换为肯定形式，叫作"反义译法"。俄汉互译，肯定句或结构与否定句或结构相互替代的译法就是肯否换译。

1）肯定→否定

俄语肯定语气词有 да、так、ещё бы、так точно、как же、ладно、хорошо、что же 等，否定语气词有 не、ни、нет 等，否定副词有 нельзя、невозможно、неможно 等。汉语表达肯定的副词有"必、必须、必定、准、的确"等，表达否定的副词有"不、非、无、莫、未、别、勿、否、没、没有、不必、不用、不曾"等。石毓智（1989）指出，某些名词、形容词、动词和副词是"只能用于或多用于否定结构的词语"。词组"分秒必争"是肯定，对应的俄语用否定结构 ни минуты не терять 来表达。肯定换译为否定，常见如下类型。

A. 正话反说，加强语气

俄汉双语常见语法上的否定形式表达肯定内容。"应有尽有"在俄语中是词组 чего только нет（什么没有呢），是正话反说，也可用双重否定来表达肯定。汉语由典故、诗词曲赋而来的名言警句以肯定、正面形式反映两个简单句间的逻辑关系，俄译为加强这种或条件或递进的逻辑关系，可用双重否定形式替代。例如，谚语"海内存知己，天涯若比邻"译成："Не мил и свет, когда друга нет." 又如：

[7.99]Нам очень жаль, что все так вышло с вашим сыном …
可惜还是没能来得及，对此我们深表遗憾……（刘小满译）

例[7.99]反映了时空换译，原语 все так вышло с вашим сыном（发生在您儿子身上的一切）换译为实指"没能来得及"。

B. 肯定词形，否定词义

俄语有些词汇虽然没有任何否定标志，但语义要素仍含有否定意义，汉译时根据语境选择是否凸显否定语义。例如：

[7.100]— Тебе помощь? — Очень нужна мне твоя помощь!
试译1：—帮你一下吧。—用不着你帮忙！
试译2：—要不要帮忙啊？—用不着！

试译1把疑问句换译成陈述句，答句汉译时把肯定换译成否定，表达了说话人不领情、不买账的不合作态度。试译2句式未变，配合语调表达出了强烈的讥讽意味，也不错！二者可根据不同语境作出选择。由此可见，肯否换译并非一成不变，而是要根据上下文语境灵活地运用。又如：

[7.101]Я должен вам признаться, что я очень плохо понимаю значение дворянских выборов, — сказал Левин.

"不瞒您说，我很不了解贵族选举的意义。"列文说。（草婴译）

这是《安娜·卡列尼娜》主人公列文选举间隙在小吃厅里同一个地主闲聊时说的话。译者将 должен признаться（应该承认）译作"不瞒"，使译文显得简洁、自然、流畅。

C. 固定结构

俄语肯定形式表达否定意义常见于一些固定的句式结构。

第一，动词命令式带补语，可表示坚决的否定，一般先陈述理由或描述过程，反话正说，配合语气，强调行为的不可能实现，从而使否定更加具有说服力。例如：

[7.102]Дам я ему? Держи карман!
试译1：我给他？！绝不！
试译2：让我给他？！做梦吧！

第二，слишком/с избытком/достаточно ... чтобы ...连接的程度度量从属句，表明达到某种程度未免太过，不能达到这种程度。如"Мать боялась, как бы её сын не заболел."中的 не 并没有否定意义，正确的翻译为："母亲害怕儿子生病。"又如：

[7.103]Я слишком устал, чтобы играть на гитаре.
我太累了，不能再弹吉他了。

第三，чем ...比较从句，一般由副词比较级加动词或形容词短尾构成，肯定比较从句所叙述的内容后项不如前项。尽管语形上不带任何否定标志，但是仍可根据语义译成"与其……不如……""宁可……也不……"等。例如：

[7.104]Чем бы помочь, он ещё мешает.
试译1：他不但不来帮忙，反而打扰。
试译2：还帮忙呢？！他不捣乱就不错了！

第四，语气词 так и 加动词将来时表示断然的否定，伴随着语气的更替。例如：

[7.105]Так я тебе и поверю.
试译1：我才不信你呢。
试译2：叫我如何信你？！

第五，вместо ...结构，意为代替某某，可译成否定形式。例如：

[7.106]Вместо весёлого свадебного бала и ужина, вместо музыки и танцев — поездка на богомолье за двести вёрст.
他们没有举行欢乐的结婚舞会和晚宴，没有安排音乐和跳舞，却到二百俄里以外去参拜圣地。（汝龙译）

2）否定→肯定

致使否定换译作肯定的情况如下所示。

A. 否定义素进入词

汉语表否定的副词，俄译时其否定义素可转移。被否定的汉语动宾词组可以换译成俄语形容词。例如，"她不爱说话"可以译成："Она молчаливая."（她沉默。）又如，谚语"Не откладывай на завтра то, что можешь сделать сегодня."译成："今日事今日毕。"再如：

[7.107]Я буду ждать тебя до тех пор, пока ты не приедешь.
我将等你，直到你来为止。

B. 反话正说，出于礼貌

日常交际中，委婉询问以示礼貌，避免尴尬，俄语典型句式为"Простите, вы не скажете, где ..."或"Вы не скажете, пожалуйста ..."，语形为"您不将说"，语义却是"请您说"，语用是"打扰您很抱歉，但是我需要您的帮助"。另外，礼貌建议，避免话语态度强硬，也用反话形式。例如：

[7.108]Если тебе не трудно, принеси мне книгу, пожалуйста.
如果你方便的话，请给我带本书来。

[7.109]Что же вы не посидите?
试译1：您不再坐一会儿了吗？
试译2：请您再坐一会儿吧！

C. 肯否同义，加强语气

"否定结构与特定语境的结合，因会话隐含义与字面义相反，肯、否定形式同义。"（杨子和王雪明，2015）例如，俄语 едва 可以理解成"好容易"与"好不容易"，都是指"不容易"，而 едва ли не/едва не 译成"差一点就"与"差一点没"是同一个意思，但后者显然语气更夸张，强调意味更浓。又如：

[7.110]Я уже не понимал, где я, туда ли иду, в глазах все плыло, лапы дрожали.
渐渐地，我的意识开始模糊。我不清楚自己在哪里，又要去哪里，眼前的一切看起来都很虚幻。我的腿在颤抖。（刘小满译）

因时空而换译，俄语 я уже не понимал（我已经不知道）换译为"我的意识开始模糊"。俄语 все плыло（一切都飘了）换译为"一切看起来都很虚幻"，渲染情绪。

D. 固定结构

某些固定结构也常发生否定换译为肯定的情况，又分作几种情况。

第一,"He ... ли ...?"句式,相当于汉语的"不是……吧?",表示没有把握的猜测,一般所猜测内容如果是事实用名词表示,如果是行为动作用动词表示,如果是方式特征程度用副词或形容词表示。适当语境下,以字面否定的方式间接凸显猜测,着重提醒听话人注意,隐含义与字面义恰巧相反。汉译时可采用肯定形式替代隐含语义。例如:

[7.111]Не пожар ли?
试译1:是不是着火了?!
试译2:着火了!

[7.112]Не брат ли приехал?
试译1:是哥哥来了吧?
试译2:来的人是不是哥哥?

第二,чем+не+名词第一格形式,表示绝对肯定名词所指称的内容,可换译为肯定形式。例如:

[7.113]Чем не работа?
试译1:怎么能不工作?!
试译2:必须得工作!

第三,否定语气词 не 与 только 以及疑问词连用时,感叹句表示充分肯定之义。例如:

[7.114]Где только они не бывали?
试译1:他们哪都去过!
试译2:他们还有哪里没去过呢?!

第四,否定语气词 не 和 как 以及动词不定式连用,表示坚决肯定动词不定式所指的行为。例如:

[7.115]Как мне не знать!
试译1:我咋能不知道?!
试译2:我真知道!

第五,对话中否定语气词 не 和 ещё бы 连用,位于对话答句句首,重复问句中的谓词,表示完全肯定重复词所涉的内容。如例[7.116]中答句可用否定或肯定形式换译。例如:

[7.116]— Нравится он тебе? — Ещё бы не нравится!
试译1:他,你喜欢吗?咋能不喜欢!
试译2:他,你喜欢吗?非常喜欢!

第六，否定语气词 не 和 нет 连用，位于对话答句句首，与对话问句中的重复词连用时，表示完全肯定重复词所指的内容。例如：

[7.117]— Чёрное море? Совсем не плохо, — он расхохотался. — И я так думаю. Нет, не плохо!

"黑海吗？蛮不错。"他哈哈大笑。"我也这样想。是的，蛮不错。"（蔡毅、段京华用例）

俄语答话字面上似乎语无伦次，先说"不是"接着又说"蛮不错"。改变翻译单位的选择，从词层跨越至句群层，按词层将 нет 译为"不是的"，从话语层来理解 нет 的含义，нет 针对 плохо 而言，而译文"不是的"则是相对"蛮不错"而言。因俄汉语表达习惯不同，需将 нет 译为"是的"，才能确切表达 нет 入句的语境义。

第七，не успел+完成体不定式，как ...表示"刚（刚刚）……就……"时，强调行为情景间隔小，带有瞬间急促意味。не 的否定意义消失，汉译换为肯定表达。例如：

[7.118]Не успели мы втроём выйти из сада, как за нами хлопнули ворота.

我们仨刚走出花园，花园的大门就砰地关上了。（张会森用例）

这类句子特殊之处在于句意相当于"Как только мы вышли из сада, за нами хлопнули ворота."。然而，не успели ...表示的不是"还未及"，而是"恰巧、刚刚、一刹那"，因此必须用肯定形式。

第八，Не прошло и/ещё+时间名词第二格，как ...句式，例如：

[7.119]Не прошло какого-нибудь года, как он уже умер.
刚过去一年他就死了。（张会森用例）

强调时段的短促，且句中有 какой-нибудь 定语时，не 的否定意义消失，汉译换为肯定表达。因为俄语"表达时间关系的成语化结构"（张会森，2000：657）使得整个句子的逻辑语义降解了否定标志的否定意义，相当于"Прошёл всего лишь год, как он уже умер."，因此汉译时应用肯定表达来换译。

第九，как бы не/чтобы не 常与主句中表示害怕、担心（如 бояться、беспокоиться、испугаться、страх、боязнь、опасение 等）一类词连用，此时否定形式表达肯定意义，必须换译为肯定形式。例如：

[7.120]Вела себя, как страус, пряча голову в служебную суету, чтобы не испугаться реальности.

自己像个鸵鸟一样，埋头于没完没了的公务之中，想要借此来逃避

第七章 俄汉双向全译移换论

现实。（钟晓雯译）

第十，пока не/до тех пор пока не 主从复句表示时间先后关系。主句用未完成体表过程，从句用完成体，从句行为是主句行为停止的契机，指出主句行为的界限，не 没有否定意义，汉译换译为肯定形式。例如：

[7.121] Я бежал до тех пор, пока не устал.
原译：我一直跑到疲乏为止。（张会森用例）
试译：我一直跑到筋疲力尽为止。

3）双重否定→肯定

双重否定即否定之否定，变成肯定，语义根源为逻辑，语法形式上是两个显性的否定手段，语义上反而将否定意义消解。否定之否定，相较于肯定形式，语气更委婉，情感更凸显。例如，"В магазине чего только нет!"译为："商场里应有尽有！"俄语用 ни ... не .../ни ... ни ... 等表示双重否定或用"не+мочь+не+动词不定式"结构表示带必然意味的肯定意义，应换译为肯定形式。例如：

[7.122] А ездить верхом Ильин и любил и умел. Он вообще не любит чего-нибудь не уметь.
伊林喜欢骑马，也擅长骑术。他喜欢事事在行。

俄语的"没有什么事情是他不喜欢的"啰唆，洋腔洋调，为避免翻译腔，应依据上下文语境灵活换译。

（三）语用性换译

语用性换译主要指形象换译。形象包括植物、动物、事物、人物等真实形象，也包括精神文化层的虚拟形象。翻译时通过形象换译的处理，使高深的事理浅显明了，使繁杂的事情清晰突出，使抽象的事物生动具体。语用性换译，可以从形象换译的选择性、强制性和伴随性三个视角来分析。

1. 选择性形象换译

选择性形象换译大多基于形象的本意和引申义之间的关联。俄语形象换译时，利用汉语特殊的、功能相近的修辞替代，选择字、形、义都相近的语素和单词，有时可构成巧妙的形象换译。例如：

[7.123] Ни беса там у тебя не будет, только лошаденку надорвёшь да с голоду сдохнешь ...
原译：你在那块地上屁也种不出来，只会把你的马累坏，把你饿死……（龚人放用例）
试译：你在那块地上啥也种不出来，别白费劲了，到头来只能把马累坏，把你饿死……

俄语 бес 与"恶鬼"汉俄都有，若直译为"连恶鬼也没有"，不符合汉语读者认知，因为这一词汉俄文化内涵冲突，换译为汉语能够引起联想意义的"屁"字，表达憎恶情感，一字传神。当然也可适当折中处理成"啥也种不出来"，淡化情感评价，易于译文读者接受，又可保留原文的意思和形象效果。又如：

[7.124] 我把长根也害了，看着他孤身一人走去，我心里是一阵一阵的酸痛。

Я и Чангэня погубил. Я глядел на его одинокую спину, и сердце выло волком.（Шапиро 译）

俄语 сердце выло волком 的字面意思是"心里就像在狼嚎"，展现的是无法言表的内伤，对应汉语"一阵一阵的酸痛"，用形象来替代。

2. 强制性形象换译

强制性形象换译往往多见于熟语翻译，熟语的语义凝结性特征使得熟语包含的形象语义相对固化，解释了地理文化内涵差异造就的不同民族对待同一形象思维"认知物"的差异。由于各个民族文化背景、文化心理、风俗习惯不同，导致每一种语言都存在特殊的比喻用法。本体相同，喻体却可各不相同，如汉语说"落汤鸡"，英语说 like a drowned rat。汉语说"瘦得像个猴"，法语说"Maigre comme un clou."（瘦得像根钉），俄语则说"Один нос остался на лице."（瘦得只见鼻子）。例如：

[7.125] Представляете — волку, да ещё и крылья!
想想看，那简直是如虎添翼！（龚人放用例）

俄语成语词面意思是"狼，而且还有翅膀！"，与汉语"如虎添翼"只差一个"狼与虎"形象，换译处理后，语形虽然有变化，但语义基本一致。又如：

[7.126] 宝剑锋从磨砺出，梅花香自苦寒来。

Меч не будет острым, если его не точить, и слива не будет ароматной, если не пережила морозы.

将"梅花"用"李子"替代，因为中俄气候不相同，"梅花"在俄罗斯并没有花中四君子的美好坚忍的文化联想意义，故而必须换译。

3. 伴随性形象换译

伴随性形象换译是从整体出发，审视句中的每个形象及其关联性，如谚语"Льва сонного не буди."（不要虎口拔牙），动物形象"虎"替代了"狮"，因而增加了事物形象"牙"。同样，"Доверил козлу капусту."（引狼入室），汉译不是"把白菜委托给山羊看管"，而是挖掘字面之下的联想意义"山羊会吃了白菜"，托付错了对象，因而用汉语类似的"引狼入室"呼应。形象随着"羊"变成"狼"后，"白菜"随之变成了"房屋"。又如"It rains cats and dogs."（猫和狗在飞跑）汉译为"倾盆大雨"，俄译为"Дождь льётся как из ведра."。英语"猫和狗"的形象译入汉语，变成了事物"盆"，俄语变成了"桶"。"盆"和"桶"相互替代，句义整体传达，是一种固定用法，忽略实际指物意义的差异，形象整体性进入译者认知，从而使比喻义占据主位，"言"和"象"为"意"做了调整。再如：

[7.127] Слыхала, какой гусь оказался этот Макаров?
原译：你听说马卡洛夫这个人多么卑鄙吗？（谢云才用例）
试译：听说了吗，马卡洛夫就是个小人！

俄语的 гусь（鹅）所蕴含的文化寓意在汉语"鹅"中消失，意象跨语转化时出现障碍，汉语动物形象"鹅"并没有"卑鄙"的联想意义，故而原译用引申义替代形象。试译则更进一步，用"小人"显豁这种负面评价色彩。例如：

[7.128] 他身大而心不大，像个空心大萝卜。
Впрочем, крупным был сам мальчик, но не его амбиции.（Сорокин 译）

汉语"空心大萝卜"是一种形象性用法，是比喻无用、肚里无货之人。俄译去掉"萝卜"形象，改用其引申意义 амбиции（自负、野心），这种用法从单向看是移译，是抽象化引申，从双向看则是形象换译为非形象。

换译方法体系依照"形-义-用"三角标准区分。语形性换译包括标点换译、语气换译等。语义性换译包括单位换译、词类换译、语态换译、动静换译、肯否换译等。语用性换译主要指形象换译等。当然这种分类并非尽善尽美，论述过程也是基于事实的归纳。

第八章 俄汉双向全译分合论

俄汉双向全译分合论，指俄汉双向全译中的分译策略及合译策略。分译，即拆分式全译，即将某一原文单位拆分成几个译文中相对独立的语言单位；合译，即融合式全译，即将几个原文单位融合成一个译语单位。分、合策略，操作方向相反，操作原则近似，内在机制趋同，根据不同目的和需要，分合策略可分为语形性分合、语义性分合和语用性分合。

第一节 分 合 论

全译分合论，指俄汉全译过程中分合方法的内在机制及相互关系。分合机制是与全译对应机制、增减机制、移换机制并列的全译机制之一，统筹拆分机制与合并机制。分译与合译是操作单位相同、操作程序相反、操作原因相似的两种全译方法。

一、分合机制

分合机制与对应机制、增减机制、移换机制并列，是全译转化机制的支撑概念。分合机制统筹分译和合译，指译者为完整再现原文语用价值、准确传达语里意义，根据需要拆分或合并原文形式结构，拆分后的译文清新、顺畅，合并后的译文紧凑、简洁。拆分或合并的语言单位以简单句为轴心，小到句内的词和词组，大到简单句构成的复句和句群，都可运用分译和合译方法。

（一）拆分机制

拆分机制，指译者为再现原文语用价值和语里意义而将某一原文单位拆分为几个译语单位的全译操作方式，可具体化为切分与析出两种机制。

1. 切分机制

切分机制，指译者为更好地再现原文语用价值和语里意义，有意将某一原文单位切分为几个译语单位进行译文表达的全译操作方式,可用于拆分的语言单位一般体现为句以上的较大语言单位,如结构关系复杂的长句等。切分的内在动因是双语语言结构的差异,如俄语与汉语二者分属于不同语系,形态差异巨大。俄语"常会使用各种附加成分、短语、大量的动名词、前置词词组等,组成一个带有多种修饰成分的、很长的简单句,或使用各种连词,把许多句子组成一个带有多种并列关系或主从关系的、层次重叠的、很长的复合句",而汉语"动词用得多,连词用得少,词序比较固定,往往利用逻辑关系或词序来上递下接,组成句子,句子一般都比较短,修饰成分不宜冗长"(林学诚,1994)。

俄译汉时,如果一味追求语形对应,译文将出现结构生硬晦涩、语义表达不畅等不符合规范的现象,必要情况下,译者需将俄语较长、较大的语言单位切分,将长化短、将繁化简,以顺应汉语短小精悍、简洁清丽的语形特点,利于汉语读者接受。俄汉双向全译过程中,切分机制更常用于俄译汉。

切分可将一语言单位一分为二,也可一分为多,切分出来的成分可与原单位大小相等,也可不相等,小的语言单位可切分出大成分,大单位也可切分出小成分。就应用范围而言,切分机制可适用于所有语言单位,但较大语言单位更常用。例如:

[8.1] Поздравляю вас с Рождеством и желаю тебе всего от господа бога.

祝您圣诞节好,求上帝保佑你万事如意。(汝龙译)

例[8.1]原文为并列复句,两个分句通过连接词 и 连接,且两个分句在语法上平等、功能相同、位置可以互换。为顺应汉语意合性,译者将原文并列复句切分,减译连接词 и,用汉语","表示两个分句的并列关系。通过切分,原文形合转化为汉语意合。

2. 析出机制

析出机制,指译者为更好地再现原文语用价值和语里意义,切分某一原文单位后,将形式或意义相同、相近部分提取合并进而表达的全译操作方式。析出机制常用于相邻语言单位之间,如提取拆分相邻词组中的相同、相近修饰语,类似于数学中的合并同类项。在一定语境中,重复、反复可用作修辞手段,其修辞功能是"深化语义、增强语势、增添文采、突出主题"(邓中敏和曾剑平,2020)。大多数情况下,因译者拆分形成的语形、语义重复单位,照原样转换成译语后,容易造成译语烦琐、臃肿,这时译者就需将相同或相近成分提取、合并为一个语言单位进行转换。

析出,可用于切分后相邻语言单位之间相同或相近成分,也可跨单位操作,甚至跨几个语言单位操作,前提是不破坏原文的语义逻辑和译文的语义流畅。析出机制常发生在语义较完整的语言片段内，如在复句内提取相邻或相近词组的同形或同义修饰语。析出机制常常发生在拆分后，析出可避免因拆分而造成的语义零散或反复。语言单位析出后需合并表达，因此析出机制也是合译机制之一。分译方法的析出强调拆分后的提取，合译方法的析出强调提取后的合并，二者既有区别也有联系。例如：

[8.2]今天的中国已不是百年前的中国，今天的世界也不是百年前的世界……

И Китай, и мир сегодня совсем другими, не такими, какими они были сто лет назад.

例中原文为并列复句，分句句式相同，为使译文表达更加简练，译者首先将各分句按结构拆分，将相似成分合并，具体为"今天的中国与世界""不是""百年前"，依次转化为俄语形成译文。可以看出，经提取合并后，俄语译文形式简练、逻辑流畅。

（二）合并机制

合并机制，指译者为再现原文语用价值和语里意义，将原文两个或多个语言单位组合成一个语言单位进行表达的全译操作方式，可具体化为归并和融合两种机制。

1. 归并机制

归并机制，指译者为更好地再现原文语用价值和语里意义，将原文相邻或相近的两个或几个单位合并表达为一个译语单位的全译操作方式。当原文某些行文结构在译文读者看来略显零散时，译者就可顺应译语读者的阅读习惯，将原文相邻的几个短小、零散且语义连贯的结构合并表达为一个译语单位。归并是较简单的合译方式，仅将两个或几个语言单位连接在一起，表达为一个译语单位。从形式上看，归并主要体现为标点符号的省略，聚短为长；从内容上看，归并则为逻辑连接和语义整合。

为更好地实现译语形式简练和语义顺畅的目的，归并有时跟移位、切分等组合运用。归并原语单位，译者需根据译语表达习惯重新组构，这时需运用移位，或将某一单位移走，归并剩余单位，或将某一单位移到需归并单位之后。语言单位归并后直接实现原语单位换形，即将原语较大语言单位经归并后换形为译语较小语言单位。为完成归并，译者有时也需先切分，以防因切分造成语形零散、语义断裂。归并后语言单位可进一步浓缩，再现为形式更为简洁、凝练的译文。例如：

[8.3]以史为鉴，可以知兴替。

Уроки прошлого помогают познать закономерность спадов и подъёмов.

例中原文复句由两个简单句组成，译文为简单句形式，形式上发生了归并。即原文第一个简单句省略谓语"为"，转化为词组 уроки прошлого 并将其用作译文主语，省略原文的"，"；第二个简单句连接其后，用作译文谓语和补语。相较于原文，译文语义表达更加流畅。又如：

[8.4]Она делала все, что хотел муж, и злилась на себя за то, что он обманул её, как последнюю дурочку.

她丈夫要她做什么她就做，同时她又恼恨自己，因为他把她当作最傻的傻瓜那样欺骗她。（汝龙译）

对比例中原文、译文可发现，原文转化为译文时有两处合译，皆为俄语复句转化为汉语简单句时的归并。俄语复句主句和从句一般通过连接词连接且带有标点符号，为顺应汉语意合特点，译成汉语时可省略连接词，译成复合谓语，之后将 что хотел муж 与 как последнюю дурочку 前移，并将两个分句连接，译成汉语简单句形式。

2. 融合机制

融合机制，指译者为更好地再现原文语用价值和语里意义，将相邻或相近的两个或几个原文单位整合，进而表达为一个译语单位的全译操作方式。压缩机制以归并为基础，但不局限于归并，需在归并基础上进一步凝练形式、紧缩意义，如同挤掉海绵中的水分，从而实现译文的言简义丰。融合机制旨在化零为整，将原语众多零散的较小语言单位逐渐融合为更少的、紧凑的较大译语单位，确保译文表意连贯、形式简洁。汉语是孤立语，语序和虚词是汉语最重要的语法手段，俄语原文通过形式展现的语法意义汉译时都可整合、压缩，目的是满足汉语受众求简的审美期待。

相较于归并，融合更强调语义的内在整合与完整表达，并非形式的简单连接。然而，融合并非随心所欲、无章可循，原文内容不许遗漏，且译文的表达需结构清晰、语义连贯、形式简洁。融合强调语义浓缩，因此更常与其他机制并发，如增减机制与移换机制。例如：

[8.5]Ну вот, тогда сам и выбирай, чего душе твоей угодно.

那么，一切都悉听尊便了。（汤玉婷译）

例[8.5]俄语原文为复句，含说明从句，若依照原文结构可汉译为："那么，你心里愿意干什么，自己就选择干什么吧。"这一译文略显啰唆。译者充分利用汉语意合性，首先将说明从句与主句归并，即 выбирай чего душе твоей угодно（选择你心里所愿意的）；结合原文祈使句式，用隐含主语"你"做动补结构的主语，即"你选择你心里所愿意的"，同时将感叹词 ну 以及副词 вот、тогда 所含催促、号召之意融入其中，用语义浓缩的"悉听尊便"将原文内容再现出来。俄汉转化过程中，融合机制伴随移位机制，实现了译文求化的目的。

分合机制是应原文语用再现、语义传达和译文表达规范之需，对原文形式采取化整为零或化零为整的全译操作方式。分合机制可应用于各级语言单位，既可单独操作于某一语言单位，也可逐层操作于不同语言单位，高级语言单位的分合以低级语言单位的分合为前提和基础。分译机制与合译机制操作原则相同，操作方向相反，根据俄汉语特点，分译机制常用于俄译汉，合译机制常用于汉译俄。

二、分合关系论

分译与合译隶属全译方法论系统，是操作方向完全相反的两种全译方法。分译主要通过切分与析出手段实现原文向译文的转化，合译则通过归并与融合的手段再现原文语用价值和语里意义。可见，两种方法操作手段迥异，但殊途同归，旨在译文求化。深究内在理据，语言差异是分译与合译使用的主要原因。分译与合译以简单句为中枢转化单位，可应用于所有层级单位，语言单位越大，分译使用频率越高，合译使用频率越低。受多种因素的共同影响，分译与合译可组合运用，形成合中有分、分中有合的局面。

（一）操作单位相同

"全译单位是在全译活动中具体实施和操作的基本单元，是语际交流中意义相对完整、能够自由理解、换译和表达的思维单位和语言/言语单位。"（余承法，2014：17）一般而言，分译和合译都以简单句为中枢单位，可在词、词组、简单句、复句、句群层面上进行操作，二者操作单位相同。

全译微观过程包括理解、转化和表达，环节不同，所用单位有所不同。理解是语言–思维活动，由语言形式至语里意义和语用价值再到中枢神经，主要运用语言单位（语素、词和固定词组）和言语单位（一般词组和句子）。表达是思维–语言活动，即译者据译语语义语法规则将思维编织成语言码并外化为语言形式，同样运用上述语言单位。双语思维转换主要使用抽象思维，伴随形象思维和直觉思维。抽象思维主要运用概念、判断、推理等方式进行，对应的语言单位是词、一般词组、句子、句群。可见，全译基本单位包括词、词组、简单句、复句和句群，向下延伸可至语素，向上延伸可达语篇。

全译理解、转化、表达过程中，译者会根据具体翻译情景运用一定的全译方法来完成翻译任务，包括分译和合译。对比原文与译文，分译和合译可用于各层级语言单位，随着语言单位的增大，使用频率逐步降低。无论是意义提取还是表达，分译和合译的选择依据不在操作单位，而在意义传递方式。若将原文意义分而表达是分译，若将原文意义并而再现则是合译。

分译与合译多适用于结构复杂、表达具有灵活性和差异性的文学和非文学书面文本，因而多操作于简单句及以上单位，尤以复句、句群最为常见，因为"俄汉两种语言组织篇章的用语习惯以及构思的方式与角度不同，文章段落组织与安排的结构方式也不完全一样"（阎德胜，1993）。二者很少同时操作于同一原语单位，但可操作于句中不同语言单位，或跟其他全译方法一起形成三合、四合、五合的情况。

（二）操作程序相反

分译旨在化整为零，将原文数量较少、紧密结合的较小语言单位逐一切分为译文数量较多、更加分散的较大语言单位，以避免译句冗长繁复，缓解受众理解长龙句式的压力；合译旨在化零为整，将原文众多零散的较小语言单位逐渐融合为译文数量更少、更紧凑的较大语言单位，以避免译句重复拖沓松散，确保译文重点突出，表意连贯，如将俄语句群或复句合译，也为满足汉语受众求简的审美期待。可见，二者操作程序相反。

在原文理解阶段，译者以简单句为中枢单位，由小到大，由部分到整体，从词义、语义到句义、段义、篇义，逐层概括，达至理解，获取原文语义。之后还需回头理解，即由整体到部分，根据语境因素，理解原文，获取言外之意。若使用分译方法，则需将原文语形拆解，分别提取各部分意义。某些语言单位在译者看来需与其他单位整合才能获取完整意义，这时则体现为合译。一分一合，操作程序完全相反，旨在更好地获取意义，完成转化。

语际转化阶段，以思维活动为主、语言活动为辅。这一阶段，提取的原文意义以思维形态存储于译者大脑中，译者需将其移入译语世界，为表达做好准备。思维单位的跨语移动可具体化为同级转化和跨级转化。同级转化指思维单位的平行移动，主要包括概念/意象、判断/组象、推理/组象群的平行移动，此类移动译者无须使用特殊的转化策略，将其一一对应即可完成。因各民族的思维差异，大多数情况下，译者需完成思维单位的跨级转化，如原语概念转换为译语判断、原语推理转换为译语概念等。若将原语小的思维单位转化成译语大的思维单位，译者就需使用拆分法，将原文概念特征剥离并转化为译语概念从而组合为判断；若将原语大的思维单位转换成译语小的思维单位，译者就需使用合并法，将判断或推理中多个概念转化为某一特征，多个特征组合为一个概念。思维单位拆分后转换和多个思维单位合并后转换，正是分译和合译方法在语际转化阶段的具体体现。

在译语表达阶段，译者可使用自上而下式表达策略或自下而上式表达策略。自上而下式表达，指译者根据语用价值和语里意义从宏观角度出发，先建构整体结构，然后逐步选择译语表达单位。在符合译语规范的前提下，译者可根据表达需要，将某几个单位组合简化，形成更简洁的译文。自下而上式表达，指译者由部分到整体，积词（语）成句、积句成篇，在整体框架内选择每一意义单位的译文形式。有时为了突出强调或顺应译语规范，译者可将某一意义单位用译语的几个语形再现，从而更好地再现原文意义。在译文表达阶段，合译常在自上而下式表达过程中使用，而分译更常用于自下而上式表达过程。

综上，无论是原文意义的理解与表达，还是意义以思维形态在译者大脑中的转换，分译和合译都具有相反的操作程序。

（三）操作原因相似

俄汉双向全译时，分译与合译的使用不是任意为之，而是基于俄汉语言类型差异及其句法结构区别，以及俄汉民族不同的思维方式。分合两种方法都需遵循逻辑思维转换规律，目的都是更好地再现原文语用、语义，同时确保译文符合译语表达规范和习惯。两种方法的使用具有相似的内在动因。

俄语与汉语属于不同的语言类型，在语法结构方面存在汉语重意合与俄语重形合、汉语以意统形与俄语以形显意的巨大差异。俄语属于综合语，丰富的词形变化可表达各种语法意义，句法上喜用各种从句进行语义补充，前置词、代词、语气词更是常用手段。汉语属于分析语，语法意义主要依靠词序、语序和虚词表达，句法意义多依靠词序及上下文暗含的逻辑意义表达。因此，俄汉互译过程中，译者若是单纯追求语形对应，将导致译文语义不畅、生硬晦涩。俄译汉时，译者常需对俄语原文句子进行切分，对语形进行拆解，将长句化短、繁句化简，以使译文表达通顺、自然，符合汉语语言规范。有时为了顺应汉语意合性，译者也需将俄语原文表语法意义的语言手段与主要成分融合后表达，以使译文符合汉语简洁特性。汉译俄时，为顺应俄语的形合性，实现以形显意，有时需将汉语原文的修饰语分离出来，译为俄语限定从句、形动词词组等，有时则需将汉语虚词与实词合并，译为俄语带有形式变化的整体结构。可见，分译与合译使用的内在动因根本在于俄汉两种语言的类型差异以及由此导致的句法结构差异。

全译基本单位与思维单位形成一一对应关系，思维转换规律是原语单位转化成译语发生改变的内在动因之一，分译与合译正是因思维转换需要而使用。俄汉全译语际转化阶段，双语之间可进行思维单位的同级转换和跨级转换。当原语低级思维单位向译语高级思维单位转换时，一般需将低级思维单位分离、扩容，外显为显性的语言单位；思维单位的拆解扩容会引起分译，如将俄语词表达的简单概念转换为译语复杂概念，就需将简单概念扩容；某些概念特征需分离并转换成汉语的概念，这一规律外化为语言形式就体现为分译。原语概念转换为译语判断、原语判断转换为译语推理同样如此。反之，当原语高级思维单位向译语低级思维单位转换时，则会引起逆向行为，即合译。

除语言学、思维学相关理论外，其他有关理论，如符号学、文化学等，都可以对分译与合译方法的使用依据做出阐释。无论何种理论，从分译与合译的内涵及相互关系可知，分译与合译的操作原因基本相同。

第二节 分 译 论

分译论，包含分译界定、理据、过程的论述及方法体系的建构。分译，即拆分式全译，主要特征为语形分离，与其他全译方法共同组成全译方法论系统。双语语言类型差异是分译方法使用的理据，从逻辑思维规律角度也可做出阐释。分译遵循全译的阶段划分原则，包括原文理解分形、语际转化分解、译文表达分化三个阶段。根据不同的目的和需要，分译可具体化为语形性分译、语义性分译和语用性分译。

一、分译界定

分译，即拆分式全译，指译者根据内容的译文表达需要将原文拆分成若干片段分别译出的全译方法。分译主要采取化整为零的手段和拆分策略，即将原文结构拆散，分离其中的词、词组、简单句，转换成相对独立的表意单位，再根据原文语用、语义要求及译文语言规范，将拆分的语言单位调整重组为译文。分译出的语言单位可与原单位大小相等，也可不等，就应用范围而言，所有层级语言单位都可分译。

（一）分译的由来

分译作为一种翻译方法或技巧，最早可在后秦僧人鸠摩罗什的零星译论及其译作中发现踪迹。鸠摩罗什倾向于意译法，其译作往往不拘原文体制，经常变易，其中必含分译。直至当代，分译法才作为一种翻译方法被独立提出，但叫法众多，如"拆译""拆句""断句""分译（法）""分句（法）"等。在中国知网中以上述名称为"关键词"检索（检索时间为 2022 年 10 月 13 日），可检索到 400 余条记录，以上述名称为"篇名"检索，可检索到 120 余条记录，其中发表日期最早的成果为秉常的《漫谈英译汉的拆句译法》（《中国翻译》1980年第 3 期）。早在 1959 年，北京俄语学院（现北京外国语大学）翻译教研组（1959：81）编写的《俄译汉教材（词汇、语法部分）》明确提出"断句法"，将其定义为："断句是一种翻译方法，是指翻译时根据译文语言的表达习惯，将原文的句子拆开，分段处理。"可见，分译这一翻译方法或技巧一直受到翻译研究学者的关注。20 世纪 80 年代出版的几部经典翻译教材都提及"分译"，如张培基等（1980：113）提出"分句法"，钱歌川（1980：96-97）提出英语长句汉译的"切断法"，吕瑞昌等（1983：146）提出汉语长句英译时要"断句"。这些研究成果以外译汉（主要是英译汉）为主，汉译外较少，主要集中于句子（尤其是复句）层面的操作。

近年来，有些学者，如黄忠廉和李亚舒（2004：49）、黄忠廉和白文昌（2010：283）、黄忠廉等（2013：84，2019：132）、余承法（2014：281）等先后在专著中研究分译。最初认为分译主要用于长句的翻译，即将原文长句分译为几个短句，构成译文的复句或句群，包括简单句分化和复杂句分化，后来指出小到词语大到复句的各层级语言单位都可以分译，因而包括词分译、词组分译、简单句分译、复句分译和句群分译，从而确立了较为完备的分译方法体系。

（二）分译的定义

基于已有研究成果，从语言层面的语法、语义、语用和文化层面的语际比较、思维转换、文化交流两个三角考察，分译可定义如下：分译，即拆分式全译，指译者根据原文意义以及译文形式需要，将某一原文单位拆分成若干片段并译成相应译语单位的全译方法。俄汉互译过程中，由于两种语言的语言类型差异，一些语言单位若不拆分直接译出，会出现译文不符合汉语表达习惯的现象，这时就需译者适时拆散原文结构（多为长句、难句），将分离出的单位一一转化，并按译语表述规范生成译文。

采用分译法，译者可化整为零，将原文长句拆分为几个短句，译成相对独立的表意单位，再现为译文复句或句群。除长句等复杂语言单位可使用分译外，词、词组等低级语言单位也可使用分译法。词语分译，就是把句中某一词或词组拆分，分别译成译语的相对独立单位。分译出来的语言单位可与原单位大小相等，也可不等。就应用范围而言，小至词大至句都可使用分译方法。

分译不仅限于语言单位的拆分，还包括将几个原文单位析出，甚至将原文几个不同地方的语形或语义相近的成分提取出来，组合成相应的译语单位。析出或提取语言单位时，往往伴随增加、省略或移动操作，有时候甚至需要将拆分后的原文重新组构、安排语序进而表达。

分译跟增译既有联系又有区别。首先，分译跟增译在操作方式上有部分重合，分译会使译文相较于原文表意单位增加，出现与增译一样的结果。如将词、词组从原文句子中拆分出来译成相对独立的简单句，因分而增，简单句表达过程中会增加语素、词或词组等语法单位，相较于原文，译文语言单位数量会增加，这一结果跟语素、词、词组增译有相通之处。其次，分译与增译的内在机制完全不同。增译侧重增，即在译文中增添原文隐含意义的语表形式，且常用于词、词组、简单句的增译，简单句以上单位的增译使用频率较低、难度较大，多数情况下，增译语言单位不一定必然切分原文结构。分译侧重拆分原文结构，将某一原文单位截长为短、一分为二或一分为多，多操作于简单句及以上单位，分译不一定必然增添语言单位，但必然导致译文语言单位数量增加。

分译跟合译的内在机制有重合之处。分译不仅限于拆分，有时还需将拆分出的单位归并、重组，以防因拆分造成译文表述的零散或臃肿，归并、重组正是合译法常用的操作手段，即将原文某些在译者看来是重复、反复的语言单位合并表达，而语言单位合并过程中有时也会运用到拆分，目的是更好地实现译文形式简洁、语义凝练。全译过程中，分译侧重原文语言形式的分离，合译侧重原文语言形式的融合，在形式层面上的操作二者方向相反，但在深层语义上存在重合之处，即语义整合，分译强调拆分后的意义整合，合译有时需借助拆分来更好地整合意义。分中有合，合中有分，目的的一致性使二者存在重合之处。

分译有时跟全译其他方法组合使用，如移译、换译等。某一原文单位拆分后，需根据译语表达习惯重新调整顺序、组织结构，这时就需对原文语形进行位置移动，而原文拆出的单位一般会译成译文的独立单位，如原句切分出的词组译成译文简单句，这时就发生了语形转换，即换译。分译有时也会与合译合用。因此，具体翻译语境下，出于不同目的和需要，分译会与其他全译方法组合使用，既可以同时操作于某一原文单位内部，也可以操作于不同语言单位之间，旨在化解全译中的形义矛盾。

二、分译理据

俄汉互译过程中，分译不是任意为之，而是基于俄汉的语言类型差异及其语法结构的区别，以及俄汉两个民族不同的思维方式，并遵循逻辑思维转换规律。分译方法的使用是为更好地再现原文语用价值、准确传达原文语里意义，同时确保译文符合译语表达规范和习惯。

（一）语法的差异性

俄汉语分属于不同语系，由于语言本身及民族思维方式的不同，俄汉语在语法结构方面必然具有巨大差异。虽然俄汉语某些句子成分的划分基本一致，包括主语、谓语、补语（汉语中的宾语）、定语、状语，但两种语言表达这些成分的方式和使用习惯有所不同。俄汉分译方法的使用正是基于俄汉语法差异。

就语言形态而论，俄语属于综合语，依靠词形变化来表示语法意义，句法构造依靠各种从句进行语义补充，造句谋篇偏重形合。俄语语句安排通常以谓语为中心、以主谓结构为主干，词语、简单句和复句之间往往借助语言形式手段（包括词汇和语法）来表达各种句法和语义关系。因为经常运用前置词、连接词、副词、代词，俄语造句注重严谨，强调形式对应，从属结构是其重要特征，词组不短，句式繁长，多长龙句式，以包孕式复句为典型。俄语句子犹如参天大树，多枝共干，枝繁叶茂、盘根错节。因此，俄译汉时，结合俄语繁式复句的主从关系和逻辑语义特点，译者常常需对其进行必要的拆分和调整，以译成汉语流水句，顺应汉语读者的接受习惯。例如：

[8.6]Царское правительство сначала пыталось подавить революцию с помощью репрессий, а когда поняло, что это невозможно, то вынужденно было давать обещания и идти на уступки, но революционное движение продолжало подниматься.

起初，沙皇政府试图通过迫害来镇压革命。而当它明白这已经不可能时，便不得不做些许诺和让步。然而，俄国革命运动不断高涨。

例[8.6]俄语原文为复句形式，由三个简单句并列组合而成，其中第二个简单句包含从句，其余简单句包含复杂谓语，形式结构复杂。若按照其结构直接译成汉语，必将造成汉语译文表意不畅。译者通过拆分原文语句，从中分离出三个句子分别译成汉语，同时将拆分部分的时间状语或从句提前，原文复句结构通过分译转化译成了汉语句群。语言单位数量增加，但意义未增。

现代汉语是典型的分析语，重意合，语言单位之间往往不用显性的语言形式连接，而是"借助语序来表达意思，语序排列不同，意义就大不一样"（曹明海，2007：220），语形看似零散杂乱，语义却衔接自然，严格遵循时空的先后大小、逻辑事理等顺序，因而句法结构简洁、短小、多变，多松散句、省略句、紧缩句等。古代汉语流传下来的一些成语、谚语、俗语是现代汉语呈现意合性的重要原因。因汉语无形式特征，汉语语言单位的划分界线并非泾渭分明，如有时很难区分主语与谓语、主句与从句，加上汉语喜用流水式句式，使得现代汉语句子平均句长短于俄语，数量多于俄语，因此分译更常用于俄译汉。但是，分译也偶尔用于汉译俄，目的是将汉语的意合性转化为俄语的形合性，意义的外显必将需要通过语言单位的增加来实现。由于俄语句式结构的要求，汉语词组拆分为俄语从句，有时跟主句结合很紧，并非截然断开。

（二）思维的民族性

每一个民族都拥有自己特殊的民族心理、民族意识、民族观念，这些因素决定了各民族的思维方式带有浓厚的民族色彩，思维具有民族性。语言是思维的载体，思维的民族性必然造成意义表现方式的不同。汉民族善用综合、归纳的思维方式，体现在语言中，就会形成综合式的语言表达方式，各语言单位之间的逻辑语义关系不需要通过太多的形式来体现，句式安排注重言简意赅、灵活多变，常见省略句、无主句、多动词句、泛指人称句等，简单句铺排，一"逗"到底。俄民族重分析式思维，体现在语言中就会注重词语、简单句和复句之间的有形衔接，句子成分必须界线清晰、主次分明，句与句之间不能简单排列，需按语法规则组构。

翻译不仅是语言转换行为，更是思维转换行为。思维方式的转变导致语言表达形式的更换。具体到俄汉互译，俄译汉时，译者需顺应汉语读者的思维习惯，将俄语承载的分析式思维方式转换为综合式思维方式，反映在语言上就会出现语形转化现象。具言之，俄语原文结构复杂，冗长的长难句需拆分为几个部分才能译成汉语读者习惯的短句铺排结构，否则容易造成读者的理解困难，导致意义传递失败，翻译目的无法达成。例如：

[8.7]На ранней заре, когда ещё кричат петухи и по-чёрному дымятся избы, распахнешь, бывало, окно в прохладный сад, наполненный лиловатым туманом, сквозь который ярко блестит кое-где утреннее солнце, и не утерпишь — велишь поскорее заседлывать лошадь, а сам побежишь умываться на пруд.

大清早，鸡刚叫，一家家农舍就冒起了黑烟。打开面向凉爽的园子的窗户，园中还浮动着淡紫色的雾气，有的地方透过来耀眼的朝阳的光辉。我急不可待地命人备马，自己则跑到池塘边去洗脸。（陈馥译）

例中原文是复句，结构复杂，主句带有若干副句，包含时间状语、时间从句、形动词词组等结构。汉译时，译者需依照原文逻辑和语义层次适当切分，包括对整个复句的切分与其内含简单句的切分，省略形式连接手段，如 и、который 等，适当调整顺序后译出，最终形成简单句顺序铺排的译文。

（三）逻辑的规律性

翻译是逻辑活动，逻辑活动贯穿翻译整个过程，语际转化过程中思维活动需遵循一定的逻辑规律。语际转化时，译者提取的原文意义以思维形态存储于译者大脑，以同级或跨级转化的形式向译语世界移动，从而完成意义传递并进行译语表达。

当思维单位进行跨级转化时，原语概念会转化成译语判断或推理，原语判断会转化成译语概念或推理，原语推理会转化成译语概念或判断。当原语低级思维单位向译语高级思维单位转化时，即原语概念向译语判断或推理转化时，外化为显性的语言形式，必然需要增添译语单位，这时可通过增补或分离来完成。原语词表达的概念转化为译语判断时，词需分译为译语词组或简单句，原语简单句表达的判断转化为译语推理时，简单句就需分译为多个简单句进而组成复句，以此类推。因此，逻辑转换的规律是分译使用的内在理据。例如：

[8.8]Широкая улыбка на лице хозяина говорила о том, что он рад гостям.

主人笑逐颜开，说明他对客人的到来感到高兴。

原文 широкая улыбка 对应复杂概念"舒展的笑容"，为更好地用译语表达，译者将其转化为判断 улыбка широкая，对应汉语"笑逐颜开"，从而将原文主语从句中分离。经过调序，主语修饰语 на лице хозяина，一部分转换为译文主语"主人"，一部分与 улыбка 融合，表达为"笑逐颜开"。经过思维单位的跨级转化，原语主语转化为译语简单句。这充分说明了分译运行的逻辑规律。

三、分译过程

全译可分微观和宏观过程：微观聚焦双语转换本体，包含理解、转化、表达三个阶段；宏观包含译前、译中、译后三个阶段。微观过程恰是宏观过程的译中阶段。分译是根据译文表达的需要将原文某些语言单位进行拆分的全译方法，主要发生在理解、转化、表达三个微观阶段。

（一）原文理解分形

无论何种翻译活动，获取原文意义是首要的。理解就是要获取原文形式承载的深层语义，这一过程中，译者需要跨越文化差异，与原文作者展开跨越时空的对话，在此前提下，译者逐一准确理解原文每一语言单位的语法、语义和语用，把握行文句式构造及内在逻辑关系。简言之，原文理解就是对原文层次结构进行分解，从语形构造上把握语里意义和语用价值。语形分析过程主要包含形态-词法分析及句法结构分析。形态-词法分析主要是分析原文词语形态以及句中语法成分和搭配关系；句法结构分析主要是对原文语句层次及各成分的分析，分析过程中对长句和复杂句需合理切分后才能明确各句法成分及核心架构。语义和语用提取以简单句为中枢单位，获取每一语言单位所表述的信息概念和语义结构，得出简单句的语义表征，包括命题内容、语域特征、主述位结构等。原文意义理解过程中拆分的单位有可能在语际转化和译语表达中重新组合，也有可能将其拆分出的部分——转化并表达。例如：

[8.9]中国共产党立志于中华民族千秋伟业，百年恰是风华正茂！

Коммунистическая партия Китая неизменно посвящает себя вечному великому делу китайской нации. Проделав 100-летний путь развития, КПК сейчас находится в расцвете сил и энергии!

例[8.9]原文是并列复句，充分体现了汉语语形简练、意义浓缩的意合特点，译者在提取意义时需将其拆分。首先将复句在并列处拆分，按句法结构进一步将从句拆分为若干意群，再将意群内化为思维单位并进入转化阶段。

（二）语际转化分解

语义单位转化为思维单位后，随即向译语世界移动。移动方式包括直接移动和与译语世界相应思维单位对应两种方式。可直接移动的思维单位多为简单概念且为双语世界共同拥有，其余概念就需以概念体系为框架，实现平行对应或跨层对应。跨层对应时，思维单位发生转化，概念转化为判断，判断转化为推理，以及相反过程。当低级思维单位向高级思维单位转化时，低级思维单位就需分化，将概念特征分离出来并转化为译语概念，反映在语言上就会出现相应的语形表达。思维单位扩容、转化的原因在于双语概念体系并非一一对应，而扩容最直接的途径就是将概念进一步拆分，形成概念群，之后顺序转化。例如：

[8.10]Будучи бедняцкого рода, сражался стойко. Имеет раны и отличие.

他贫民出身，打仗顽强，受过伤，得过奖。

透过语言形式，译者获取了原文语里意义并内化为思维单位，为更好地实现语际移动，与汉语思维体系对应，译者将 имеет 对应的表动作概念"有"拆分，按"有"发生的方式分为"受"和"得"并与其后表事物的概念"伤"和"奖"组合。语际转化过程中，原文对应的简单概念转化为译语概念群，进而导致了译文语形的分立表达。

（三）译文表达分化

原文语里意义经语际思维转化后进入译语世界，译者需将其赋形才能实现意义的跨语传递。这一阶段，译者需根据译语语言规范，综合考虑语用、语义和语形因素，将分解转化后的意义单位重新组织，进而组词构句，生成译文。

分译法的显性特征为原文形式的分化表达，分指某一原文单位表达为译文两个以上的单位，化指原文意义在译文中整合再现，具体可分三步。第一步，语用合成，尽量再现原文风格和话语意图；第二步，语义整合，将转化后的语义按译语表达规范进行系统性整合；第三步，组词构句，基于转化后的意义单位及译语规范，选择恰当词语和句式，依序分别对每一意义单位赋形。之后回溯理解原文、校对译文、比对双语，根据意义再现要求适当调整形式。例如：

[8.11]我们要用历史映照现实、远观未来，从中国共产党的百年奋斗中看清楚过去我们为什么能够成功、弄明白未来我们怎样才能继续成功，从而在新的征程上更加坚定、更加自觉地牢记初心使命、开创美好未来。

Мы должны на основе обобщения исторического опыта постигать реальность и заглядывать в далёкое будущее. Оценивая столетнюю борьбу Коммунистической партии Китая, мы должны ясно понять, в чем кроется наш успех в прошлом, и что может гарантировать наш успех в будущем. Таким образом, в новом походе мы будем более твёрдо и сознательно помнить изначальную цель и возложенную на нас миссию, создавать более светлое будущее.

例中原文为复句，结构复杂，各从句顺序铺排，连接、衔接手段较少使用。译文表达时，译者需顺应俄语形合特点，将汉语原文某些单位拆分，利用俄语的形态-句法手段，再现原文意义。对比双语可发现，原文复句拆分为三个俄语复句，原文复句的每一个从句也发生了拆分，如将第二个从句的状语成分"从中国共产党的百年奋斗中"拆分出来并译成俄语的副动词词组形式。

四、分译方法体系

依据分译方法使用的内在理据，分译可具体化为语形性分译、语义性分译和语用性分译。依据分译的操作单位，分译可具体化为词分译、词组分译、简单句分译和复句分译。以分译操作单位为坐标，可建构分译方法体系。

（一）语形性分译

语形性分译，指译者因双语语法结构差异将原文某一单位拆分表达的全译方法，如词、词组等。语形性分译旨在顺应译语语言规范，更好地实现意义传递和再现。

1. 词分译

对比俄汉词类可发现，俄语基于形态划分词类，汉语倚重句法划分词类，划分原则的不同导致了俄汉词类的差异及其功能的差异。俄译汉时，俄语中由形态构成的语法意义在译成汉语过程中需剥离并用汉语的字词再现，且俄语由两个或两个以上的词构成的合成前置词、合成连接词及语气词在汉译过程中也常常拆分表达。

1）名词分译

俄语名词具有数和格两个词变范畴，多数情况下，俄语名词通过词尾变化表达数量意义和与同一词组或句子中另一个词的关系意义。汉语名词需借助词序或虚词来表达此类意义，因此，带有词尾变化形式的俄语名词在译成汉语时往往需分译。例如：

[8.12] Годы шли, перевели его в другую губернию, минуло ему уже сорок лет, а он все читал объявления в газетах и копил.

许多年过去了，他调到别的省里去了。但他还在读那些报纸上的广告，还在攒钱。（汝龙译）

[8.13] Подбитый самолёт загорелся и камнем упал вниз.

飞机中弹后燃烧起来，像石头一样坠落了。

例[8.12]原文 годы 表复数意义，译成汉语时，词尾-ы 需与词干拆分，用汉语"许多"再现。例[8.13]原文 камнем 为五格形式，表方式意义，将其拆分，词干对应"石头"，词尾对应"像……一样"，俄语用形式表达的语法意义通过汉语词汇手段再现。

2）动词分译

俄语动词通过体、态、式、时与人称等范畴表达过程意义，还具有数和性范畴。俄语动词具有复杂多样的形式体系，及物动词及某些不及物动词支配名词或代词，要求各种补语。现代汉语代词经常充当谓语或谓语中心，大部分可支配宾语，多数通过其后的"着、了、过"等词表动作状态。例如：

[8.14]Они много раз обследовали этот объект и предупреждали о возможности неполадок.
他们曾多次对这项工程进行调查，警告可能出现毛病。

[8.15]Ввиду тяжёлого заболевания больного госпитализировали.
由于病重被送进医院。

[8.16]Как только больного госпитализируют, сообщите мне об этом.
患者一住院，您就通知我。

上述三例原文的动词 обследовали、госпитализировали、сообщите 分别为过去式、第三人称复数、命令式形式，汉译时，需将词尾分离出来，用汉语词汇手段再现其语法意义，三个词尾所承载的语法意义分别用汉语"曾""被""您"表达。

3）形容词分译

俄语形容词通过词变性的性、数、格范畴表示事物的非过程性特征，有比较等级范畴，有长尾和短尾形式。汉语形容词表性质、状态等意义，常充当定语、谓语或谓语中心语等成分，大部分可直接修饰名词。由于俄汉形容词的形态差异，某些俄语形容词汉译时需拆分译出。例如：

[8.17]Ему очень захотелось спора, в котором он вышел бы и умнее, и толковее, и бывалее Салтыка.
他很想能进行一场争论，以使他显得比萨尔蒂柯更聪明，更懂事，更有阅历。

[8.18]С увеличением роста плотица становится шире и кругловатее.
随着个头的增大，拟鲤变得越来越宽，越来越圆起来。

例[8.17]中的形容词 умнее 与 толковее 是比较级形式，译成汉语时需分离词尾，用汉语词汇手段来再现比较级意义。例[8.18]中的形容词 шире 与

кругловатее 也是比较级，汉语结构"越来越……"表程度随时间发展，恰好再现俄语形容词的比较级意义。

4）前置词分译

俄语前置词是副助词的一种，表示一个实词对另一个实词在词组或句中的从属关系，表达事物与事物、事物与动作、事物与状态、事物与特征等的关系。俄语分简单前置词与合成前置词，前者由一个词构成，后者由两个或三个词构成。汉语有相应词类介词，表明跟动作、性状有关的时间、处所、方式、原因、目的等。俄语前置词汉译转化过程中，某些合成前置词需分译表达。例如：

[8.19]— Вот так, — сказал он, садясь рядом с Аней.
"这样就舒服一点了，"他在阿尼雅身旁坐下来说。（汝龙译）

[8.20]… пробовал обосноваться в столице на правах литератора и уже лишь как бы в сфере литературной примеривать, …
……让他试着在首都以作家身份定居下来，并且仿佛已经在文学氛围中……（严永兴译）

原文含合成前置词 рядом с、в сфере，每一合成前置词都包含两个词，但意义是一个整体，分别表示"在近旁""在领域、在方面"，译成汉语时需拆分，将与其连用的词放置其中，分别表达为"在阿尼雅身旁""在文学氛围中"。

5）语气词分译

俄语语气词可分为简单语气词与合成语气词两类。简单语气词由一个词构成，合成语气词则由两个（或更多的）可分解的或不可分解的词构成。合成语气词与简单语气词功能一致，赋予个别词或整个句子不同的语气或各种细微的附加意义。现代汉语语气词常呈单字形式，常用的只有的、了、呢、吧、吗、啊等六个，其他一些语气词较少使用。"许多常用的俄语语气词可以与汉语虚词中的副词或连词相互对应"（杨家胜，2006：206），但俄语合成语气词在译成汉语时常常分译，译成语气词与其他词的组合形式。例如：

[8.21]Если бы не война!
若是不打仗多好！

[8.22]Как бы дождик не пошёл.
可别下雨呀！

该组例中原文分别含合成语气词 если бы、как бы，译成汉语时需拆分，通过汉语语气词、其他虚词以及标点符号来再现原文情态意义。

2. 词组分译

俄语词组是由两个或两个以上处于主从联系（即一致、支配、依附）的实词形成的句法构造。作为称名单位，俄语词组表示一个统一又可分解的概念。现代汉语的词组结构是意义和语法上能搭配的一组词，组成词组的词语依靠一定的语法手段（主要是语序和虚词）连接，表达一定的语法（关系）意义。构成形态的差异是俄汉词组分译的主要原因。例如：

[8.23]… как десяток худых и взъерошенных мальчишек в засаленных халатах и с испитыми лицами то и дело вскакивали не деревянные рычаги …
十来个瘦弱的、头发蓬乱、穿着油迹斑斑的长褂、面容枯黄的男孩不时地跳到木杠杆上压一部印刷机的矩形板……（奉真译）

[8.24] В результате обсуждения было принять решение включить эти слова в текст договора.
经过讨论作出决定，把这些话写入条约文本。

[8.25]— потом вернуться бы домой в тёплый, уютный кабинет и …
然后回家，走进温暖舒适的书房……（沈念驹译）

[8.26] Переходный отсек имеет вид сферы диаметром 2,2 м, сопряжённой с усечённым конусом длиной 0,8 м.
过渡舱呈球状，直径为 2.2 米，它与一个长度为 0.8 米的平截头圆锥体相连。

[8.27]… когда, бывало, гуляя вечером, она всегда старалось идти по направлению к светлому краю неба …
那时候，她常常在傍晚散步，她总要朝着天空中明亮的那个方向走去……（徐振亚、沈念驹译）

该组各例俄语原文分别含名词词组 взъерошенных мальчишек、решение включить эти слова в текст договора，动词词组 вернуться бы домой，形动词词组 сопряжённой с усечённым конусом длиной 0,8 м，副动词词组 гуляя вечером，译成汉语时进行词组拆分，或将词组与其他单位分离，分别译为"头发蓬乱……男孩""决定，把这些话写入条约文本""回家，走进""它与一个长度为 0.8 米的平截头圆锥体相连""她常常在傍晚散步"。前三例为词组拆分，后两例将词组从句中分离出。

3. 简单句分译

语形性简单句分译，指将原文简单句拆分译出或将简单句从原文中分离出来译成译语复句或句群。按语句述谓核心的多寡，语句可分为简单句和复句两类，与之对应，简单句分译包括两种情况：原文简单句的分译和原文复句中分句的分译。语形性简单句分译是基于双语句法结构的差异而采取的分译方法。

1）原文简单句的分译

原文简单句的分译，指将原文简单句拆分为译文两个或两个以上语言单位的分译方法。有些情况下，简单句主谓语之间并不是陈述和被陈述关系，而是简单句与简单句之间的逻辑语义关系，如条件、假设、因果、并列等等，译者需根据句子内在的逻辑语义适时切分，分而表达。例如：

[8.28] Девушка-фрацуженка вошла предложить ей одеваться.
法国姑娘走进来，让她穿上衣服。

[8.29] Она лежит бледная.
她躺在那里，脸色苍白。

[8.30] С этого времени площадь стала называться Театральной.
从这个时候起，广场就被称作剧院广场了。

[8.31] При ряде заболеваний терпение и спокойствие – это выздоровление.
对一系列疾病来说，耐心与平静就是康复。

[8.32] 进入她的眼帘的全是悦目的景物：花、草、树、水、山石、小鸟、蝴蝶……。

Она беспрерывно смотрела по сторонам. Все ласкало её взор: цветы, трава, деревья, вода, камни, птицы, бабочки, стрекозы ...
（Петров 译）

例[8.28]俄语原文为简单句，谓语体现为复合谓语形式，由两个动词组成，为再现动作的连续性，汉译时将其拆分并顺序表达，原文为简单句，经拆分后译成了汉语并列复句；例[8.29]将原文谓语和补语拆分表达；例[8.30]、例[8.31]将原文状语拆出，译成汉语独立结构；例[8.32]将原文在冒号处切分，译成俄语句群。

2）原文复句中分句的分译

原文复句中分句的分译，即将原文复句的主句或从句按逻辑语义结构切分，或将其从原文复句中分离，进而译为译文独立语言单位的分译方法。如果原文复句的某一分句意义丰富，可按逻辑语义结构适时切分，分而表达，避免造成译文的逻辑不清，结构混乱。例如：

[8.33]Вчера не повторяется и не возвращается.
昨天不会重复，也不会再回来。

[8.34]Принадлежит он к числу тех простодушных, положительных, исполнительных и тупых людей, которые больше всего на свет любят порядок и потому убеждены, что их надо бить.
他是那种头脑简单、讲求实际、肯卖力气、愚钝呆板的人，这种人

在人间万物当中最喜爱的莫过于秩序，因而相信，对他们是非打不可的。（汝龙译）

[8.35]Голова вся седая, а что рот раскроет, то солжёт или насплетничает.

满头白发，可一开口，不是撒谎，就是造谣。

例[8.33]俄语原文为并列复句，分句之间用连接词 и 连接，汉语复句常用关联词和标点符号表并列关系，因此将原文在连接词处切分，分别译出，从语形上看，译文形式相较于原文发生了拆分。例[8.34]定语从句 которые больше всего на свет любят порядок и потому убеждены 从原文分离，译成汉语完整句。例[8.35]同样将分句 то солжёт или насплетничает 拆分译出。

4. 复句分译

语形性复句分译，即将原文复句拆分，译成独立结构，形成译文句群结构。俄语在表达某些复杂思想时，常用较长、较繁的复句，俄译汉时需将其拆分，以顺应汉语的简短、流水式结构；作为意合语言，汉语喜用短句竹节式分述，若按顺序译成俄语，容易造成译文表述不清，因此需适时切分，增添形式进行连接。例如：

[8.36]После венчания не было даже лёгкой закуски; молодые выпили по бокалу, переоделись и поехали на вокзал.

婚礼以后，就连清淡的凉菜也没有。新婚夫妇各自喝下一杯酒，就换上衣服，坐马车到火车站去了。（汝龙译）

[8.37]Я служу вредному делу и получаю жалованье от людей, которых обманываю; я не честен.

我在做有害的工作。我从人们手里领了薪金，却欺骗他们。我不正直。（汝龙译）

[8.38]Обыкновенные земские врачи решаются производить резекцию коленного сустава, на сто чревосечений один только смертный случай, а каменная болезнь считается таким пустяком, что о ней даже не пишут.

普通的地方自治局医师都敢于做截除膝关节的手术了。至于剖腹术，一百例中只有一例造成死亡。结石病已经被人认为是小事，甚至再也没有人为它写文章了。（汝龙译）

[8.39]我想跟你谈谈，我们到花园里头走走，好不好？

Я хочу поговорить с тобой. Пройдёмся по саду？（Петров 译）

例[8.36]中原文由两个分句组成，中间用"；"隔开，若直译，较长的译文容易增加读者认知负担。按逻辑语义结构，译者将其切分，将第一个分句的状语提出，将第二个分句的动词谓语分离，分别译成汉语，从而形成了由短句构成的汉语译文。余例同理。

（二）语义性分译

语义性分译，即出于译文语义要求将某一原文单位拆分为若干片段并分别译出的分译方法。俄民族喜用"浓缩型"思维方式，将众多信息依靠各种手段集中于一个语言单位加以表达，因而结构复杂，纵横交错。汉民族更趋向于按时间、逻辑顺序逐点交代，"展开型"思维方式更利于语义表达。因此，俄译汉时常因语义再现要求拆分原文语形，以增加语义表达的显豁性。当汉语紧缩结构译成俄语时，也往往需要将语义稀释，以使俄语译文形式分散。

1. 词分译

语义性词分译，指将原文内容丰富的词汇单位按其内在语义构成拆分，将每一语义因子用译文语形体现。用于语义性词分译的一般为俄汉语实词，如名词、动词、形容词。例如：

[8.40]Присутствующие повернули голову в сторону двери.
与会者都把头转向门的方向。

[8.41]Мы все глядим в Наполеоны.
我们全都想成为拿破仑式英雄。

[8.42]В этот день она была в светлом костюме и большой белой шляпе.
这天她穿着浅色的西服，戴着一顶白色的大帽子。

[8.43]在表演大厅里可以欣赏古代传统的音乐歌舞。
В концертном зале — услышать изумительную музыку и пение, увидеть танцы, доносящие до нас многовековые культурные традиции.

例[8.40]中，присутствующие 为主动形动词，表示的特征正是其所说明事物发生的动作，译成汉语时拆分其语义，把动作实施的主体在语形上再现，译成"与会者"，其中"与会"为动作特征，"者"为动作发出者。俄语专用名称常用来概括表示同类事物，从而变成普通名词，例[8.41]将原文专用名称 Наполеоны 分译为"拿破仑式英雄"。例[8.42]、例[8.43]分别将动词 была、"欣赏"分译为两个动词"穿着/戴着"、услышать/увидеть。

2. 词组分译

语义性词组分译，即将原文词组按其内在逻辑语义拆分，将每一语义因子用译语表达。"汉语、俄语的词组表达有明显不同。"（王福祥和吴汉樱，2012：

202）俄语词组由主导词和从属词按一定关系组构而成，词组内的词可能会丧失或削弱独立的词汇意义，整体上接近词，有些词组的每个词都保留着独立的词汇意义，后者在语际转化中可根据语义再现需求拆分译出。汉语词组由词直接组合形成，可分为固定词组和临时词组，也可分为简单词组和复杂词组，临时词组和复杂词组俄译时往往分译。例如：

[8.44]… высоченные, выше самых высоких деревьев, бледные фигуры с седыми бородами до земли …
他们身躯比最高的树还要高大，脸色苍白，大胡子长到拖地……

[8.45]Рубить, что мне велишь, моя такая доля.
让我砍什么就砍什么，这就是我的命运。

[8.46]觉新只是含糊地答应一声。
Он что-то буркнул в ответ, у него слегка шумело в голове. （Петров 译）

例[8.44]中的俄语词组 бледные фигуры с седыми бородами до земли 为混合词组，内部各词通过词尾变化及前置词连接起来，意义可分解，为顺应汉语的表意特点，译者将其拆分，从属部分 с седыми бородами до земли 从词组中分出译成汉语简单句，词组发生分译。例[8.45]中词组 моя такая доля 从句中分离，译成汉语简单句。例[8.46]同理。

3. 简单句分译

语义性简单句分译，指将原文简单句或复句的分句按内在逻辑语义结构拆分，分别用译语再现的分译方法。基于俄汉句法结构差异，原文简单句逻辑语义关系用译语再现时，必然需要语形上的改变。例如：

[8.47]Продукция этой фабрики по-прежнему пользуется огромной популярностью.
这个工厂的产品同以前一样，仍广为流行。

[8.48]Я не знал, где и чем пообедаю уже сегодня, где и как проведу ночь.
我不知道今天我在哪里吃午饭，能吃什么，在哪里和如何过夜。

[8.49]Леса, что кроют песчаное Заволжье, прежде сплошным кряжем между реками Унжей и Вяткой тянулись далеко на север.
生长在多砂的外伏尔加地区的森林，从前在温萨河和维亚特卡河之间十分茂盛，一直伸延到北方。

[8.50]吃水不忘挖井人。
Когда пьёшь воду, не забывай о том, кто вырыл колодец.

例[8.47]中的俄语原文为简单句，含主语、谓语和补语三个成分，每一个成分都含有修饰语，为更好地进行汉语表达，译者将其拆分，提取主语及谓语修饰语组成简单句，谓语及补语组成另一简单句，译成汉语复句。例[8.48]将从句 где и чем пообедаю уже сегодня 拆分，将 где、чем 分别与谓语 пообедаю 结合译出。例[8.49]原文为俄语复句，译者先将定语与其修饰的主语合并，译为"生长在多砂的外伏尔加地区的森林"，作译文主语并与谓语结构用逗号隔开，之后将表方式的名词词组 прежде сплошным кряжем между реками Унжей и Вяткой 独立，换译为译语谓语"从前在温萨河和维亚特卡河之间十分茂盛"，与原文谓语结构 тянулись далеко на север 并列。从结果看，原文简单句拆分，按逻辑结构重组，形成译文。例[8.50]中的原文为简单句，意义浓缩，为顺应俄语形合特点，需将其拆分，用形式连接手段将原文内在逻辑关系再现出来。

4. 复句分译

语义性复句分译，指将原文复句拆分成短句分别转化并用译语将其意义再现出来的分译方法。基于语义再现需要，俄译汉时，枝繁叶茂的俄语复句可分译为由若干汉语短句组成的复句或句群，汉译俄时，语义浓缩的汉语复句可分译为俄语句群，以确保译文不至于过于烦冗。例如：

[8.51]Поток сгустился и тускнеет, и прячется под твёрдым льдом, и гаснет цвет, и звук немеет в оцепененье ледяном, — лишь жизнь бессмертную ключа сковать всесильный хлад не может: она все льётся — и, журча, молчанье мёртвое тревожит.

水流变浓变暗，藏进坚冰之下。在呆滞的冰层下看不到色泽，听不到声响。但是权势无限的寒冷却抑制不了泉水的不朽生命：泉水一直潺潺在流，打破那死一般的沉默。

[8.52]1840年鸦片战争以后，中国逐步成为半殖民地半封建社会，国家蒙辱、人民蒙难、文明蒙尘，中华民族遭受了前所未有的劫难。

После Опиумной войны 1840 года Китай постепенно превратился в полуколониальное и полуфеодальное государство. Китай попал в унизительное положение, а его народ перенёс тяжёлые страдания.

例[8.51]中的俄语原文为多成素复句，主句带若干递序从属副句，为避免译文句式冗长，译者按内在逻辑语义结合形式及标点符号，将原文切分为三部分，分别用汉语再现。例[8.52]中的汉语原文为多重复句，含有四个分句，各分句之间的逻辑关系译成俄语时需增添相应形式手段，需将原文拆分，原文复句拆分成了译文句群。

（三）语用性分译

语用性分译，即出于译文表达语用需求将某一原文单位拆分译出的分译方法。很多时候，俄语语句长而复杂，汉译时需将其切断，以符合汉语句长特点，满足汉语读者的阅读心理。另外，汉语为表意文字，语形应尽量与语义因子相对应，俄译汉时，译者需适时使用扩展法增加语义的显豁性。汉语浓缩型的语言单位在译成俄语时，也需适时分译，将言外之意再现出来。

1. 显豁性分译

显豁性分译，指为增加译文语义表达的透明性而将原文词、词组、简单句、句群拆分译出的分译方法。语言是人类思维的外在呈现形式，语言越显豁、透明，就越容易传递说话人的内在思想。俄汉互译时，译者有时将原文拆分译出，目的就在于提高译文语义表达的明晰性，进一步提高意义再现的准确性。例如：

[8.53]Этот мальчик — круглый сирота.
这个男孩是个父母双亡的孤儿。

[8.54]Не время выкликать теней.
不是呼神唤鬼的时候。

[8.55]— Мы тоже из комендатуры, — говоря о себе во множественном числе и простодушно улыбаясь, сообщил Алехин.
"我们也是卫戍区的。"阿廖辛憨厚地笑着说，他谈自己时用了复数。

[8.56]Модест Алексеич осмотрелся в купе, разложил вещи по полкам и сел против своей молодой жены, улыбаясь.
莫杰斯特·阿历克塞伊奇瞧一下车室，把东西放到架子上，然后微笑着，在年轻的妻子对面坐下。（汝龙译）

该组各例原文中的词、词组、简单句、句群汉译过程中发生了拆分，语义显豁是其共同特征。例如，круглый 直接对应"完全的、十足的"，修饰中心语"孤儿"时，意义可进一步明确为"父母双亡"并用汉语词汇再现。语义显豁在准确再现原文意义的同时还可降低译文读者的理解难度，更好地实现翻译目标。余例同理。

2. 凸显性分译

凸显性分译，指为强调原文某一语义因素而将原文词、词组、简单句、句群拆分译出的分译法。在认知客观世界并进行概念化的过程中，人们会将某一特征置于焦点位置，在外化为语言时，这一认知习惯会在语言中强调，即语言使用者有意突出或强调某一语言成分。因此，译者出于这一语用目的，有时会有意拆分原文的某一语言单位，目的是在译语表达过程中强调这一语义成分，从而触发译语读者对这一译文的理解与认知。例如：

[8.57]В этот день он был очень молчаливый, двух слов не скажет за вечер.
这一天他沉默无语，这一点儿都不像他。

[8.58]Слово моё — железно.
我的话坚定如钢。

[8.59]У вас все на языке атакуют, а не видите, что мы не умеем делать сложных маневров.
你们老是说什么进攻，进攻，却看不出我们不会搞复杂的演习。

[8.60]Тот оказался, хотя и добрым парнем, но изрядной размазней.
该人虽然是个善良的小伙子，但却优柔寡断，黏黏糊糊。

通过对例[8.57]的原文分析可知，原文意在强调主语 он 的特征，语义焦点为第一个简单句的谓语成分 молчаливый，译者将其拆分，用"沉默无语"与其对应。一方面，"沉默"与"无语"意义相近，二者连用可凸显"不说话"之义，同时呼应下文；另一方面，"沉默无语"的四字格形式顺应了汉语对仗工整的语形特点，符合汉语读者的审美要求。余例同理。

第三节 合 译 论

合译论，包含合译界定、理据、过程的论述及方法体系的建构。合译，即融合式全译，主要特征为语形合并，与其他全译方法共同组成全译方法论系统。双语的语言类型差异是合译方法使用的理据，逻辑思维规律也可对其做出阐释。合译遵循全译的阶段划分原则，分原文理解合并、语际转化重组、译文表达整合三个阶段。根据不同目的和需要，合译可具体化为语形性合译、语义性合译和语用性合译。

一、合译界定

合译，即融合式全译，指译者将几个原文单位浓缩为一个译语单位进而整合表达的全译方法。合译主要采取化零为整的手段和合并策略，即将原文较大语言单位，如词组、简单句、复句、句群等融合，或将原文相邻语言单位合并，进而根据译语规范译成译文较小语言单位。合译后的语言单位可与原单位大小相等，也可不相等，就应用范围而言，所有层级的语言单位都可合译。

（一）合译的由来

合译作为一种翻译策略或方法可有两种解释：一是从事翻译的方式，即合作翻译的简称；二是指一种翻译方法或技巧。

作为第一种解释的"合译"早在东汉时期就已出现。东汉高僧安世高在佛经翻译活动中，因汉语不是母语，除其本人独立译经外，还通过口授由别人记录整理完成，如安世高的门人严佛调在《沙弥十慧章句序》中提到"凡其所出，数百万言，或以口解，或以文传"（转引自马祖毅，2004：23），这可能是我国较早的关于合作翻译活动的记载。后世的支谦、康僧会等都是通过合作者进行佛经翻译的。与佛经翻译类似，16世纪末17世纪初开始的天主教著作的翻译也是大多由传教士口译或初译，由中国人笔受或润饰完成的。明末清初的翻译高潮中，徐光启等人也是通过合作翻译完成了科学技术书籍的翻译工作。中国近代翻译家林纾不懂外文，完全依靠合作者进行口述，本人负责记录，通过合作翻译的方式把大量外国作品翻译到中国来，成为我国近代翻译西方小说的第一人。今天，翻译中的合作愈加繁荣，合作翻译的作品比比皆是，如《红楼梦》的英译、国家政治文献的外译，等等。在商业翻译、事务性翻译等领域，合作翻译更是司空见惯。

作为第二种解释的合译，最早可在东晋高僧道安提出的"五失本，三不易"中找到踪迹。因汉人喜欢文采，道安认为佛经译成汉语时需做一定的修饰，其中暗含了合译的思想。虽然合译法一直为译者广泛使用，但是直至当代，合译才作为一种专门的翻译方法被提出。在中国知网中（检索时间为2022年10月13日），以"合译"为篇名的论文有50余篇，其中多数指的是合作翻译，仅十几篇是将其作为翻译方法或技巧进行论述的。若以"合译"为关键词检索，仅有30余篇。可见，合译作为一种全译方法较少受到翻译界的关注，有关合译的研究也多集中于翻译过程中多位译者进行的合作翻译。20世纪80年代出版的第一批翻译教材中提及了合译，多指句层级单位在翻译中的合并，如张培基等（1980：112-113）提出合句法，吕瑞昌等（1983：104-105，146-164）认为英译汉过程中重复结构可以合并、汉语长句英译时可以合并，等等。乔海清（1998）为合译正名，指出："合译是一种特殊译法，不是普通译法，而且适用范围广，从词组、短语、子句到句子以及句内各种大小单位并在一起的都可合译。"近年来，黄忠廉和李亚舒（2004：53）、黄忠廉和白文昌（2010：305）、黄忠廉等（2019：132）、余承法（2014：307-324）等先后在专著中研究合译，最初认为合译策略包括分句、复句及句群内部语言单位的合并，随后对合译方法进行定义、细化技巧、论证理据，从而确立了较为完备的合译方法体系。

（二）合译的定义

基于已有研究成果，从语言层面的语法、语义、语用和文化层面的语际比较、思维转换、文化交流两个三角考察，合译可定义如下：合译，即融合式全译，指译者根据原文意义以及译文形式需要，将原文两个或两个以上语言单位合并或将原文较大语言单位融合压缩，进而译成一个译语单位的全译方法。俄汉互译过程中，鉴于两种语言的语法结构差异，一些语言单位若不压缩合并译出，会出现译文结构臃肿、表达反复、逻辑不清的现象，这时译者就需适当合并，减少意义的冗余表达，实现译文的简练规范。

采用合译法，译者可化零为整，将几个原文单位合并译成一个译文表意单位，再现为译文词组或句子。除词、词组等低级语言单位可使用合译外，句级单位也可使用合译法。句合译，就是把原文两个或两个以上的句子合并，译成译文一个句子。合译后的语言单位可与原单位大小相等，也可不等。就应用范围而言，小至词大至句都可使用合译方法。

合译不仅限于语言单位间的合并，还包括原文某一单位内部的成分合并，有时也体现为将原文几个不同位置的单位聚集在一起译成相应的译语单位。合并过程中往往伴随语言单位的增加、省略、移动、拆分等操作。语言单位合并后需从宏观上进行语序调整，谨防合并后的意义表述不清。因此，合译应当遵循的原则是"形虽合而意未失"。

合译跟减译既有联系又有区别。一方面，两种方法的使用都会导致译文语言单位数量少于原文：使用合译法，原文语言单位会合并表达成一个译语单位，语言单位数量在语际转换后减少；使用减译法，某一原文单位会在译文中隐形，所承载意义不再现于语表，语言单位数量在语际转化后同样减少。另一方面，两种方法具体操作手段不同：合译采取化零为整的手段，侧重原文语言单位内或语言单位间的整合，主要运用合并法，当将原文句群整合为译文一个复句时，不一定伴随语言单位数量的减少，有时只是通过标点符号的变化将原文句群合多为一，有时会增加语言单位间的连接手段，如连接词、代词等；减译法主要采取删减手段，侧重删除或省略某一原文单位，常用于简单句以下的单位，语言单位的删减只是形式上的删减，意义未失，有时会伴随语言单位的合并。

合译跟分译的内在机制有重合之处。合译不仅限于语言单位的直接连接，有时还需语言单位内的意义浓缩，这时就需综合使用其他全译方法，其中的归并、重组也是分译常用的操作手段，即将拆分后出现重复的单位合并表达。可见，合分相伴而生，目的是更好地实现意义的完整传递。全译过程中，合译侧重语言形式的整合表达，分译侧重语言形式的分离再现，二者在语言形式层面上的操作相反，但在深层语义上的整合却是二者的共同之处。合译有时需借助拆分来更好地整合意义，分译有时需借助整合来防止译文语形零散。分中有合，合中有分，目的的一致性使二者存在重合之处。

合译有时跟移译、换译等组合使用。语言单位的合并必然以内在的逻辑语义为基础，语言单位的移动是必不可少的，这时就需运用移译。几个原文单位合并表达为一个译语单位，自然会发生语言单位的换形，即换译。移译运用过程中，某一原文单位移走后，其余单位可能会出现重组、合并现象，原文句群译为译文复句，原文复句译为译文简单句，原文简单句译为译文词组，从而出现合译现象。有时合译也跟分译合用，前文已述。总之，在不同语境下，面对不同的翻译任务，译者需适时运用一种或几种全译方法，才能更好地实现译文求化的目标。

二、合译理据

由合译定义可知，合译原因跟分译类似，也是基于俄汉语言类型差异而产生的句法结构差别，以及民族思维方式的差别，符合逻辑思维转换的规律，旨在完整再现原文的意义并确保译文语句简练，行文流畅。

（一）语法的差异性

由于语言类型差异以及思维方式不同，俄汉语言结构具有巨大差异。俄语重形合，一般通过语形的屈折变化来表达意义，汉语缺乏形态变化，某些语义关系并不现于语表，语言成分的划分基本一致，但表达成分的方式和使用习惯有所不同，这是俄汉互译需要合译的原因。

俄语作为典型的屈折语，形式变化反映语义形成过程。在词汇层面，俄语语法意义通过词形变化表达。在语句层面，俄语语句以谓语为中心借助词汇和形式手段形成。因此，俄语语句逻辑严谨，强调形式接应，从属结构是其重要特征，从句套用往往形成繁长句式。汉语属于表意语言，内部没有音变和屈折变化，不可能采用类似俄语表音文字那样的形态发生机制，而是形成了以语义为重的意合组织方式，经济性原则是汉语意合特征的重要体现，即用最简语言形式来概念化事物、行为或现象。威廉·冯·洪堡特（2007：195）甚至指出，古典语体的汉语"在简朴之中包含着伟大，因为它仿佛摒弃了所有多余的次要关系"。有时，俄语原文形式的直接对应并不利于汉语译文的简洁，特别是在原文有重复语形、虚设手段（表语法意义）的情况下，译者就需对原文形式进行重组与合并，以符合汉语以意统形的特点。汉译俄时，译者需基于汉语流水句的逻辑语义关系，结合俄语句法规范，进行恰当的结构整合，适时增添连接手段，译成俄语长句、复句、繁句。例如：

[8.61]觉新不回答。他把手帕放进衣袋里。他颓丧地垂着头，眼光似乎停在面前的信笺上。其实他什么字没有看见。

Цзюе-синь ничего не ответил, сунул в карман носовой платок и уныло опустил голову; взор его, казалось, был прикован к письму, но он ничего не видел.（Петров 译）

例中原文充分体现了汉语句法结构短小、无形式连接手段、按逻辑事理顺序铺排的特点。原文由四个句子组成，包含三个简单句和一个复句。行文看似松散，为流水式表达，实则语义衔接自然，几个动作的顺序描写刻画出了主人公的内在心理活动。俄译时，松散式表达并不符合俄语读者的阅读习惯，因此译者适时将其合并，将四个句子合并成一个复句，通过连接词 и、но 以及标点符号表达内在逻辑语义关系。

基于俄汉语句式特点，合译常操作于汉译俄过程中简单句以上层级单位，因为汉语语句的短、散、松等特点完全不适用于俄语语句表达，使用合译可避免俄语译文拖沓松散，确保形式连贯、表意连贯。俄译汉时，简单句以下层级单位也常使用合译法，因为俄语表语法关系的形式无法直接转换成汉语，需将其与主要成分合并，才能形成简洁的汉语译文。同时，汉语存在大量形式简洁而内容丰富的表达手段，如四字格，句式凝练、意义生动，俄语原文形式复杂的词组、简单句等都可以通过意义整合用汉语特有手段再现，形式虽简，但意义未失。

（二）思维的民族性

翻译不仅是语言转换行为，更是思维活动，翻译的思维活动主要体现为思维模式的转变。"不同的民族，在观察一些事物现象时，所取的角度及思维方向有时是极不相同的；表现在言语中，不同的民族就可能采用截然相反的语言形式来描述同一现象。"（吕志鲁，1998：22）每一民族特有的思维模式决定了其语言特有的形式和结构。人类思维具有共性，这是双语可以转换的基础，人类思维在共性基础上又具有民族个性，这是译者必须进行思维模式转换的根本原因，翻译的本质就在于不同的思维模式及文化的转化。汉民族综合、归纳的思维方式形成了综合式的语言表达，句式安排按逻辑语义顺序展开；俄民族重分析的思维方式形成了形式严谨的语言表达，句与句之间需按语法规则构组，界限需清晰，层次需分明。意义表现方式的不同必然要求译者采用一定的翻译方法。

俄汉互译时，形式的分合常常是由思维模式派生衍化出来的。汉译俄时，译者需顺应俄语读者的思维习惯，将汉语承载的综合式思维方式转换为分析式思维方式，反映在语言上，主要体现为将汉语短小、松散的结构特点转化为主次分明、形式严谨的结构特点。具言之，汉语原文的短句、流水句需重组译成使用句内连接词的俄语长句、复句。例如：

[8.62]觉民站起来。他不去点灯。他咬着嘴唇默默地在房里踱了几步。

Цзюе-минь поднялся, но не стал зажигать лампы, а, кусая губы, молча прошёлся по комнате.（Петров 译）

例[8.62]中的原文由三个简单句组成，分别描述了三个行为事件，按发生顺序依次展开，句式松散、简短，但表意流畅，画面感十足。为顺应俄语读者分析性的思维习惯，译者将原文简短句子合并，使用俄语复句结构再现原文所描写的三个行为，运用连接词 но、a 以及副动词 кусая、молча 将三个行为置入一个复句结构，形成了形式严谨、主次分明的译文。

（三）逻辑的规律性

全译过程中，思维模式转化遵循一定的逻辑思维规律，即概念、判断、推理的思维运动机制。将原文意义用译文再现，往往不能照搬原文结构，必须根据译语规范对原文结构进行必要的增减、转换、分合，这些操作都要以符合逻辑规律为基础。

概念是逻辑思维的起点，语际转化中，概念可平行转移，也可跨层转化。当原文所对应概念与译语世界的概念无法直接对应时需跨层转化：当向上层转化时，概念需和相邻概念组合，扩大内涵，缩小外延，体现在语形上就会出现词的合译；当向下层转化时，则相反，出现词的分译。有时概念还需转化成译语判断或推理，语形上也会出现概念所对应的词或词组与简单句或复句合译的现象。俄译汉时，判断或推理转化过程中更常用到合译。俄语经常使用长句、复句，各成分之间通过连接词、词形变化等手段表达句法关系，汉语多用短句、简单句，顺序铺排。有时俄语复句所对应的推理可转化成汉语的判断并用简单句表示，俄语原文语形就会发生合并。有时，汉语会使用句群形式表达系列事件，短小精悍的形式更加凸显意义表达的流畅，其对应的推理在译文表达时可使用复句再现，语形上也会出现合并。只有遵循一定的逻辑规律，译者才能正确地进行思维转换，从而实现意义的准确再现。例如：

[8.63] Научиться ловить, а затем и использовать то новое, что таится в вас.

学会捕捉和利用蕴藏在你身上的新东西。

例[8.63]原文体现为复句形式，对应复杂判断，由概念组合而成，各概念一一移入译语世界，译者需将其重新组合形成利于译文表达的判断。首先将 ловить 与 использовать 的对应概念合并，再与 научиться 的对应概念组合形成汉语复杂概念"学会捕捉和利用"，继而将 то новое 的表达概念与 что таится в вас 的简单判断合成复杂概念"蕴藏在你身上的新东西"，按照汉语表达规范将两个复杂概念赋形，形成译文。

三、合译过程

全译过程可从微观和宏观两个视角审视。从微观视角审视全译过程，主要聚焦于语言转化过程，即将原文意义提取后表达成文，通常区分为理解、转化、表达三个阶段；从宏观视角审视全译过程，主要是将全译整个过程纳入研究范围，包括语言转化前的准备工作以及译文生成后的传播。对全译方法论的探讨主要聚焦于语言转化本体,因此,对合译过程的描写主要基于微观视角的全译过程,即原文理解合并、语际转化重组、译文表达整合。

(一)原文理解合并

在语言理解阶段,译者需充分分析原文形式结构,获取原文形式承载的深层语义,因此,译者不仅需要充分掌握原语,还需跨越文化差异,才能准确理解原文形式所承载的语法、语义和语用,把握行文的总体轮廓和脉络,弄清各语言成分之间的深层语义关系、分句之间的逻辑关系、复句的层次等。俄译汉的语形分析主要是形态-词法及句法结构的分析,具体包括俄语原文词语的形态、意义、在句中担任的语法成分及与其他词语的搭配关系、语句的结构层次以及对各成分的分析。顺序理解过程中,对某一语言单位意义的理解需结合前后与其搭配的其他单位,这是潜在的语形合并,有时还需将虚词手段的意义隐含在实词单位意义中一并转换,不再需要译文形式再现,这是显在的语形合并。

汉译俄时,汉语形式的浓缩要求译者先进行形式切分,然后以简单句为中枢单位获取每一语言单位的语义和语用。意义提取过程中,有时需合并语形才能获知某一单位的确切意义,如多义词需在语境中确定意义,有时合并语形利于语义块的提取,从而减轻译者转换的负担,也更利于译文表达,有时需译者调整组合各语义因子以顺应译者的逻辑思维习惯。总之,原文理解过程中,形式的合并是必不可少的。例如:

[8.64]И она тоже улыбалась, волнуясь от мысли, что этот человек может каждую минуту поцеловать её своими полными, влажными губами и что она уже не имеет права отказать ему в этом.

她也微笑,可是一想到这个人随时会用他那潮湿的厚嘴唇吻她,而且她没有权利拒绝,就觉得心慌。(汝龙译)

原文是并列复句,两个分句用连接词 и 连接。第一个简单句含副动词词组结构,修饰谓语。副动词词组结构含说明从句,获取意义时,译者会先拆分后组合,将修饰语与被修饰语合并,调整顺序,如将 мысли 与其后的定语从句合并,将 мысли 转换为相应的动作概念"想到",定语从句表达的内容成为"想到"的补语,将 губы 前的修饰语 своими、полными、влажными 前移,与其合并,转换为复杂概念"他那潮湿的厚嘴唇"。待所有意义提取完、顺序调整好后,译者就可进入转换阶段。

(二)语际转化重组

语际转化阶段,译者首先将提取的意义与思维单位一一对应,之后将思维单位与译语世界相应的思维单位对应或直接移动到译语世界。思维的跨语转化过程中，思维单位常常发生层级上的跳跃，如概念转化为判断或推理、判断转化为概念或推理、推理转化为概念或判断，等等。当高级思维单位向低级思维单位转化时，高级思维单位内的组成成分就需进一步合并、整合，浓缩成低级思维单位，反映在语言上就会出现相应的语形压缩。思维单位的整合转化是因为双语对应的概念体系并非一一对应，而整合最直接的途径就是将概念转化为某一特征，由该特征组合成概念。例如：

[8.65] Снег брызжет из-под копыт у коней.
雪在马蹄下飞扬。

例[8.65]中，копыт у коней 为词组形式，表达复杂概念，由概念"马""蹄子"及表二者关系的概念"有、在"组成，语际转化中，这一复杂概念的各组成成分与汉语世界的概念一一对应。汉语用整体做其部分的限定语时可将二者直接结合，无须表关系概念，"马蹄"是"马"的一部分，二者直接结合即可，通过合并，原文复杂概念的组成成分"马"转化为特征并与概念"蹄"合并，形成简单概念"马蹄"，反映在语形上，出现了形式合并现象。

（三）译文表达整合

语际转化后，内化的思维单位需外化为语言形式才能完成意义的跨语传递，即由里及表，经由深层结构外显为语言形式。首先选择语言结构规则和语体表达手法以及语言材料，主要是表达方式的选择和句式的选择。之后根据原文语序和转换后思维单位内在的逻辑顺序确立拟表达译文的语序。框架搭建后根据思维单位填充具体的语言单位，包括表概念的实词和表关系的虚词。完成后，译文基本成型。

合译方法使用的最直接体现为语表形式的整合表达，合指将几个原文单位在译文中整合表达为一个单位。语义外显过程中，译语语言规范和读者接受习惯是译文表达的指南针，译者需适时进行语形调整，比读译文和原文，从语用的有效性、语义的完整性和语法的正确性审视译文，为防止语形的零散及内在逻辑的断裂，译者就需将语形整合，或合并，或浓缩，或重铸，目的就是更好地再现意义。例如：

[8.66] 觉民在屋中站住。他注意地看他的哥哥。

Остановившись посреди комнаты, Цзюе-минь внимательно посмотрел на брата. （Петров 译）

例[8.66]原文为句群结构，由两个简单句组成。为体现语义连接，第二句主语用人称代词"他"表示。俄语表达时，为顺应俄语形合特点，译者将原文两个简单句合并，将第一个简单句压缩成词组结构，将谓语转化为副动词形式，使其成为后一句中谓语动词的伴随动作,后一句的人称代词"他"明确为"觉民",二者连接形成译文。对比译文与原文,译文语形表达过程中的整合显而易见。

四、合译方法体系

依据合译方法使用的内在理据,合译可分为语形性合译、语义性合译和语用性合译。依据合译操作单位,合译可具体化为词合译、词组合译、简单句合译和复句合译,每一层级单位的合译都可细化为单位内的合译以及单位(同级或跨级)之间的合译。立足于合译使用的内在理据,以合译操作单位为坐标,可建构合译方法体系。

(一)语形性合译

语形性合译,指译者因双语语法结构差异将原文某几个单位合并表达的全译方法,如词、词组等。语形性合译旨在形成简洁凝练的译文,防止出现冗余结构。

1. 词合译

语形性词合译,指将原文几个词汇单位融合译为一个译语单位的合译方法。语形性词合译主要是原文同形结构的合并译出,包括词内部成分的合译和词与其他单位的合译。语形性词合译也经常用于汉译俄。汉语词由构词语素构成,分单纯词与合成词两个大类,合成词又分为复合词和派生词两类。合成词在译成俄语时常常发生形式合并,用俄语词来表达,这是词内部成分的合译。

1)实词合译

实词合译,指将原文几个实词合并译出以符合译语语法规范。语形性实词合译常用于汉译俄,汉语存在许多由两三个语素组成的附加式合成词,这一类合成词可区分词根和词缀,当词缀起区别词性的作用时,可将词根与词缀合并,用俄语的一个词来对应。例如:

[8.67]今明两年职业技能培训3500万人次以上,高职院校扩招200万人,要使更多劳动者长技能、好就业。

В течение текущего и следующего годов профессиональным обучением и подготовкой будет охвачено более 35 млн человек, численность поступающих в высшие профессиональные учебные заведения увеличится на 2 млн человек. Мы стремимся к тому, чтобы все больше трудящихся повышало свою квалификацию, и люди легче бы находили себе работу.

[8.68]中国一直倡导和推动多边主义,推动世界多极化和国际关系民主化……

Китай всегда отстаивает и продвигает мультилатерализм, способствует демократизации международных отношений и многополярности мира...

[8.69]他无可如何地举头望天，清澄的蓝天中也现出了那同样的面貌，依旧是那一对关切的水汪汪的眼睛。

В отчаянии он устремил взор к небу, но и там, в чистой синеве, он видел то же лицо, те же заботливые ясные глаза.（Петров 译）

[8.70]觉英不说什么，却只顾笑嘻嘻地望着张碧秀。

Цзюе-ин молчал и только ухмылялся в сторону Чжан Би-сю.（Петров 译）

该组各例中的原文词"劳动者""多极化""民主化""水汪汪""笑嘻嘻"是由词根"劳动""多极""民主""水""笑"和词缀"-者""-化""-汪汪""-嘻嘻"构成的合成词，这些后缀表词性或方式意义，俄译时可将其与词根合并，译成俄语词，同时根据译文句法构成适时改变词性，如将"多极化""民主化"译成名词，将"笑嘻嘻地"译成动词。

俄语有些动词只是指出人称、时、体等语法意义，其动作意义通过其搭配成分表达，汉译时可将其与搭配成分合并。汉语也有类似动词，俄译时也需合译。例如：

[8.71]Мишустин призвал россиян провести отпуск на Родине.
米舒斯京呼吁俄罗斯人在国内休假。

[8.72]Раньше она была за почтмейстером и привыкла у него к пирогам и к наливкам, а у второго мужа и хлеба чёрного не видала вдоволь; стала чахнуть от такой жизни да года через три взяла и отдала богу душу.

她原先的丈夫是邮政支局局长，她过惯了吃馅饼、喝果子露酒的生活，现在在第二个丈夫家里连黑面包也不多见。这种生活把她弄得憔悴不堪，三年不到干脆把灵魂交给了上帝。（冯加译）

[8.73]所以需要根据形势的发展，制定有针对性的专门法律来加以规范，形成合力。

... поэтому нужно в соответствии с развитием тенденций разработать специальный закон для регулирования этой проблемы и сформировать объединённую силу в этой области.

провести 表"实现、实行、执行、使接受"等意义，与某些名词连用，往往表示"开始、进行"等语法意义，汉译时可与其后名词合并。взять 无具体词义，表语法意义，汉译时常合译。例[8.73]将意义相近的"有针对性的"与"专门"合并，译成 специальный。

2）虚词合译

俄语前置词、连接词与关联词表语法关系，译成汉语时可与其搭配成分合并，此类情况下虚词合译常指虚词与实词合译。有些前置词、连接词与关联词为合成形式，由两个或三个词构成，译成汉语时可将形式浓缩，译成汉语的一个词，这是虚词内部成分的合译。例如：

[8.74] Когда проходили мимо буфета, Ане очень хотелось чего-нибудь сладкого …

他们走过小吃部的时候，阿尼雅很想吃点甜食……（汝龙译）

[8.75] Он играет в футбол.

他踢球。

[8.76] В городе, несмотря на резкость его суждений и нервность, его любили и за глаза ласково называли Ваней.

尽管他言辞激烈，又有点神经质，人们还是喜欢他，背地里亲切地称他为瓦尼亚。（沈念驹译）

[8.77] Есть тема для карикатуры, в связи с последними телеграммами из Германии.

有个漫话题材，是有关德国最近的几封来电的。（张佩文译）

[8.78] Выходила она за него только из-за денег, а между тем денег у неё теперь было меньше, чем до замужества.

当初她嫁给他只是为了钱，然而如今她手头的钱比出嫁前还少。
（沈念驹译）

мимо 为前置词，表意义"（不停留地）从旁边（过去）"，常与表位置移动的运动动词连用，汉译时可将其与 проходили 合并，用汉语动词"走过"表达。前置词 в 表语法意义，表达 футбол 所称谓事物与动作 играет 之间的关系，汉译时可合并，用"踢"来再现动作及与动作所及对象"球"之间的语法关系。несмотря на、в связи с、между тем 为俄语合成前置词与合成连接词，汉译时将其形式浓缩，分别译成"尽管""有关""然而"。

2. 词组合译

语形性词组合译，即基于译文语法规范要求，将原文词组整合为译语词，或将原文几个词组压缩为译文一个词组。按俄语句法学通行观点，俄语词组是两个（或两个以上）实词按照一定语法规则组成的单位，有些词组在句法或语义上是一个整体，表完整概念，此类词组汉译时可浓缩形式，用汉语词来表示。汉语词组的界定比较宽泛，指词依靠一定的语法手段组成的结构，当汉语词组含虚词时，可与实词合并，用俄语词再现。例如：

[8.79]Когда Андрей Ефимыч приехал в город, чтобы принять должность, «богоугодное заведение» находилось в ужасном состоянии.

当安德烈·叶菲梅奇来到这个城市就职的时候，这个"慈善机关"的情况简直糟透了……（冯加译）

[8.80]Такая жизнь, вероятно, наскучила, хотелось своего угла, да и возраст принять во внимание …

这种生活多半让她厌倦了，她一心想有个自己的窝，再说也该考虑到年龄了。（冯加译）

[8.81]"轻声点，"觉新在旁边警告道。

— Потише! — предостерегающе сказал Цзюе-синь.（Петров 译）

[8.82]双方正就本次会晤的议题、时间及地点等进行沟通和对表。两国外交部将适时发布相关信息。

В настоящее время стороны обсуждают и согласуют пункты повестки дня, время и место встречи.

俄语词组 принять должность、принять во внимание 含动词 принять，当与其他动词或表动作意义名词连用时，常表动作的开始意义，汉译时可合并，分别表达为"就职""考虑"。汉语词组"进行沟通"与此同理，可翻译成俄语词 обсуждают。汉语词组"轻声点"的"点"为量词，表少量，即程度小的标志，译成俄语时可用俄语中形容词比较级形式再现少量的含义，形式可浓缩，对应为俄语的 потише。

俄语中用作修饰限定成分的除名词、动词、形容词等词类外，还常使用词组结构，如形动词词组，在行文中常使用标点符号将其与被修饰语隔开，而汉语修饰语与被修饰语常常连用，无标点符号间隔。因此，俄语形动词词组等常与前面的被修饰成分合并表达，体现为词组合译。需强调的是，此类词组合译有时非词组间的合译，而是词组与词的合译，主要体现为形式连接，而非形式浓缩。此类合译较少用于汉译俄。例如：

[8.83]Обе команды, участвовавшие во вчерашнем матче, играли энергично и на редкость слаженно.

参加昨天比赛的两个球队都打得顽强，配合得很协调。

[8.84]События, описываемые в этой книге, происходили лет тридцать тому назад.

本书中描写的事件大约发生在三十年前。

[8.85]Он лежит на спине, заложив под голову руки.

他枕着双手仰面躺着。

[8.86]Ваша комната более светлая, чем наша.
你们的房间比我们的更明亮。

该组各例俄语原文分别含主动形动词结构 участвовавшие во вчерашнем матче、被动形动词结构 описываемые в этой книге、副动词结构 заложив под голову руки 及比较级结构 чем наша，行文时用标点符号将其独立。译成汉语时，这些结构都可直接与被修饰成分连接，无须标点符号，形式上体现为合并。

3. 简单句合译

语形性简单句合译，即基于译文语法规范要求，将原文简单句整合为译语词或词组，或将原文简单句与其他简单句合并译成译文一个简单句。俄语各种从句表达的信息内容，相当于词组表达的复杂概念，汉语除了惯用简单句之外，也多用词组作为句中修饰语，因此，俄译汉时，可将名词性从句、定语从句、状语从句等合译为相应的主谓词组、形容词词组、状语词组甚至词等。汉语复句译成俄语时，有时也会利用俄语的形式优势将其与主句合并，译成俄语简单句，出现简单句合译现象。例如：

[8.87]У него в банке тысяч сто и есть родовое имение, которое он отдаёт в аренду.
他在银行里大约有十万存款，还有一个租赁出去的祖传田庄。（汝龙译）

[8.88]Вернувшись из далёкого путешествия, обязательно будешь хвастаться, рассказывать диковинные вещи.
远道旅行回来之后一定会炫耀一番，大讲那些新奇的事。

[8.89]觉英挣不脱觉民的手，便站住，赔笑道："我没有听见。"
После отчаянной попытки вырваться из рук Цзюе-миня Цзюе-ин остановился и заискивающе улыбнулся: — Я не слышал.（Петров 译）

[8.90]由于心焦，自己开车走了，把藏到菜地里的小白等人给忘了。
В растрепанных чувствах он сел за руль, совсем позабыв о Сяо Бае и помощниках.（Родионова 译）

例[8.87]原文含 который 引导的定语从句，译成汉语时往往将其与被修饰中心语直接连接，译为"租赁出去的祖传田庄"，原文从句合译为汉语的词组。例[8.88]原文含副动词词组，表示动作发生的先后顺序，利用汉语的意合特点，将动作顺序表达出来，先发生的动作表达成时间状语，后一动作顺序表达，将原文两个简单句合译成译文一个简单句。例[8.89]原文描写了连续发生的几个动作，包含三个简单句。利用俄语形式优势，可将原文短小结构合并译成一个复句，以防译文形式零散，意义表达不清。例[8.90]同理分析。

4. 复句合译

语形性复句合译，即基于译文语法规范要求，将原文复句整合为译语简单句或词组，或将原文复句与其他复句合并译成译文复句。复句与复句合译也可视为句群内部合译，因此句群合译不再赘述。俄汉语复句存在差异，互译时要因事制宜，对原文合形重塑。语形性复句合译大多通过标点符号的改变将原文复句合多为一，俄译时可能还需增减语言单位，如连接词、关系代词等。例如：

[8.91]Охотно мы дарим, что нам не надобно сами.
自己不要的东西乐于赠予他人。

[8.92]翠环走在最后，她可以听见琴和芸的谈话。
Цуй-хуань замыкала шествие и слышала разговор Цинь и Юнь.（Петров 译）

[8.93]Братья кричат. А Нинка сжалась в комок, Петьку к себе прижала, а Ваську не взяла. Он как раз кричать к тому времени устал.
两个弟弟大哭大闹，尼娜哽咽着把彼得卡搂过去，没管瓦西卡——这时候他正好哭累了。（张俊翔译）

[8.94]一过夜里十二点，这些卡车，全涌上了五环路。五环路上，比白天还繁忙，成了一个卡车大集市。
Но едва наступало двенадцать часов, все грузовики общим потоком выезжали на Пятое кольцо, так что ночью здесь становилось оживленнее, чем днём, прямо как на какой-нибудь ярмарке грузовиков.（Родионова 译）

该组各例中的原文为复句或句群形式，译者顺应译文句法结构规范，将原文语形合并，主要体现为原文标点符号的移除，同时伴随原文某些语言单位位置的移动。例如，例[8.91]说明从句移到译文句首做主语；例[8.92]增加连接词 и，同时顺应前文将第二个分句主语"她"省略；例[8.93]，译者将原文句群结构合译为汉语多重复句，充分体现了汉语短句连接的特点；例[8.94]则利用俄语形式连接手段将原文句群合译成了俄语复句。

（二）语义性合译

语义性合译，即基于译文表达语义要求将原文某些成分合并译出的合形译法。俄汉语法结构差异源于俄汉民族思维的不同，思维的转换直接导致语义表征的转化，外化为语言就会出现形式的转化。汉民族注重综合、归纳，语言上呈现为连锁、流水式的构句特点，各语言成分的逻辑关系无太多的显性连接，因而句式言简意赅、形式多样。俄民族重分析、重细节，因此语言结构严谨，词形多样变化，成分注重有形衔接，结构界限清晰，多长句、繁句。俄汉互译时，译者需顺应译文读者的思维习惯，根据语义再现要求适时合并原文的某些语言单位，从而确保译文表意连贯，形式简练。

1. 概念整合式合译

概念整合式合译，具体指译者将原文表达相近概念或概念特征、同一概念体系属种概念的语形合并译出。原文有些语言成分表达的概念或概念特征在译文读者看来可合并，有些语言成分表达的概念属种并列，若一一译出，容易造成译文形式的臃肿，反而不利于意义的再现。这时译者就需将原文的意义整合后表达，形成简洁凝练的译文。例如：

[8.95]Зимой трескучие морозы нередко сопровождаются жестокими метелями и буранами.

冬天的严寒常常伴有肆虐的暴风雪。

[8.96]До 60-х годов прошло столетия в России было очень мало фабрик и заводов. Преобладало крепостническое хозяйство дворян — помещиков.

19世纪60年代以前，俄国工厂还为数甚少。当时贵族地主的农奴制经济仍占主要地位。

[8.97]中俄关系的根基是坚实和广泛的民意和社会基础。

Китайско-российские отношения базируются на прочном и обширном общественном фундаменте.

[8.98]电灯完全收敛了它的亮光，灯泡里只剩下一圈红丝，连红丝也在逐渐褪色，终地淡到什么也没有了。

Свет её окончательно потускнел, в ней мерцала лишь красная нить. Но и нить постепенно угасла.（Петров 译）

[8.99]Под эластичностью мы обычно понимали способность предмета, после того как он подвергся воздействию какой-либо силы, вернуться в первоначальное состояние.

我们把物体受力后恢复到原状的能力理解为弹性。（马骅用例）

例[8.95]含名词 метель 与 буран，二者所指概念相同，译成汉语时无须重复，可直接合译为"暴风雪"。例[8.96]中的 фабрик 与 завод 也可合译为"工厂"。例[8.97]中的"民意和社会基础"，"民意""社会"共同修饰限定"基础"，在俄语读者看来，"社会基础"所指概念已将"民意基础"包含在内，也可以说"民意基础"是"社会基础"的种概念，为表达严谨，译者将二者合并，只用属概念的语言形式再现原文语义。例[8.98]中的简单句"终地淡到什么也没有了"是动作"褪色"的结果，可用俄语相应动词的完成体形式表达动作完成，因此将简单句与其修饰动词合并，译成俄语完成体动词过去式形式。例[8.99]含从句 после того как он подвергся воздействию какой-либо силы 限定 способность предмета，可将其转换为概念特征"受力后"并进一步与概念"物体能力"合并译成"物体受力后的能力"，概念整合产生了译文语形合并现象。

2. 同义归并式合译

同义归并式合译，指译者将原文意义相近的语言单位合并译出的合译法。俄语讲究意义变化的形式化，意义表达的内在逻辑可通过形式体现出来，有时为了强调某一意义成分，会出现同义或近义成分连用的现象。汉语有时为了加强语气、突出表达效果，也常将几个同义或近义的语言单位连用，其意义相当于其中的某一个语言单位，或者可用更抽象的一个语言单位加以表达。为使译文简洁，译者需将原文同义义素合并译出。例如：

[8.100]Я — это я, единственный, неповторимый, как и каждый живущий на земле человек.

我就是我，独一无二，就像地球上每个活着的人一样。

[8.101]Иван обзавелся лощадью, стал … возить с вокзала и на вокзал, а также брался ездить и с кладью.

伊万买了一匹马，开始在车站接送客人，还承运货物。

[8.102]И я бы, признаюсь, больше ничего и не потребовал, как только оказывай мне преданность и уважение, уважение и преданность.

我呀，老实说，除了要求人们对我尊重、忠诚之外，别无他求。

[8.103]两国互为战略依托，互为发展机遇，互为全球伙伴……

Китай и Россия стали друг для друга стратегической опорой, возможностью для развития и глобальными партнёрами.

[8.104]觉新断念似地嘘了一口气。他惆怅地仰起头望天。天是那么高，那么高。

Цзюе-синь вздохнул, стараясь подавить свои чувства, и с тоской устремил взгляд в небо: оно было таким далёким. （Петров 译）

[8.105]为了实现中华民族伟大复兴，中国共产党团结带领中国人民、浴血奋战、百折不挠，创造了新民主主义革命的伟大成就。

Во имя великого возрождения китайской нации Коммунистическая партия Китая, сплачивая и ведя за собой китайский народ, стойко и упорно сражалась в кровопролитных боях, добилась великих успехов в новодемократической революции.

例[8.100]中的俄语原文包含同义成分 единственный 与 неповторимый，可将二者合并用汉语成语"独一无二"表示，再现二者的意义。例[8.101]中，с вокзала 与 на вокзал 含同一成分 вокзал，前置词 с 与 на 表示方向不同，二者合并译成"在车站"，方向不同通过其后动作"接送"体现，不必一一对译。例[8.102]—例[8.104]中含重复成分，需将其合并，以防译文啰唆、反复，表意不清。例[8.105]的"浴血奋战"与"百折不挠"为汉语成语结构，二者意义相近，可将其合并，换用一个词组再现意义，形简而意已达。

（三）语用性合译

语用性合译，指译者基于译文表达语用要求将原文某些成分合并译出的合形译法。尽管在语言组织结构过程中应遵循简洁性、经济性原则，但违反这一原则的表达比比皆是。俄汉互译时，译者应按照原文内容及逻辑思维顺序，解构原文，用译语重铸原文内容，从而摆脱原文形式束缚，换用译文读者接受的方式表达，以达全译求化目的。语用性合译追求言简意赅，旨在传达要旨，以简约形式再现意义。

1. 归并性合译

归并性合译，指将原文某些成分合并以使译文形式简单明了的合译法。在符合译文语法规范的前提下，借助逻辑或语序，译者可将原文所承载的意义自然连贯，用译语顺序表达，即通过逻辑实现意义组织形式的简洁。当对译的结果在译语读者看来重复啰唆时，译者就需根据内在语义逻辑关系予以恰当合并，概括表达，以实现形式简洁。例如：

[8.106]На душе снежно и холодно.
心寒啊！

[8.107]Нет более красивого пейзажа на свете, чем гуйлинский пейзажа, а яншоский пейзаж самый красивый в Гуйлине.
桂林山水甲天下，阳朔山水甲桂林。

[8.108]Он бесшумно открывал железную дверцу печи, складывал костериком с вечера приготовленные дрова и щепки и, сидя на корточках, поджигал их.
他悄悄地打开炉子的铁门，把傍晚准备的木柴和木屑堆起来，蹲着烧炉子。

[8.109]他走到写字台前，把身子靠在写字台的一个角上。他充满友爱地对觉新说：……

Он подошёл к письменному столу, прислонился к нему и с любовью сказал Цзюе-синю: ... （Петров 译）

[8.110]努力稳定现有就业，积极增加新的就业，促进失业人员再就业。

Нужно стараться сохранить имеющиеся рабочие места и активно создавать новые, содействовать трудоустройству безработных граждан.

例[8.106]中的原文用 снежно 与 холодно 形象表达了内心感受，译成汉语时二者合并，进一步抽象化，提取出共同义素"冷"，合译为"寒"，形象生动，言减意丰。例[8.107]中，самый красивый 是形容词 красивый 的复合式最高级形式，表示"最漂亮、最美"之意，可直接对译成汉语，也可选用另一表达"甲"，表"最优的、第一"之意，单字"甲"浓缩了原文形式，又使意义表达更加传神，还能与前文形成对称。例[8.108]中的原文含副动词词组 сидя на корточках，修饰后一动词 поджигал，表示动作先后发生，译者利用汉语意合优势，将其合并为汉语连动式，形式虽合，意义未失。例[8.109]中的汉语原文由两个复句构成，先后描写了三个动作，译者充分利用俄语形式手段，将第二句主语"他"承前省略并用连接词 и 与第二个动作连接，句子归并使得译文更加简洁。例[8.110]同理分析。

2. 重铸性合译

重铸性合译，指将原文表达顺序调整组合后进行译文表达的合译法。语言结构顺序对应它所表达概念、判断、推理的次序安排，不同民族认知习惯差异自然形成语言表达顺序差异。当按原文语序依次对应时，其表达顺序并不符合译语读者的认知习惯，这时就需对语形进行重铸，从而缩略表达形式，以利于译文理解与接受。例如：

[8.111]Чётко выражение смена времён года.
四季分明。

[8.112]Скоро сказка сказывается, да не скоро дело делается.
说起来容易做起来难。

[8.113]Да, убежим, убежим от этих людей, от этого света в какой-нибудь далёкий, прекрасный, свободный край!
是的，离开这些人，去到一个遥远的美丽自由的地方。

[8.114]曲阜以其为孔子的故乡而名噪天下。孔子是中国古代伟大的思想家。

Цюйфу известен всему миру как отчий край великого мудреца древности Конфуция.

[8.115]你告诉我。旧书本、旧礼教是不是害人的东西？就象《新人物》那样说的。

Скажи мне, правда ли, что старые книги и старая мораль, как говорят передовые люди, губят человека? (Петров 译)

[8.116]在中国人民和中华民族的伟大觉醒中，在马克思列宁主义同中国工人运动的紧密结合中，中国共产党应运而生。

Наряду с великим пробуждением китайского народа и китайской нации, в процессе соединения марксизма-ленинизма с китайским рабочим движением родилась Коммунистическая партия Китая.

例[8.111]俄语原文为单部句，主要成分为 выражение，为更好地再现原文意义，译者适时更换句式结构：首先，将动名词 выражение 还原为动词"呈现出、表现出"，与副词 чётко 合译为"表现鲜明"，做译文谓语；其次，将原文定语 смена времён года 移至译文主语位置，表达为"四季更换"；最后，进一步融合动作"表现与更换"，结合主语"四季"，用汉语常用四字格结构"四季分明"表达。语形凝练的译文更符合汉语读者审美期待和阅读习惯。例[8.112]原文为复句，译者通过语形熔铸，将其译成汉语紧缩句，语形精练，意义无损。余例同理。

参考文献

北京俄语学院翻译教研组. 1959. 俄译汉教材(词汇、语法部分)[Z]. 北京: 北京外国语学院教材出版科.
蔡毅, 段京华. 2000. 苏联翻译理论[M]. 武汉: 湖北教育出版社.
曹明海. 2007. 语文教学本体论[M]. 济南: 山东人民出版社.
曹明伦. 2015. 译文应既像原作又像译作——兼谈"最接近、最自然"二元翻译标准[J]. 中国翻译, (1): 116-118.
陈洁. 1996. 论俄汉翻译中的移位法[J]. 中国俄语教学, (3): 1-7.
陈小慰. 2006. 新编实用翻译教程[Z]. 北京: 经济科学出版社.
陈小慰. 2017. 应用翻译中文化内涵的有效"呈现"——对现有"增益-明示"翻译方法的修辞再认识与运用[J]. 上海翻译, (3): 14-20.
道安. 1984. 道行经序[A]//罗新璋. 翻译论集[C]. 北京: 商务印书馆: 25.
邓中敏, 曾剑平. 2020. 政治话语重复修辞的翻译——以《习近平谈治国理政》为例[J]. 中国翻译, (5): 136-144.
董宗杰. 1985. 俄汉科技翻译教程[Z]. 北京: 电子工业出版社.
段峰. 2008. 文化视野下文学翻译主体性研究[M]. 成都: 四川大学出版社.
冯胜利. 1997. 汉语的韵律、词法与句法[M]. 北京: 北京大学出版社.
付天海. 2013. 文学翻译创造性研究: 巴金与杨武能《茵梦湖》汉译对比[M]. 大连: 大连理工大学出版社.
管新平. 2020. 初心[M]. 广州: 华南理工大学出版社.
何伟, 赵常玲. 2016. 从功能语境看译者的选择——兼评萧红小说《手》的两个英译本[J]. 外语教学, (1): 98-102.
胡壮麟, 朱永生, 张德禄. 1989. 系统功能语法概论[M]. 长沙: 湖南教育出版社.
胡作友, 刘梦杰. 2019. 《文心雕龙》英译的陌生化策略分析——以宇文所安英译本为例[J]. 中国翻译, (4): 135-142.
黄纪文. 1994. 浅谈科技名词的"对译法"[J]. 中国科技翻译, (2): 27-28.
黄忠廉. 2000. 翻译变体研究[M]. 北京: 中国对外翻译出版公司.
黄忠廉. 2002. 变译理论[M]. 北京: 中国对外翻译出版公司.
黄忠廉. 2005. 小句中枢全译说[J]. 汉语学报, (2): 62-69, 96.
黄忠廉. 2006. 翻译研究的"三个充分"——翻译研究方法论思考[J]. 外语研究, (5): 58-64.

黄忠廉. 2008. 小句中枢全译说[M]. 武汉：华中师范大学出版社.
黄忠廉. 2010. 小句全译语气转化研析[J]. 外国语(上海外国语大学学报), (6): 70-75.
黄忠廉. 2012. 翻译思维研究进展与前瞻[J]. 外语学刊, (6): 103-107.
黄忠廉. 2015. 全译研究：返本出新——余承法《全译方法论》评介[J]. 东北亚外语研究, (3): 93-95.
黄忠廉, 白文昌. 2010. 俄汉双向全译实践教程[Z]. 哈尔滨：黑龙江大学出版社.
黄忠廉, 贾明秀. 2013. 释"对译"[J]. 上海翻译, (2): 12-14.
黄忠廉, 李亚舒. 2004. 科学翻译学[M]. 北京：中国对外翻译出版公司.
黄忠廉, 孙敏庆. 2021. 外译学管论与外译详解[J]. 中国外语, (1): 91-97.
黄忠廉等. 2009. 翻译方法论[M]. 北京：中国社会科学出版社.
黄忠廉等. 2019. 翻译方法论(修订本)[M]. 上海：华东师范大学出版社.
黄忠廉, 方梦之, 李亚舒. 2013. 应用翻译学[M]. 北京：国防工业出版社.
加切奇拉泽. 1987. 文艺翻译与文学交流[M]. 蔡毅, 虞杰编译. 北京：中国对外翻译出版公司.
贾明秀. 2012. 俄汉全译之对译探析[D]. 黑龙江大学硕士学位论文.
姜秋霞, 张柏然. 1996. 整体概念与翻译[J]. 中国翻译, (6): 15-18.
焦丹. 2020. 中国武术外译的策略与方法[J]. 中国翻译, (6): 130-137.
金圣华. 1997. 桥畔译谈：翻译散论八十篇[M]. 北京：中国对外翻译出版公司.
柯平. 1991. 加注和增益——谈变通和补偿手段[J]. 中国翻译, (1): 23-26.
科米萨诺夫. 2006. 当代翻译学[M]. 汪嘉斐等译. 北京：外语教学与研究出版社.
李锡胤. 1990. 对于预设与推涵的思考[J]. 外语学刊(黑龙江大学学报), (3): 1-6.
李智, 王子春. 2006. 译者, 异也——鲁迅"异化"翻译美学观之再阐释[J]. 中国翻译, (4): 32-36.
廖七一. 2000. 当代西方翻译理论探索[M]. 南京：译林出版社.
廖秋忠. 1992. 廖秋忠文集[M]. 北京：北京语言学院出版社.
林春泽, 郑述谱. 2003. 词素层级的静态对比[A]//张会森. 俄汉语对比研究(下卷)[C]. 上海：上海外语教育出版社：11-30.
林煌天. 2005. 中国翻译词典[Z]. 武汉：湖北教育出版社.
林学诚. 1994. 俄语长句翻译浅说[J]. 外语与外语教学, (2): 40-42.
刘军平, 覃江华. 2012. 西方翻译理论名著选读[M]. 武汉：武汉大学出版社.
刘丽芬. 2015. 破折号标题：结构—语义—翻译视角[J]. 外国语文, (6): 109-117.
刘宓庆. 2005. 当代翻译理论[M]. 北京：中国对外翻译出版公司.
刘宓庆. 2012. 翻译美学导论[M]. 2版. 北京：中国对外翻译出版公司.
刘泽荣. 1997. 俄汉大辞典[Z]. 北京：商务印书馆.
刘震宇, 刘晶. 1983. 医用日语的减译处理[J]. 日本医学介绍, (9): 31.
罗进德. 1984. 翻译单位——现代翻译学的一个研究课题[J]. 中国翻译, (12): 40-43.
罗新璋. 1990. 钱锺书的译艺谈[J]. 中国翻译, (6): 3-11.
罗新璋, 陈应年. 2009. 翻译论集(修订本)[M]. 北京：商务印书馆.
吕俊, 侯向群. 1999. 谈翻译观念的嬗变与对话意识的建立——兼谈新时期的翻译观[J]. 外语研究, (1): 41-42.
吕瑞昌, 喻云根, 张复星, 等. 1983. 汉英翻译教程[Z]. 西安：陕西人民出版社.
吕叔湘. 1979. 汉语语法分析问题[M]. 北京：商务印书馆.

吕志鲁. 1998. 翻译艺术中的逆向思维[J]. 中国翻译, (1): 22-24.
马予华, 陈梅影, 林桂红. 2017. 英语翻译与文化交融[M]. 长春: 吉林人民出版社.
马祖毅. 2004. 中国翻译简史(五四以前部分)[M]. 北京: 中国对外翻译出版公司.
茅盾. 1988. 复杂而紧张的生活、学习与斗争(节录)——回忆录(五)[A]//史若平. 成仿吾研究资料[C]. 长沙: 湖南文艺出版社: 53-71.
区铁. 1992. 概念困惑、不可译性及弥补手段[J]. 中国翻译, (4): 17-20.
钱歌川. 1980. 翻译漫谈[M]. 北京: 中国对外翻译出版公司.
钱锺书. 1979. 管锥编[M]. 第二册. 北京: 中华书局.
钱锺书. 2019. 七缀集[C]. 北京: 生活·读书·新知三联书店.
乔海清. 1998. 为合译正名[J]. 上海科技翻译, (4): 40-43.
覃学岚. 2018. 风格再现与语际差异的化解和语内差异的体现[J]. 中国翻译, (2): 98-105.
瞿麦生. 1989. 新应用逻辑学[M]. 天津: 天津教育出版社.
石毓智. 1989. 现代汉语的否定性成分[J]. 语言研究, (2): 12-21.
束定芳. 2004. 语言的认知研究——认知语言学论文精选[M]. 上海: 上海外语教育出版社.
思果. 2001. 翻译研究[M]. 北京: 中国对外翻译出版公司.
孙夏南. 1989. 俄语口语语法[M]. 上海: 上海译文出版社.
孙艺风. 2012. 翻译与跨文化交际策略[J]. 中国翻译, (1): 16-23, 122.
谭华, 熊兵. 2016. 文化翻译中归化与异化之哲学理据[J]. 外国语文研究, (6): 82-92.
谭载喜. 1991. 西方翻译简史[M]. 北京: 商务印书馆.
谭载喜. 2005. 翻译学[M]. 武汉: 湖北教育出版社.
陶源. 2019. 基于俄汉平行语料库的人文社科类学术文本翻译研究[M]. 北京: 科学出版社.
田文琪. 1994. 俄汉语言的形式对比与表达对比[J]. 中国俄语教学, (1): 9-12.
王秉钦. 1987. 文序与翻译[J]. 外语与外语教学, (5): 34-36, 41.
王秉钦. 2007. 文化翻译学: 文化翻译理论与实践[M]. 天津: 南开大学出版社.
王秉钦, 李霞. 1999. 简明俄汉翻译教程[Z]. 天津: 南开大学出版社.
王大来. 2004. 文学翻译中文化缺省补偿的一个原则[J]. 温州大学学报, (4): 30-35.
王东风. 2002. 归化与异化: 矛与盾的交锋?[J]. 中国翻译, (5): 26-28.
王东风. 2009. 连贯与翻译[M]. 上海: 上海外语教育出版社.
王冬竹. 2010. 俄汉口语语用对比研究[M]. 哈尔滨: 黑龙江人民出版社.
王恩冕. 1988a. 翻译补偿法初探[J]. 中国翻译, (2): 11-15.
王恩冕. 1988b. 翻译补偿法初探(续)[J]. 中国翻译, (3): 24-27.
王福祥, 吴汉樱. 2012. 对比语言学概论[M]. 哈尔滨: 黑龙江大学出版社.
王军平, 赵睿. 2014. 钱锺书"化境"翻译思想新探[J]. 上海翻译, (3): 12-15.
王利众, 孙晓薇. 2006. 俄汉语祈使范畴对比研究[J]. 哈尔滨工业大学学报(社会科学版), (5): 153-156.
王满良. 2021-06-08. 翻译的方向性影响对外译介效果[N]. 中国社会科学报, A03.
王维贤. 2007. 王维贤语言学论文集[C]. 北京: 商务印书馆.
王寅. 2007. 认知语言学[M]. 上海: 上海外语教育出版社.
王永. 2008. 俄语语气词隐含义研究[M]. 哈尔滨: 黑龙江人民出版社.
威廉·冯·洪堡特. 2017. 论人类语言结构的差异及其对人类精神发展的影响(纪念版)[M]. 姚

小平译. 北京: 商务印书馆.

吴春容, 侯国金. 2015. 仿拟广告的语用修辞学解读和仿拟译观[J]. 当代修辞学, (1): 70-77.

吴克礼. 2006. 俄苏翻译理论流派[M]. 上海: 上海外语教育出版社.

夏廷德. 2006. 翻译补偿研究[M]. 武汉: 湖北教育出版社.

夏廷德. 2009. 善译必由之路: 论典籍翻译的补偿[J]. 外语学刊, (2): 96-100.

信娜, 宋飞. 2010-10-13. 学科起步于方法——读黄忠廉等著《翻译方法论》[N]. 光明日报, 12.

邢福义. 1996. 汉语语法学[M]. 长春: 东北师范大学出版社.

邢福义. 2001. 汉语复句研究[M]. 北京: 商务印书馆.

徐翁宇. 2000. 现代俄语口语概论[M]. 上海: 上海外语教育出版社.

许钧, 穆雷. 2009. 翻译学概论[M]. 南京: 译林出版社.

阎德胜. 1990. 俄译汉中偏正结构调换语序翻译技巧[J]. 外语教学, (3): 72-77.

阎德胜. 1991. 科技俄语翻译中并列结构调换语序翻译技巧[J]. 解放军外语学院学报, (1): 75-82.

阎德胜. 1992. 俄语名词修饰语的顺序译法[J]. 四川外语学院学报, (1): 97-100, 111.

阎德胜. 1993. 俄汉翻译中的段落分合[J]. 外语教学, (1): 56-62.

杨承淑. 2002. 从"经济性原则"探讨"顺译"的运用[J]. 中国翻译, (6): 31-36.

杨家胜. 2006. 语气词的两种隐含意义: 标准与概括[A]//张家骅. 俄语语言文学研究[C]. 哈尔滨: 黑龙江人民出版社: 206-215.

杨子, 王雪明. 2015. 现代汉语冗余否定的类型研究[J]. 语言研究, (1): 67-73.

尹富林. 2002. 歧义结构的化解与翻译[J]. 中国翻译, (3): 38-40.

余承法. 2014. 全译方法论[M]. 北京: 中国社会科学出版社.

余承法. 2016. 全译本质"化"论[J]. 中国外语, (2): 90-95.

余承法. 2022. 全译求化机制论——基于钱锺书"化境"译论与译艺的考察[M]. 北京: 商务印书馆.

曾剑平. 2002. 论文学翻译的创造性[J]. 江西社会科学, (11): 91-93.

曾文雄. 2007. 语用学翻译研究[M]. 武汉: 武汉大学出版社.

曾祥宏, 习海宇. 2014. 翻译补偿层面研究[J]. 东北师大学报(哲学社会科学版), (1): 226-228.

张会森. 2000. 最新俄语语法[M]. 北京: 商务印书馆.

张会森. 2003. 俄汉对比中的 да 和 нет[A]//张会森.俄汉语对比研究(上卷)[C]. 上海: 上海外语教育出版社: 288-298.

张家骅. 2006a. 新时代俄语通论(下册)[M]. 北京: 商务印书馆.

张家骅. 2006b. 莫斯科语义学派的义素分析语言[J]. 当代语言学, (2): 129-143, 189-190.

张家骅, 彭玉海, 孙淑芳, 等. 2005. 俄罗斯当代语义学[M]. 北京: 商务印书馆.

张今. 1987. 文学翻译原理[M]. 开封: 河南大学出版社.

张今, 张宁. 2005. 文学翻译原理[M]. 北京: 清华大学出版社.

张美芳. 2005. 翻译研究的功能途径[M]. 上海: 上海外语教育出版社.

张培基, 喻云根, 李宗杰, 等. 1980. 英汉翻译教程[Z]. 上海: 上海外语教育出版社.

张思洁. 2007. 中国传统译论范畴及其体系略论[J]. 外语与外语教学, (5): 56-59.

张思洁, 张柏然. 2001. 形合与意合的哲学思维反思[J]. 中国翻译, (4): 13-18.

赵德远. 2001. 关于语言与思维的哲学思考[J]. 解放军外国语学院学报, (1): 27-31.

赵红. 2011. 修辞辨识与文学翻译略论[J]. 中国俄语教学, (1): 7-12.

赵洁, 李玉萍. 2016. 后苏联时期俄语研究[M]. 哈尔滨: 黑龙江大学出版社.
赵则诚. 1985. 中国古代文学理论辞典[Z]. 长春: 吉林文史出版社.
郑庆珠. 2011. 文学翻译中"形似""神似"说的解构与重释[J]. 解放军外国语学院学报, (2): 80-83.
中国社会科学院语言研究所词典编辑室. 2016. 现代汉语词典[Z]. 7 版. 北京: 商务印书馆.
周领顺. 2014. 译者行为批评: 理论框架[M]. 北京: 商务印书馆.
周领顺. 2019. 意译: 文学性增强的有效途径[J]. 中国翻译, (4): 173-177.
周民权. 1988. 动词不定式主语刍议[J]. 外语教学, (1): 38-40.
朱文振. 1987. 翻译与语言环境[M]. 成都: 四川大学出版社.
Berman, A. 1992. *The Experience of the Foreign*[M]. New York: State University of New York Press.
Catford, J. C. 1965. *A Linguistic Theory of Translation*[M]. Oxford: Oxford University Press.
Chesterman, A. 1997. *Memes of Translationn: The Spread of Ideas in Translation Theory*[M]. Amsterdam/Philadelphia: John Benjamins Publishing Company.
Gutt, E.-A. 2004. *Translation and Relevance: Cognition and Context*[M]. Shanghai: Shanghai Foreign Language Education Press.
Nida, E. A. 1964. *Toward a Science of Translating*[M]. Leiden: E. J. Brill.
Pinkham, J. 2000. *The Translator's Guide to Chinglish*[M]. Beijing: Foreign Language Teaching and Research Press.
Бархударов Л. С. 1975. *Язык и перевод. Вопросы общей и частной теории перевода*[M]. Москва: Международные отношения.
Беркнер С. С., Вошина О. Е. 2003. Проблема сохранения индивидуального стиля автора и стиля произведения в художественном переводе[J]. *Вестник ВГУ*, (1): 71-73.
Комиссаров В. Н. 1999. *Современное переводоведение*[M]. Москва: ЭТС.
Комиссаров В. Н. 2004. *Современное переводоведение. Учебное пособие*[M]. Москва: ЭТС.
Модестов В. С. 2006. *Художественный перевод—история, теория и практика*[M]. Москва: Изд-во Литинститут.
Нелюбин Л. Л. 1999. *Толковый переводоведческий словарь*[Z]. Москва: ФЛИНТА НАУКА.
Нуриев В. А. 2013. Трудности перевода имён собственных в художественном тексте[J]. *Вестник Московского университета*, (2): 56-64.
Петрова Е. В. 2014. Перевод фразеологизмов с семантикой удачи как проблема межъязыковой структурно-семантической и концептуальной асимметрии[J]. *Вестник Московского университета*, (2): 101.
Уфимцева А. А. 1986. *Лексическое значение. Принцип семиологического описания лексики*[M]. Москва: Наука.
Чуковский К. 1968. *Высокое искусство*[M]. Москва: Современный писатель.

颇具大用的方法论

《俄汉双向全译方法论》是黄忠廉教授率领团队多年精耕细作、孜孜以求的成果，是智慧和汗水的结晶，今将付梓，可喜可贺！

如果说翻译观主要说明翻译"是什么"的问题，翻译方法论则主要说明翻译"怎么办"的问题，两者是一致的，有什么样的翻译观就有什么样的翻译方法论，翻译观指导翻译方法论，翻译方法论贯彻翻译观。该书聚焦于全译，认为全译是一种转化行为，"转"即转移原文内容，"化"即化解译语手段与原文内容的矛盾，"转"驱动"化"，"化"实现"转"，本质在"化"。基于这一全译观，该书提出了极似一条规律，直译与意译两大策略，对应、增减、移换与分合四大机制，对译、增译、减译、移译、换译、分译、合译七种方法，这是系统建构全译方法论的过程，也是系统建构全译之"化"概念内涵的过程。该书所秉持的全译观与其所提出的全译方法论是源与水、本与木的关系，继往开来的全译观保证了全译方法论的科学性、系统性和创新性。

翻译是否需要理论？翻译理论与翻译实践如何结合？对于这类问题的讨论似乎一直没有停止过。该书恰恰生动地展示了打通翻译理论与翻译实践的方式。该书的理论建构思路是从上到下、由宏至微，但其理论形成过程一定是逆过程，即从下到上、由微至宏，基于俄汉双向全译实践提炼俄汉全译技巧，由俄汉全译技巧归纳各语种全译共通的全译方法，由全译方法追问全译机制、全译策略、全译规律，最终形成对全译矛盾、全译本质的认识。实际上，俄语学界对翻译方法的探索由来已久。20 世纪 50 年代初期中国采取"一边倒"的对外政策，急需大量俄语人才，特别是俄语翻译人才，俄语翻译教学应社会需求而生而兴。在探索翻译教学模式的过程中，教师与学者们所关注的首要问题就是翻译方法，受翻译理论发展所限，当时的翻译方法研究实为俄汉语词汇或语法现象异同对比，但以收集材料、归纳事实为主的描写性研究为翻译方法的提炼奠定了基础。1960 年中苏关系急转直下，俄语人才需求急剧下降，俄语翻译教学规模大幅收缩，之后"文化大革命"，俄语翻译教学完全沉寂，这一时期的翻译方法研究基本上是停滞不前。1978年改革开放，春回大地，万象更新，俄语翻译教学不仅迅速复苏，而且逐渐有了新的发展，至20世纪80年代翻译方法不再隐身于双语对比之下，而是作为独立部分进入主要教学内容，当时总结出的加词、减词、词类转译、词义引申、成分改变、关系转移、反面着笔及断句法等翻译方法一直沿用至今。新时代背景下，仅仅停留在翻译方法层次的翻译教学常常遭人诟病，究其原因，并非翻译方法不该教，或是无用，而是我们没有揭示翻译观与翻译方法论之间的内在逻辑，没有阐明翻译矛盾对翻译方法的决定性作用，没有认清翻译方法与翻译策略、翻译技巧的联系与区别，就方法而论方法，往往只是停留在表层，上未通理论，下未达实践，最终就产生了翻译方法无用的错觉。该书的问世表明，经过70余年的不懈探索，翻译方法终于走向翻译方法论，这是翻译基础理论研究的突破性进展，也必将惠及翻译教学与翻译实践。正如一位俄罗斯学者所讲：没有什么比好理论更实用。或许我们可以说：越是基础理论越实用。

有观点认为，翻译就是解决问题，而问题源于矛盾，或者说问题就是矛盾，翻译矛盾是翻译理论与翻译实践都无法回避的问题，翻译矛盾研究是翻译理论研究中基础的基础。该书第一章"俄汉双向全译矛盾论"极富新意。作者将原文比作盾，将译语比作矛，全译就是用译语之矛去攻原文之盾，通过形义双保、变形保义、舍形取义、轻形重义等方式解决形义矛盾。长久以来，国内外译学界争论的很多问题实则属于翻译矛盾范畴：可译与不可译之翻译可能性矛盾，科学与艺术之翻译性质矛盾，忠与美、形似与神似之翻译标准矛盾，直译与意译、归化与异化之翻译策略矛盾。然而，在整个翻译矛盾体系中起着举足轻重甚至决定性作用的应该是翻译过程矛盾，对这方面的研究恰恰不多。翻译过程是涉及言语交际方方面面的多形式、多层次的复杂转换，包括语言、思维、文化、心理等众多层面，翻译过程矛盾主要是多层次、立体性的翻译转换矛盾，该书对语言层面的翻译转换矛盾做了深入而系统的研究，奠定了翻译过程矛盾研究的一块基石。然而，前路依然漫漫，翻译矛盾研究是一项庞大而复杂的系统工程，恐非一人一力所能完成，有赖于整个学术共同体的通力合作。

总而言之，该书至微至宏，利于实践，利于教，利于学，利于研，其用大矣！

纪春萍
壬寅初夏
于复旦大学